La Pasta

Die besten original italienischen Nudelgerichte

vom Trentino bis nach Sizilien

Einbandvorderseite:

Spaghetti mit Brokkoli und Tomaten

Spaghetti al broccoli e pomodoro

ZUBEREITUNGSZEIT: 30 MINUTEN

Zutaten für 4 Personen:
400 g Spaghetti;
500 g Tomatenstückchen aus der Dose;
400 g Brokkoli;
4 EL geriebener Pecorino;
3 EL Olivenöl;
Salz

- Den Brokkoli waschen, in Röschen teilen und acht bis zehn Minuten in Salzwasser kochen. Mit einem Sieblöffel abschöpfen und warm stellen, am besten in einer Kasserolle mit Deckel, die man auf den Topf mit dem Kochwasser stellt.
- Die Tomatenstückchen mit wenig Olivenöl und etwas Salz kurz erhitzen.
- In der Zwischenzeit in einem großen Topf reichlich Salzwasser zum Kochen bringen und die Spaghetti darin garen. *Al dente* abgießen, mit den Tomatenstückchen vermischen und auf einer vorgewärmten Platte mit den Brokkoliröschen und dem restlichen Olivenöl anrichten.
- Mit geriebenem oder in dünne Lamellen geschnittenem Pecorino bestreuen und heiß servieren.

La Pasta

Die besten original italienischen Nudelgerichte

vom Trentino bis nach Sizilien

VERLEGT BEI
KAISER

Titel des italienischen Originals: »Il grande libro della Pasta«
Eine Zusammenstellung aus den Werken: »Tutte le ricette italiane« und »Buona cucina«, verlegt bei Istituto Geografico De Agostini
Redaktionelle Bearbeitung und Zusammenstellung: Achille Bucciotti, Sandra Luzzani
Einzig berechtigte Übersetzung aus dem Italienischen: Manuela Eder, Norbert Jakober und Linda Pölzler
Fachlich redigiert: Hubert Peroutka

Deutsche Erstausgabe

Einbandgestaltung: Mario Oberhofer unter Verwendung eines Fotos vom Mosaik Verlag, München
Satz: Context OEG, St. Veit/Glan
Druck und Bindearbeit: Gorenjski Tisk, Kranj, Slowenien

Inhalt

Alles hausgemacht – die Grundrezepte

Hausgemachte Eierteigwaren

Woran denkt man zuallererst, wenn von italienischer Küche die Rede ist? Natürlich an die beliebten Nudelgerichte, die Pasta. Hinter dieser simpel anmutenden Bezeichnung verbirgt sich eine enorme Vielfalt an Teigwaren mit verschiedenen Grundzutaten, Formen und Farben. Besonders die delikaten hausgemachten Eierteigwaren erobern zunehmend die Speisekarten internationaler Restaurants in ganz Europa. Die sogenannte *pasta all'uovo casalinga* zählt zu den ältesten Gerichten der Geschichte der Kochkunst. Diese Eierteigwaren bilden in allen Regionen Italiens einen unverzichtbaren Bestandteil des Speiseplans.

Die Rezepte, Tricks und Kniffe, wohlgehütete Geheimnisse jeder Familie, wurden von Generation zu Generation weitergegeben. Die Zutaten für den Nudelteig mögen einfach sein - ihre hervorragende Qualität ist umso mehr ein absolutes Muss. Das Mehl sollte möglichst frisch verarbeitet werden. Ist es zu alt, wird der Teig trocken und bricht beim Ausrollen. Für Eierteigwaren gibt man gewöhnlich ein Ei auf 100 g Mehl. Diese Rezeptur eignet sich vorzüglich für Tagliatelle oder Nudeln mit Fleischfülle. Quark- und Fischfüllen sind zarter und benötigen daher wegen der kürzeren Kochzeit eine mürbere Hülle, das heißt einen Teig mit weniger Eiern. Ein halbes Dutzend genügt für 1 kg Mehl. Damit der Teig trotzdem geschmeidig wird, gibt man etwas lauwarmes Wasser dazu. Zu diesem Thema existieren zahlreiche Variationen. Fügt man beispielsweise zusätzliche Eidotter hinzu (3 Dotter/kg Mehl), wird der Teig nicht nur schön gelb, sondern auch fester. Er lässt sich sehr dünn ausrollen und bricht beim Kochen trotzdem nicht, was bei Teigtaschen mit länger zu garender Fülle wünschenswert ist. Andere Rezepte beinhalten einen Schuss Weißwein, manchmal wird auch ein Teil des Mehls (gewöhnlich ein Drittel) durch Hartweizengrieß ersetzt.

Ratschläge für ein gutes Gelingen

Sollen die hausgemachten Nudeln nach allen Regeln der Kunst gelingen, tut der interessierte Hobbykoch gut daran, der italienischen Hausfrau über die Schulter zu schauen. Obwohl alle Arten von Kunststoff mehr und mehr in den Lebensmittelbereich Einzug halten und, besonders was die Hygiene betrifft, auch ein paar unbestreitbare Vorteile bieten, ist das Nudelbrett, auf welchem der Nudelteig ausgerollt wird, sowie auch das Rollholz in Italiens Küchen immer noch aus Naturholz. Die natürlich raue Struktur des Holzes verhindert, dass sich der Teig immer wieder zusammenzieht und verleiht den fertigen Nudeln eine leicht aufgeraute Oberfläche.

Der besondere Stolz der italienischen Küche und jenes Element, das auch zu einem guten Teil ihre charakteristische Note ausmacht, sind vor allem die köstlichen, frischen Eierteigwaren.

Natürlich darf man nie vergessen, die Holzoberfläche mit Mehl zu bestäuben, damit das Teigblatt nicht kleben bleibt. Weiters ist es wichtig, die Nudeln vor der weiteren Verwendung zu trocknen. Man legt sie dazu am besten auf ein bemehltes Tablett.
Zu langes Trocknen würde dazu führen, dass sie beim Kochen brechen.

Die Arbeit mit der Nudelmaschine

Wer Zeit sparen möchte, kann die mühsame Knetarbeit auch einer Nudelmaschine überlassen, die ebenfalls ganz hervorragende Resultate liefert. Dazu arbeitet man den Teig mehrmals durch die auf maximale Öffnung eingestellten Walzen. Ist er schließlich homogen und geschmeidig geworden, teilt man ihn in drei Teile, stellt die Walzen enger und bearbeitet ihn so lange, bis die gewünschte Stärke erreicht ist. Auch dabei sollte man das Teigblatt immer wieder leicht mit Mehl bestäuben, damit es nicht an den Walzen haften bleiben kann.
Sowohl mit der Maschine als auch von Hand lassen sich verschiedene Arten von Nudeln herstellen. Die Palette reicht von den klassischen *tagliatelle* oder *tagliolini*, *lasagne*, *maltagliati* über quadratisch oder dreieckig zugeschnittene Nudeln zum Füllen bis zu den winzigen Formen für die Suppeneinlage. Mit einer speziellen Apparatur, der sogenannten *chitarra*, die aus einer Reihe dünner, gespannter Drähte besteht und daher an ein Saiteninstrument erinnert, fertigt man die berühmten *maccheroni alla chitarra* an, eine weit über die Region hinaus bekannte Spezialität aus den Abruzzen.

Garen und Konservieren

Hausgemachte Eierteigwaren können, sofern sie richtig zubereitet und ausreichend getrocknet wurden, einige Tage im Kühlschrank aufbewahrt werden. Dazu schlägt man sie am besten in ein Baumwoll- oder Leinentuch ein. Sie lassen sich auch gut tiefgefrieren.
Beim Kochen sollte man immer darauf achten, genügend Wasser zu verwenden. Das ideale Verhältnis beträgt 1 l Wasser auf 100 g Pasta. Nudeln werden so gut wie immer in Salzwasser gegart. Dabei nimmt man, je nachdem, ob die Teigwaren selbst Salz enthalten oder nicht, 8 - 10 g/l Wasser. Die Garzeiten hängen von der Art und Konsistenz der Teigwaren ab. Um zu prüfen, ob sie gar sind, bedient man sich der einfachsten und ältesten Methode: man kostet. Das Kochwasser wird abgegossen, wenn die Nudeln noch bissfest, *al dente*, sind. Während man sie auf die Teller verteilt, die Sauce hinzufügt und serviert, geht der Garvorgang langsam zu Ende und das Gericht kommt in optimaler Konsistenz auf den Tisch.

Wie man Tagliatelle (Bandnudeln) herstellt

Nach dem Kneten soll der Nudelteig etwa 30 Minuten ruhen. Anschließend teilt man ihn je nach Gesamtmenge in zwei oder drei Teile und rollt diese mit einem Rollholz dünn auf dem Nudelbrett aus. Die so erhaltenen Teigblätter werden dann rouladenartig zusammengerollt und mit einem scharfen Messer in Scheiben der gewünschten Stärke geschnitten. Diese werden dann locker auseinander gewickelt und auf einem bemehlten Tablett ausgebreitet. Bevor die so entstandenen Tagliatelle weiter zubereitet werden können, müssen sie eine Weile zum Trocknen liegenbleiben.

Grundrezept

ZUBEREITUNGSZEIT: 20 MINUTEN + RUHEZEIT

Zutaten für 10 Personen:
500 g Mehl; 5 Eier;
2 EL Olivenöl extravergine; 1 Prise Salz

- Sieben Sie das Mehl auf ein Nudelbrett, vermischen Sie es mit dem Salz und drücken Sie eine Mulde in die Mitte. In diese Vertiefung geben Sie die Eier und das Olivenöl. Verrühren Sie die Eier vorsichtig mit den Fingerspitzen zuerst mit wenig Mehl und beginnen Sie dann, das gesamte Mehl von außen nach innen einzuarbeiten, bis ein kompakter, homogener Teig entsteht.
- Kneten Sie den Teig nun 15 Minuten lang mit dem Handballen, bis er leicht zu glänzen beginnt und elastisch wird. Wenn Sie bemerken, dass der Teigklumpen in seinem Inneren Luftblasen bildet, die während des Knetens hörbar zerplatzen, ist die richtige Konsistenz erreicht.
- Nun wickeln Sie den Teig in Frischhaltefolie und lassen ihn ca. 30 Minuten ruhen, damit er an Elastizität verliert.
- Nun können Sie mit der Arbeit fortfahren und den Teig mit dem Rollholz oder der Nudelmaschine zu dünnen Blättern verarbeiten. Die Stärke richtet sich ganz nach dem Zweck, für den die Nudeln bestimmt sind.

Zubereitung frischer Eierteigwaren. Eine Mulde in der Mitte des Mehls nimmt Eier und Öl auf (1), das Ganze wird zu einem homogenen Teig verknetet (2), gleichmäßig dünn ausgerollt (3) und dann in Tagliatelle, Tagliolini oder andere Nudelvarianten geschnitten (4).

Farbige Eierteigwaren

Nun, da wir in die Grundgeheimnisse der Herstellung frischer Eierteigwaren in verschiedenen Formen bereits eingeweiht sind, können wir einen Schritt weitergehen und etwas Farbe in unsere Arbeit bringen. Im Gegensatz zur Form wirkt die Farbe nicht nur optisch allein. Je nachdem, welche Zutaten zum Erreichen der Färbung verwendet wurden, haben gefärbte Nudeln auch ein ganz eigenes Aroma.

Die verschiedenen Variationen

Farbige Nudeln werden so gut wie immer durch die Zugabe von Gemüse gefärbt. Grundbedingung ist, dass sich das färbende Element gut und homogen mit Mehl und Eiern vermischen lässt und die Herstellungsschritte wie Ausrollen oder Schneiden in keiner Weise beeinträchtigt.

Gelber Nudelteig. Auf 500 g Mehl und 3 Eier gibt man 500 g Kürbis (geschält, geputzt und entkernt) hinzu. Das Kürbisfruchtfleisch wird zuvor in Stücke geschnitten, in einer Kasserolle im Backohr etwa 1 Stunde bei mittlerer Hitze gegart und anschließend durch ein Gemüsesieb direkt in die Mulde im Mehl, die auch die Eier aufnimmt, passiert. Nach Zugabe einer Prise Salz verfährt man wie gewohnt, alle Zutaten werden gut vermengt und verknetet. Nach der üblichen Ruhezeit von 30 Minuten kann der Teig weiterverarbeitet werden.

Rosa Nudelteig. Für 500 g Mehl und 3 Eier nimmt man 400 g feste, reife Tomaten, am besten die typisch italienischen länglich geformten *perini*, da sie ein intensiveres Aroma haben. Die Tomaten werden für etwa 1 Minute in kochendes Wasser getaucht, enthäutet, entkernt, 10 Minuten im mittelheißen Rohr gegart und dann durch ein Sieb direkt auf die Eier passiert. Eine Prise Salz hinzufügen und alle Zutaten wieder wie gewohnt verkneten. Sind die passierten Tomaten zu wässrig, kann man sie weitere 5 Minuten ins Rohr geben und ein wenig einreduzieren lassen.

Grüne Nudeln. Für 500 g Mehl und 4 Eier kalkuliert man 250 g Spinat und eine Prise Salz. Entstielen Sie die Spinatblätter und waschen Sie sie sorgfältig unter fließendem kaltem Wasser. Dann geben sie Sie zusammen mit einer Prise Salz in eine Kasserolle, erhitzen sie ohne weitere Zugabe von Wasser und lassen sie etwa 6 - 7 Minuten köcheln. Dann lassen Sie den Spinat gut abtropfen und hacken ihn sehr fein oder passieren ihn ebenfalls durch ein Sieb. Ist der passierte oder gehackte Spinat zu flüssig, geben Sie ihn für weitere 5 Minuten zum Abtropfen in ein engmaschiges Sieb.

Die Vielfalt der Geschmackszutaten, das besondere Aroma und die optisch ansprechende Wirkung machen den kulinarischen Reiz farbiger Teigwaren aus.

Sieben Sie in der Zwischenzeit das Mehl auf ein Nudelbrett, vermischen Sie es mit dem Salz und formen Sie in der Mitte eine Mulde. Geben Sie die Eier und den Spinat hinein. Dann werden alle Zutaten rasch vermengt und gut verknetet, bis der Teig homogen und gleichmäßig durchgefärbt aussieht. Für Spinatnudeln kann der Teig nicht ganz so dünn ausgerollt werden, da er durch den faserigen Gemüsezusatz leichter bricht.
Diese Variante wird oft für die bekannten Lasagne oder auch für Tagliatelle für das typische Gericht *paglia e fieno* (Heu und Stroh) verwendet.
Nudeln mit feinen Kräutern. Für 500 g Nudeln brauchen sie 200 g frische Kräuter nach Geschmack (Thymian, Majoran, Basilikum, Petersilie etc.), 5 Eier und eine Prise Salz. Die Kräuter werden sorgfältig gewaschen und mit einem sauberen Küchentuch oder Küchenkrepp trockengetupft. Hacken oder wiegen Sie die Kräuter sehr fein, das Passieren durch ein Sieb ist hier nicht ratsam, es könnte den Geschmack beeinträchtigen.
Das Mehl wird zusammen mit dem Salz auf das Nudelbrett gesiebt, dann formt man wie gewohnt eine Vertiefung und gibt die Eier hinein. Darauf kommen die fein gehackten Kräuter, und alles zusammen wird zu einem homogenen Teig verknetet.

Formen und Anrichtearten

Farbige Nudeln können in jeder beliebigen Form hergestellt werden: von den klassischen *tagliatelle* und *tagliolini* über *lasagne*, *maccheroni* und *farfalle* bis zu den Teigblättern für gefüllte Variationen wie *tortellini* oder *ravioli*.
Die Garzeit und das Anrichten mit verschiedenen Saucen variiert natürlich je nachdem, welche Geschmacksrichtung die jeweilige färbende Gemüsezutat vorgibt.
Die mit Kürbis hergestellten gelben Nudeln schmecken ganz leicht süßlich, daher empfiehlt sich als geschmackliche Vollendung nicht nur Butter, sondern auch eine Prise frisch gemahlener schwarzer Pfeffer sowie vielleicht etwas mehr Parmesan als gewöhnlich.
Die rosa Tomatennudeln passen gut zu Anrichtearten mit Olivenöl, Basilikumblättchen oder etwas Oregano. Allerdings schmecken sie auch mit geschmolzener Butter, geriebenem Parmesankäse und einer Prise schwarzem Pfeffer aus der Mühle hervorragend.
Die grünen Nudeln mit Spinat haben einen eher starken Eigengeschmack, daher sollte die Sauce nicht andere, ebenso dominante Aromen enthalten. Die klassische Anrichteart mit Butter und Parmesan ist bereits ausreichend.
Verwendet man die grünen Teigblätter für *lasagne al forno*, harmonieren auch Schinkenstreifen und eventuell fein gehackte schwarze Trüffel vorzüglich mit der bereits erwähnten Butter und dem geriebenen Parmesan. Grüne Nudeln mit frischen Kräutern sollten ebenfalls nicht in zu geschmacksintensiver Begleitung auftreten, denn ihr Eigenaroma ist bereits differenziert genug.
Ein paar Tropfen Olivenöl oder frische, gehackte Tomaten - hervorragend auch in rohem Zustand - stellen die ideale Ergänzung dar.

Einige Arbeitsgänge bei der Herstellung farbiger Teigwaren: mit frischen Kräutern (1 und 2), mit Kürbisfruchtfleisch (3 und 4), mit Spinat (5 und 6) und mit passierten Tomaten (7 und 8).

Teigtaschen mit Fülle

Unser Kapitel über hausgemachte italienische Teigwaren kann unmöglich einen Anspruch auf Vollständigkeit erheben, ohne die in mannigfacher Form berühmten, allseits beliebten gefüllten Teigtaschen und -täschchen gebührend zu würdigen.
Man kann mit einiger Sicherheit davon ausgehen, dass die ersten in Italien bekannten Nudeln in dieser Form konsumiert wurden. Rezepte dieser Art sind bereits aus dem vierten Jahrhundert nach Christus historisch dokumentiert. Damals stellte man den Teig noch aus recht einfachen Grundzutaten her, man mischte nur Wasser, Salz und Mehl. Die kulinarische Aufmerksamkeit sowohl der Köche als auch der Gourmets galt der Fülle, die Teighülle wurde beim Essen, oft sogar noch vor dem Servieren, entfernt.
Erst im darauf folgenden Jahrhundert, als man nach und nach dazu überging, den Nudelteig mit Eiern zu verfeinern, wurde auch dieser als Nahrungsmittel geschätzt. Nun begannen die Köche mit Farben, Formen und verschiedenen Saucen und Anrichtearten zu experimentieren. Dabei unterschied sich ihre Vorgangsweise kaum von der heutigen, auch damals verwendete man Gemüse und Kräuter zum Färben des Teiges.

Die Pasta als Hauptgericht

Die Pasta gilt in der italienischen Speisenfolge als *primo*, als erster Gang nach der Vorspeise und vor dem *secondo*, dem zweiten Gang, der gewöhnlich aus Fleisch oder Fisch besteht. Selbstverständlich kommen auch gefüllte Teigtaschen in dieser traditionellen Menüfolge vor, doch aufgrund des hohen Sättigungswertes nur als kleine Portionen. Sie werden in Italien oft zu besonderen Gelegenheiten gereicht. Sie erfüllen aber auch ganz hervorragend die Erfordernisse einer ausgewogenen Hauptmahlzeit, da sie eine ideale Kombination der Grundnährstoffe enthalten: Die Fülle aus Fleisch oder Fisch liefert den Proteinanteil, die Hülle die Kohlehydrate, der Fettanteil ist - wenn man beim Anrichten mit geschmolzener Butter nicht übertreibt - gering.
So machen sie in letzter Zeit auch Karriere als *piatto unico*, als Einzelgericht. Wie man die Teigtaschen anrichtet, hängt natürlich von der Art der Fülle ab. Fleischgefüllte Tortellini oder Ravioli schmecken sehr gut in einer klaren Brühe. Sie bringt den Geschmack sowohl der Nudeln als auch der herzhaften Fülle optimal zur Geltung. Pasta mit Quark- und Käse- oder Kräuterfülle serviert man am besten *asciutta*, das heißt trocken, mit zerlassener Butter, einigen Salbeiblättchen oder Parmesan.

Die Vielfalt der gefüllten Teigtaschen in Italien ist schier unüberschaubar. Die typischen Spezialitäten erfreuen sich seit Jahrhunderten ungebrochener Beliebtheit und eignen sich auch hervorragend als Hauptmahlzeit.

Eine jede der Regionen Italiens kann mit einigen besonderen Rezepten zu diesem Thema aufwarten. Viele dieser Gerichte gehen auf jahrhundertelange Traditionen zurück. Manchmal sind sie einander ziemlich ähnlich, doch mitunter stößt man auf erhebliche Unterschiede nicht nur in der Bezeichnung, sondern auch in der Zubereitung der Fülle.
Da gibt es *tortelli, ravioli, agnolotti, tortellini, tortelloni, mezzelune*, um nur einige wenige zu erwähnen. Und nicht nur jede Region, auch beinahe jede Familie besitzt ihr ganz spezielles Hausrezept, das Großmütter und Mütter ihren Töchtern und Enkelinnen weitergeben. Diese Spezialitäten werden vorzugsweise zu bestimmten Festen serviert. Dabei gilt: je festlicher der Anlass, umso feiner die Fülle. Auch für den Teig gibt es unzählige verschiedene Variationen, doch bestimmte Grundvoraussetzungen gelten immer und überall: Der Teig muss homogen, gut durchgeknetet, gleichmäßig dünn ausgerollt, seidig glänzend und ausreichend elastisch sein, um die wertvolle Fülle beim Garen gut aufzunehmen und perfekt zu umschließen.

Einige Beispiele

Tortelli mit frischen Kräutern. Die Fülle basiert auf Magerquark und erfreut sich bereits seit der Renaissance größter Beliebtheit.
Der Teig enthält neben Mehl, Eiern und Öl auch ein wenig Safran, der ihm eine besonders schöne goldgelbe Farbe verleiht. Aus den dünn ausgerollten Teigblättern werden Rechtecke geschnitten, auf die jeweils in die Mitte ein haselnussgroßes Häufchen der Fülle aus Quark und verschiedenen fein gehackten Kräutern wie Thymian, Majoran, Petersilie etc. gesetzt wird. Die freien Enden der langen Seiten des Rechtecks werden über die Fülle geschlagen, zum Verschließen dreht man die überstehenden Enden an den kurzen Seiten wie Bonbonpapier zusammen. Die Täschchen sehen so sehr appetitlich aus und werden nach dem Garen in Salzwasser mit Kräuterbutter und Parmesan serviert.
Rotoli. Für diese Spezialität bereitet man zuerst den frischen Eierteig (1 Ei auf 100 g Mehl), rollt ihn zu einem gleichmäßig dünnen Rechteck aus und legt ihn dann auf ein ausreichend großes, bemehltes Küchentuch aus Baumwolle oder Leinen. Anschließend wird die Fülle aus Magerquark und blanchiertem, fein gehacktem Spinat gleichmäßig auf dem Rechteck verteilt. Mit Hilfe des Küchentuches rollt man das Ganze nun vorsichtig zusammen. Die Roulade wird fest in das Küchentuch eingeschlagen, die Enden mit Küchengarn zusammengebunden. Dann gart man die Roulade in kochendem Salzwasser oder in klarer Brühe. Anschließend entfernt man das Küchentuch und schneidet die Roulade in dünne Scheiben, die auf einer Platte angerichtet, mit zerlassener Butter übergossen, mit Parmesan bestreut serviert werden.
Ravioli mit Entenragout. Die Ravioli mit dieser Fülle werden normalerweise in Form kleiner Quadrate hergestellt. Man schneidet dazu den Nudelteig in eine gerade Anzahl von Streifen, setzt auf jeweils einen in regelmäßigen Abständen ein Häufchen der Fülle, legt dann den zweiten Streifen darüber und drückt den Teig um die Fülle herum mit den Fingern gut fest. Dann schneidet man mit einem Teigrädchen die Ravioli zurecht. Ravioli mit Entenragout schmecken in einer klaren Geflügelbrühe besonders fein.
Ravioli mit Fischfülle. Wieder rollt man den Teig dünn aus und teilt ihn in gleichmäßig breite Streifen. Dann setzt man auf einen der Streifen in zwei gegeneinander versetzten Reihen haselnussgroße Häufchen der Fischfülle. Der zweite Streifen wird darüber gelegt, der Teig um die Fülle herum mit den Fingern gut angedrückt. Mit einem gezahnten Teigrädchen schneidet man dann die Ravioli zu, diesmal in Dreieckform. Nach dem Garen lässt man sie gut abtropfen und serviert sie mit geschmolzener Butter und fein gehacktem Salbei.
Tortelli mit Auberginen. Zuerst bereitet man eine Fülle aus Auberginen, frischen Tomaten und Käse. Wieder verteilt man Häufchen davon in regelmäßigen Abständen auf einen dünnen Streifen Nudelteig, legt einen weiteren darüber und drückt ihn mit den Fingern rund um die Fülle gut fest. Dann sticht man die Tortelli mit einer runden, gezahnten Ausstechform aus. Zu dieser Spezialität passt am besten eine Sauce aus frischen gehackten Tomaten, die nur leicht gesalzen, kurz erhitzt und mit Basilikumblättchen garniert wird.
Mezzelune mit Artischocken. Nach der Zubereitung des Teiges und der Artischockenfülle verteilt man wieder Häufchen der Fülle, diesmal in einer Längsreihe auf eine Hälfte des Teigstreifens. Dann klappt man die andere Hälfte darüber und drückt den Teig rund um die Fülle fest an. Mit einer runden Ausstechform, die man jeweils nur zur Hälfte aufsetzt, erhält man die Halbmonde, die *mezzelune*, die dieser Spezialität ihren Namen gegeben haben. Dazu schmeckt eine leichte Sahnesauce mit feinen Artischockenstreifen vorzüglich.

Oben: Die Zubereitung der Rotoli mit Spinat-Quark-Fülle. Links: Die Zubereitung der Mezzelune mit Artischocken

Gnocchi (Nocken)

Unter der Bezeichnung Gnocchi wird eine Reihe von Teigwaren zusammengefasst, die in der Zusammensetzung unterschiedlich sein können. Ihr gemeinsamer Nenner ist die Form, die an die im deutschsprachigen Raum bekannten »Nockerln« oder »Spätzle« erinnert. Neben den bekannten klassischen Kartoffelgnocchi gibt es noch die sogenannten *gnocchi alla romana* aus Hartweizengrieß, wieder andere werden aus Maismehl oder -grieß hergestellt. In allen Regionen Italiens finden wir einige Varianten vor. Lange bevor die Italiener begannen, ihre Felder mit Kartoffeln zu bestellen, kannte man bereits verschiedene Arten von Gnocchi in allen Teilen des Landes. Seit der Renaissance schätzt man in der Lombardei die *zanzarelli* aus Brotkrumen, Mandelsplittern und Milch, seit dem 18. Jahrhundert kennt man die *malfatti*, Gnocchi, die in armen Häusern nur aus Wasser und Mehl, in wohlhabenderen Familien auch mit Eiern zubereitet wurden. Mit der Zeit sind unzählige Variationen entstanden.

Gnocchi müssen immer ganz frisch zubereitet werden. Seit Jahrhunderten zählen sie in Italien zu den beliebtesten »primi piatti«, nach der Vorspeise der erste Gang des italienischen Menüs.

Auch hier ließen die Köche ihrer Fantasie freien Lauf und experimentierten mit Aromen und Farben. So gab es die *zanzarelli* in Grün oder Gelb, je nachdem, ob sie mit Spinat und Mangold oder Kürbis und Safran zubereitet wurden. Da waren die *malfatti* in Weiß mit Hühnerfleisch, oder auch orangefarben, mit Karotten. Als schließlich die aus der Neuen Welt importierte Kartoffel ihren Siegeszug durch Europa antrat, entstanden die beliebten Kartoffelgnocchi, die heute vom Speisezettel der Italiener kaum noch wegzudenken sind.

Dekor und Herstellung

Je nachdem, für welche Anrichteart die Gnocchi bestimmt sind, präsentieren sie sich in unterschiedlichem Erscheinungsbild. Da gibt es die glatten, die einfach von einer fingerdicken Rolle abgeschnitten werden. Sollen sie mehr Sauce aufnehmen, kann man sie nach einer altbewährten Methode kurz mit einem Reibeisen oder einem Gitter oder mit einer Gabel gegen die Unterlage drücken. Oft sieht man auch Gnocchi mit einer kleinen Vertiefung in der Mitte, die man mit dem Stielende eines Kochlöffels oder auch mit dem Finger hergestellt. Kartoffelgnocchi bestehen aus denkbar einfachen Zutaten, doch diese müssen sorgfältig ausgewählt werden, damit das Resultat stimmt.

Am wichtigsten ist natürlich die Grundzutat selbst, die Kartoffel. Die Sorte sollte schön gelb und mehlig sein, damit sie bei der Zubereitung nicht zu viel Mehl aufnimmt. Je mehr Mehl, umso brüchiger der Teig. Man benötigt weiters glattes, feines Weizenmehl. Die Menge variiert je nach Qualität der verwendeten Kartoffeln. Auch mit den Eiern sollte man sparsam umgehen, denn sie könnten den Teig zu hart machen. Eine Prise Salz, um den Geschmack abzurunden, darf ebenfalls nicht fehlen. Bei der Auswahl der Kartoffeln ist außerdem darauf zu achten, dass sie ungefähr gleich groß sind, damit nach dem Kochen alle gleich gar sind. Zum Passieren der Kartoffeln muss unbedingt eine Kartoffelpresse verwendet werden.

Garen, Anrichten und Konservierung

Gnocchi werden ebenso wie alle anderen Arten der Pasta in kochendem Salzwasser gegart. Sobald sie aufzusteigen beginnen und oben schwimmen, werden sie mit einem Schaumlöffel abgeschöpft. Dabei ist darauf zu achten, dass sie nicht zusammenkleben. Es gibt viele verschiedene Arten, die Gnocchi anzurichten und zu servieren, so gut wie jede Sauce, die auch zu Nudeln passt, ist dafür geeignet.

Das gilt für die klassische Tomatensauce ebenso wie für *pesto*, Fleischragout oder Gemüsesaucen mit Lauch, Spargel etc. Kartoffelgnocchi sollten direkt auf den Tellern angerichtet werden. Sie sind so zart, dass sie womöglich zerfallen könnten, wenn man sie erst von einer Platte nehmen muss. Diese italienische Spezialität muss immer ganz frisch zubereitet werden.

Grundrezept

ZUBEREITUNGSZEIT: 45 MINUTEN

Zutaten für 4 Personen:
1/2 kg mehlige Kartoffeln;
150 g glattes Weizenmehl;
1 Ei; 1 Prise Salz

- Waschen Sie die Kartoffeln, geben Sie sie in einen Topf und bedecken Sie sie gut mit kaltem Wasser. Salzen Sie sie leicht und garen Sie sie bei mäßiger Hitze. Wenn die Kartoffeln gar sind, lassen Sie sie gut abtropfen, schälen sie und pressen sie noch heiß durch die Kartoffelpresse. Dann lassen Sie die Masse abkühlen, bis sie nur noch lauwarm ist. In der Zwischenzeit sieben Sie das Mehl auf ein großes Nudelbrett und drücken eine Mulde in die Mitte. Nun geben Sie die gepressten Kartoffeln, das Salz und das Ei hinein.
- Verkneten Sie das Ganze rasch zu einem homogenen Teig.
- Rollen Sie den Teig auf dem bemehlten Nudelbrett zu Röllchen von etwa 15 mm Durchmesser. Diese schneiden Sie dann mit einem Messer in etwa 2 cm lange Stücke. Drücken Sie jedes einzelne leicht mit einem Reibeisen, den Zinken einer Gabel oder einfach mit einem Finger gegen das Nudelbrett. Verteilen Sie die Gnocchi gut auf dem bemehlten Brett, damit sie nicht aneinander haften bleiben.
- Setzen Sie nun einen Topf mit reichlich Wasser auf, salzen Sie und kochen Sie die Gnocchi darin gar. Schwimmen sie oben, schöpfen Sie sie mit dem Schaumlöffel ab und verteilen sie sogleich auf die vorgewärmten Teller, richten sie nach Belieben an und servieren sie sofort.

Zuerst wird der Teig aus den Grundzutaten bereitet (1), dann formt man ihn zu daumendicken Rollen (2), welche auf einem bemehlten Brett in kleine Stücke geschnitten werden (3). Mit einem Reibeisen oder einer Gabel erhalten sie ein appetitliches Muster (4).

Crespelle

Die Crespelle, italienische Pfannkuchen, sind Verwandte der berühmten französischen Crêpes. Um genau zu sein, handelt es sich dabei eigentlich um die Vorfahren dieser französischen Spezialität. Man findet sie in diversen historischen Kochbüchern aus den Abruzzen bereits ab dem 14. Jahrhundert vor. Noch heute sind sie dort unter dem Namen *scrippele* bekannt und fester Bestandteil der Speisekarte in lokalen Restaurants.
Wie sind sie nun nach Frankreich gekommen? Dafür gibt es eine ganz einfache Erklärung. Schon seit Jahrhunderten stellen die Abruzzen die kulinarische Hochburg Italiens dar. Köche erhalten dort eine besonders gute Ausbildung. In der Vergangenheit, ganz besonders zur Renaissancezeit, schickten zahlreiche europäische Adelsfamilien und Herrscherhäuser ihre Leib- und Hofköche zur Weiterbildung dorthin.
So entwickelte sich ein reger Austausch kulinarischer Spezialitäten mit ganz Europa.

Wie verwendet man Crespelle

Crespelle können süß oder pikant angerichtet werden. In unserem Buch wollen wir uns vor allem mit der letzteren Art beschäftigen. Sie werden gewöhnlich mit einer Fülle bestrichen, eingerollt oder ein- bis zweimal über die Mitte gefaltet, in eine feuerfeste Terrine gelegt und mit einer Sauce oder weiteren Zutaten versehen im Ofen gratiniert.

Die berühmten französischen Crêpes kommen ursprünglich aus den Abruzzen. In Italien nennt man sie Crespelle.

Zubereitung der Crespelle. Die Eier werden mit einem Schneebesen gut verquirlt (1), dann gibt man das gesiebte Mehl dazu (2), anschließend rührt man nach und nach die Milch unter (3). Zum Backen gießt man wenig Teig in die heiße, gefettete Pfanne (4) und dreht diese ein wenig, um die Masse gut zu verteilen (5). Wenn die Ränder knusprig werden und sich heben, wendet man sie (6).

Natürlich genießt man sie auch gerne in der Suppe.
Dabei verfährt man ähnlich wie bei den Tagliatelle: Man rollt sie ein und schneidet sie dann in Streifen. In der kochenden Suppe werden sie vor dem Servieren kurz erwärmt. Ebenso wie Tagliatelle kann man sie nach dem Erwärmen in kochendem Salzwasser in ein Nudelsieb abgießen, sorgfältig abtropfen lassen und mit einer Sauce nach Belieben anrichten.

Zubereitung

Der Teig für die Crespelle kann gut einige Stunden im Voraus zubereitet und bei Zimmertemperatur bis zur Verwendung aufbewahrt werden, im Kühlschrank hält er sich bis zu 24 Stunden.
Für das Backen der Crespelle ist die richtige Pfanne eine unabdingbare Voraussetzung.
Sie sollte flach und rund und entweder aus Eisen oder mit einer speziellen Antihaftbeschichtung versehen sein. Alternativ eignen sich auch die von einigen Herstellern angebotenen elektrisch beheizten Platten nach dem französischen Vorbild der »crêpière« dafür.
Die echten Gourmets unter den Köchen allerdings schwören einhellig auf die Reineisenpfanne mit etwa 16 cm Durchmesser und einem schweren, massiven Boden, der die Hitze gut leitet und gleichmäßig verteilt. Damit auch die ersten Crespelle gelingen, muss die Pfanne gut vorgeheizt sein. Hat man den Teig im Voraus zubereitet und im Kühlschrank aufbewahrt, sollte man ihn vor der Verwendung nochmals gut durchrühren, um die Konsistenz zu überprüfen.

Konservierung

Im Gegensatz zu anderen Arten der hausgemachten Pasta haben die Crespelle den unbestreitbaren Vorteil, dass sie einige Tage frisch bleiben und daher gut im Voraus zubereitet werden können. Säuberlich übereinander gestapelt und in Frischhaltefolie eingeschlagen halten sie sich im Kühlschrank etwa 5 - 6 Tage. Ihr Geschmack wird dadurch nicht beeinträchtigt. Will man sie länger aufbewahren oder einen größeren Vorrat anlegen, kann man sie auch tiefkühlen. In diesem Fall ist es ratsam, eine Verpackungsgröße zu wählen, die dem Bedarf der Familie entspricht.

Grundrezept

ZUBEREITUNGSZEIT: 1 STUNDE + RUHEZEIT

Zutaten für 22 bis 25 Crespelle:
200 g Mehl; 3 Eier; $^1/_2$ l Milch
Spezielle Kochgeräte:
Eisenpfanne mit etwa 16 cm Durchmesser; Küchenpinsel

- Schlagen Sie die Eier in eine Schüssel und verquirlen Sie sie mit einem Schneebesen oder einer Gabel. Dann geben Sie das gesiebte Mehl dazu und verrühren die Masse, indem Sie nach und nach die Milch einfließen lassen. Achten Sie darauf, dass keine Klümpchen entstehen. Sollte dies dennoch der Fall sein, passieren Sie die Masse durch ein grobes Sieb. Dann lassen sie das Ganze an einem kühlen Ort ca. 1 Stunde lang ruhen.
- Nun erhitzen Sie eine Eisenpfanne oder eine andere, mit einer Antihaftbeschichtung versehene flache, runde Pfanne mit 16 cm Durchmesser und bepinseln den Boden nach Geschmack mit etwas Öl oder wenig Butter. Gießen Sie dann eine kleine Menge des Teiges hinein und drehen Sie dabei die Pfanne, damit er sich schön dünn über den Pfannenboden verteilt.
- Dann lassen Sie die Masse bei mittlerer Hitze stocken. Wenn die Ränder knusprig werden und sich leicht zu heben beginnen, wenden Sie den Pfannkuchen und backen ihn auf der anderen Seite zu Ende. Die fertigen Crespelle stapeln Sie auf einem flachen Teller übereinander.

Traditionelle Nudelgerichte

Bild: Penne rigate mit Mousse von schwarzen Oliven. Oliven entkernen und fein hacken (1), die Butter schaumig rühren (2), die gehackten Oliven (3), die Kapern und die geriebene Zitronenschale dazugeben (4).

Penne rigate mit Mousse von schwarzen Oliven

Penne rigate alle spuma di olive nere

ZUBEREITUNGSZEIT: 25 MINUTEN

Zutaten für 4 Personen:
300 g Penne rigate; Salz

Für den Olivenschaum:
200 g schwarze Oliven; 40 g Butter
2 EL Olivenöl extravergine; 1/2 TL Kapern;
abgeriebene Schale einer halben Zitrone;
1 EL Zitronensaft; Salz, Pfeffer

• Die Butter in kleine Stücke schneiden und in einer Schüssel bei Zimmertemperatur weich werden lassen.
• In der Zwischenzeit die Oliven entkernen, in einem Sieb unter fließendem kalten Wasser waschen, gut abtropfen lassen, mit etwas Küchenkrepp trockentupfen und sehr fein hacken.
• Die Butter schaumig rühren und die fein gehackten Oliven damit gut vermengen.
• Nun die Kapern waschen, trockentupfen und fein hacken. Zu der Buttermischung geben, Zitronenschale, Öl und Zitronensaft hinzufügen. Mit Salz und Pfeffer abschmecken und gut vermischen.
• In einem großen Kochtopf reichlich Wasser zum Kochen bringen. Sobald es sprudelnd kocht, salzen und die Nudeln hineingeben. Die Nudeln noch bissfest, *al dente*, in ein Nudelsieb abgießen, etwas Kochwasser auffangen und beiseite stellen. Gut abtropfen lassen und auf einer Platte anrichten.
• Zwei Esslöffel des Kochwassers zur Olivenmousse geben und noch einmal gut durchrühren. Den Olivenschaum auf die Nudeln geben und gut durchrühren. Sehr heiß servieren.

Der Olivenschaum kann auch im Voraus zubereitet werden. In einem luftdicht verschlossenen Gefäß hält er sich im Kühlschrank etwa eine Woche.

Tortelloni mit Käse und Radicchio

Tortelloni di magro al gruyère e radicchio

ZUBEREITUNGSZEIT: 1 STUNDE

Zutaten für 6 Personen:
Für den Teig:
250 g Mehl; 1 Ei;
1 Eiklar zum Bestreichen; 1 Prise Salz
Für die Fülle:
800 g Radicchio; 80 g geriebener Käse (Emmentaler oder Greyerzer Käse);
50 g frischer Quark; 1 Ei;
20 g Butter; Salz, Pfeffer
Für die Sauce:
30 g Butter; 200 g Zucchini;
250 g reife, feste Tomaten;
1 Stange Lauch

• Zuerst wird die Fülle zubereitet. Den Radicchio putzen, in zwei Hälften schneiden, unter fließendem Wasser waschen und etwa 1 Minute lang in Salzwasser kochen. Gut abtropfen lassen, trockentupfen und in feine Streifen schneiden.
• In einer Kasserolle 20 g Butter erhitzen und die Radicchiostreifen darin anschwitzen, damit ein Großteil des darin enthaltenen Wassers austritt und verdampft. Salzen und pfeffern.
• Die Radicchiostreifen in eine Rührschüssel geben und abkühlen lassen. Den Quark, den geriebenen Käse - am besten Greyerzer Käse oder Emmentaler -, das Ei sowie noch eine Prise Salz und Pfeffer dazugeben und mit einem Holzlöffel gut vermengen.
• Nun wird der Nudelteig zubereitet. Das Mehl auf ein Nudelbrett sieben, in der Mitte eine Mulde formen, das Ei, eine Prise Salz und etwas lauwarmes Wasser dazugeben und mit den Händen zu einem homogenen, festen Teig verkneten, wie eingangs beschrieben. Ist er zu fest, noch etwas lauwarmes Wasser einarbeiten. Den Teig dann zu einem dünnen Blatt ausrollen und in Quadrate von ca. 6 cm Seitenlänge schneiden.
• Das Eiklar mit einer Gabel etwas aufschlagen und damit die Ränder der Quadrate bestreichen. In die Mitte jeweils einen Teelöffel der Fülle geben und das Quadrat über die Diagonale falten. Die Ränder gut andrücken und anschließend die beiden Ecken der Basis des so erhaltenen Dreiecks zusammenführen und mit den Fingerspitzen etwas zusammendrücken.
• Nun die Gemüse zum Anrichten vorbereiten. Die Spitzen der Zucchini und die Wurzeln und äußeren Blätter der Lauchstange entfernen, die Gemüse gut waschen, trockentupfen und in feine Streifen schneiden.
• In einem Kochtopf etwas Wasser zum Kochen bringen, die Tomaten kurz darin überbrühen, dann enthäuten, entkernen und in einem Sieb abtropfen lassen. Anschließend in Streifen schneiden.
• Nun die Butter bei mäßiger Hitze in einer Pfanne zergehen lassen, den Lauch darin andünsten, die Zucchinistreifen zufügen und unter Rühren 5 - 7 Minuten garen. Dabei sollen die Gemüse nicht braun werden. Zuletzt die Tomatenstreifen dazugeben und noch etwa 2 Minuten weiterdünsten.
• In einem großen Kochtopf reichlich Wasser zum Kochen bringen, salzen und die Tortelloni darin 5 - 7 Minuten garen, abtropfen lassen und mit den bunten Gemüsestreifen anrichten. Heiß servieren.

Bild: Tortelloni mit Käse und Radicchio

Gnocchi mit Auberginen

Gnocchi di melanzane

ZUBEREITUNGSZEIT: 45 MINUTEN

Zutaten für 4 Personen:
Für die Gnocchi:
600 g mittelgroße Auberginen; 100 g Mehl;
40 g geriebener Parmesan;
1 Bund Basilikum;
1 Ei; Salz, Pfeffer
Für die Sauce:
3 EL Olivenöl extravergine; 300 g reife,
feste Tomaten; 1 kleine Aubergine;
1/2 Zwiebel; Salz, Pfeffer

• Zubereitung der Gnocchi. Stängel und Spitzen der Auberginen abschneiden, waschen, trockentupfen und der Länge nach in zwei Hälften schneiden, anschließend in einer feuerfesten Kasserolle im auf 200° vorgeheizten Rohr etwa 15 Minuten garen.

• Dann das Fruchtfleisch mit einem Löffel herausschälen, klein hacken und in einer Pfanne mit Antihaftbeschichtung ohne Zugabe von Fett auf dem Herd weitererhitzen, damit das darin enthaltene Wasser austritt und verdampft. Vom Feuer nehmen, in eine Rührschüssel geben und abkühlen lassen.

• Wenn die Auberginen nur noch lauwarm sind, das gesiebte Mehl, den Parmesankäse und das gehackte Basilikum hinzufügen und mit einem hölzernen Kochlöffel vermengen, bis ein homogener Teig entsteht. Mit Salz und Pfeffer abschmecken.

• Auf einem bemehlten Nudelbrett den Teig zu etwa 1,5 cm dicken Röllchen rollen und diese dann in 2 cm lange Stücke schneiden. Die Gnocchi auf dem bemehlten Nudelbrett gut verteilen, damit sie nicht zusammenkleben.

• Nun die Gemüse zum Anrichten zubereiten. Die Tomaten kurz in kochendem Wasser überbrühen, dann enthäuten, entkernen und zum Abtropfen in ein Sieb legen. Das Fruchtfleisch würfelig schneiden. Die Aubergine waschen, mit einem Küchentuch trockentupfen, längs halbieren und in sehr feine Streifen schneiden.

• Das Olivenöl in einer Pfanne mäßig erhitzen und die fein gehackte Zwiebel darin anschwitzen, ohne sie zu bräunen. Die Auberginenstreifen dazugeben und etwa 5 Minuten bei mäßiger Hitze dünsten. Dann die gewürfelten Tomaten zugeben, mit einem Holzlöffel gut vermischen und bei starker Hitze noch etwa 4 Minuten weiterdünsten.

• In der Zwischenzeit die Gnocchi in reichlich Salzwasser garen. Sobald sie an der Oberfläche schwimmen, vorsichtig mit dem Schaumlöffel abschöpfen und gleich auf die Teller verteilen. Tomaten und Auberginen unterrühren und heiß servieren.

Lagane mit Kichererbsen

Lagane con i ceci

ZUBEREITUNGSZEIT: 2 STUNDEN 30 MINUTEN

Zutaten für 4 Personen:
Für den Teig:
180 g Mehl; 1 Ei; 1 EL Olivenöl
extravergine; 1 Prise Salz
Für die Suppe:
200 g Kichererbsen; 1 Zwiebel; 1 Karotte;
1 Knoblauchzehe; 1 Selleriestange;
2 reife, feste Tomaten; 1 Bund Petersilie;
1 Zweiglein Rosmarin; 4 EL Olivenöl
extravergine; 1 Lorbeerblatt; Salz, Pfeffer

• Zubereitung der Nudeln. Das Mehl auf ein Nudelbrett sieben und in der Mitte eine Mulde formen. Das Ei, das Öl und das Salz hineingeben und alles von außen nach innen zu einem glatten Teig verkneten.

• Den Teig mit der Teigrolle dünn ausrollen, mit etwas Mehl bestäuben und mit einem gezahnten Rädchen in 8 cm lange und 3 cm breite Streifen schneiden, trocknen lassen.

• Zubereitung der Suppe. Die Kichererbsen für 12 Stunden in reichlich kaltem Wasser einweichen, danach in ein Sieb abgießen, unter fließendem Wasser waschen und in einen Kochtopf geben. Gut mit Wasser bedecken, die Hälfte der Zwiebel in feine Scheiben schneiden und zusammen mit der Knoblauchzehe ebenfalls in den Kochtopf geben. Bei mäßiger Hitze zum Kochen bringen, salzen und etwa 2 Stunden kochen.

• In der Zwischenzeit die Karotte schälen, die Fäden der Selleriestange entfernen, beides waschen und grob hacken.

• Die Tomaten kurz in kochendes Wasser tauchen, enthäuten, entkernen, gut abtropfen lassen und durch ein Gemüsesieb passieren. Die Petersilie waschen und fein hacken.

Bild: Gnocchi mit Auberginen

Bild: Lagane mit Kichererbsen. In die Pfanne mit dem angedünsteten Gemüse gibt man die passierten Tomaten (1), dann kommt die Gemüsemischung in den Topf mit den Kichererbsen. Einen Esslöffel Kichererbsen herausnehmen und zurückbehalten (2). Nach Ende der Garzeit wird alles durch ein Gemüsesieb passiert (3).

- 3 EL Olivenöl in einer Pfanne erhitzen, die Karotte und die Selleriestange zusammen mit der fein gehackten zweiten Hälfte der Zwiebel hinzufügen, den Rosmarinzweig und die Hälfte der gehackten Petersilie dazugeben und 4 - 5 Minuten unter Rühren anrösten. Die passierten Tomaten beimengen und noch etwa 15 Minuten köcheln lassen. Öfters umrühren.
- Die Pfanne vom Feuer nehmen und die Tomaten-Gemüse-Mischung zu den Kichererbsen in den Topf geben. Einen Esslöffel Kichererbsen herausnehmen und beiseite stellen. Weitere 20 Minuten kochen lassen. Anschließend das Ganze durch ein Passiersieb in eine Kasserolle streichen.
- Die passierte Suppe nochmals aufkochen, eventuell mit etwas Wasser verdünnen. Die Nudeln beifügen und einige Minuten kochen lassen.
Zuletzt die zurückbehaltenen ganzen Kichererbsen einlegen.
- Die Kasserolle vom Feuer nehmen, die Lagane mit der restlichen Petersilie bestreuen, das verbliebene Öl darüber gießen und mit etwas frisch gemahlenem schwarzem Pfeffer abschmecken. Etwas umrühren und sofort heiß servieren.

1

2

3

4

Crêpes mit Lauch

Crêpes ai porri

ZUBEREITUNGSZEIT: 1 STUNDE

Zutaten für 6 Personen:
Für die Crêpes:
100 g Mehl; 1 Ei; 1/4 l Milch;
2 EL Olivenöl extravergine; 1 Prise Salz
Für die Fülle:
6 Lauchstangen;
1 Glas trockener Weißwein;
1/2 Glas Olivenöl extravergine;
40 g »Bel paese« oder milder Butterkäse;
50 g Parmesan, gerieben;
40 g Butter; Salz, Pfeffer
Für die Sauce:
1 Schalotte; 150 g Sahne; 1 Bund Petersilie;
2 EL trockener Weißwein; Salz, Pfeffer

• Zubereitung der Crêpes. Das Ei mit einem hölzernen Kochlöffel in einer Schüssel etwas glatt rühren, salzen, das gesiebte Mehl zugeben und nach und nach die Milch einrühren. Wenn der Teig glatt und homogen ist, an einem kühlen Ort etwa 1 Stunde ruhen lassen.

• Eine Eisenpfanne von 16 cm Durchmesser gut vorheizen, mit einem Küchenpinsel wenig Öl auf den Pfannenboden auftragen und eine kleine Menge Teig hineingießen. Die Pfanne dabei rasch drehen, damit ein gleichmäßig dünner Film entsteht. Auf einer Seite anbacken, wenden und auf der anderen Seite zu Ende backen. Dann auf einen Teller gleiten lassen. Die Crêpes übereinander stapeln.

• Zubereitung der Fülle. Den Lauch putzen, die Wurzeln, das Grün und die äußeren harten Blätter entfernen, waschen, trockentupfen und in feine Scheiben schneiden. Mit dem Öl in einer Pfanne andünsten, den Weißwein zugießen und bei starker Hitze ein wenig verdunsten lassen, dann zudecken und bei mäßi-

Crêpes mit Lauch. Den in Öl angeschwitzten Lauch mit Weißwein aufgießen (1), pürieren und mit geriebenem Parmesan vermengen (2). Die Crêpes damit bestreichen (3) und halbmondförmig zusammenfalten (4).

ger Hitze ca. 30 Minuten weitergaren. Die Flüssigkeit soll fast zur Gänze einreduzieren. Dann mit dem Pürierstab oder im Mixer pürieren, die Hälfte des geriebenen Parmesans zufügen, gut vermengen und mit Salz und Pfeffer abschmecken.

- Auf eine Hälfte der Crêpes jeweils etwas Fülle und eine Scheibe Bel paese oder Butterkäse verteilen, dann die andere Hälfte darüber klappen. Eine feuerfeste Terrine leicht buttern, die halbmondförmig zusammengefalteten Crêpes einlegen, mit zerlassener Butter bestreichen und im auf 170° vorgeheizten Rohr 7 - 8 Minuten backen. Anschließend mit dem restlichen Parmesan bestreuen.
- Zubereitung der Sauce. Die Schalotte schälen, hacken und in einer kleinen Kasserolle zusammen mit dem Wein erhitzen. Die Flüssigkeit auf ca. einen Teelöffel einkochen lassen, mit Sahne aufgießen und wieder auf die Hälfte einreduzieren lassen. Mit Salz und Pfeffer abschmecken, die gehackte Petersilie einstreuen und zu den heißen, auf einer Platte angerichteten Crêpes servieren.

Bild: Grießgnocchetti mit grünen Bohnen

Grießgnocchetti mit grünen Bohnen

Gnocchetti di semolino con fagiolini

ZUBEREITUNGSZEIT: 50 MINUTEN

Zutaten für 4 Personen:
1/2 l Milch; 120 g Grieß; 1 Ei;
70 g Butter; Muskatnuss;
40 g geriebener Parmesankäse;
200 g grüne Bohnen;
2 Salbeiblätter; 1 Bund Basilikum
Zum Anrichten:
30 g geriebener Parmesan

- Die Milch zusammen mit 30 g Butter in einem Topf zum Kochen bringen, salzen und den Grieß unter ständigem Rühren mit einem hölzernen Kochlöffel langsam einrieseln lassen. Die Masse immer wieder vom Boden und von den Wänden des Topfes lösen. 20 - 30 Minuten kochen.
- Den Topf vom Feuer nehmen, das Ei, den Parmesankäse und eine Prise Muskatnuss untermischen. Gut vermengen und abkühlen lassen.
- In der Zwischenzeit die Bohnen putzen, eventuell vorhandene Fäden entfernen, waschen und in etwa 3 cm lange Stücke schneiden. Anschließend ca. 5 Minuten in Salzwasser kochen.
- Das Basilikum waschen und mit einem sauberen Tuch vorsichtig trockentupfen.
- In einer Kasserolle die restliche Butter mit den Salbeiblättchen erhitzen, die gut abgetropften grünen Bohnen dazugeben und mit Salz und Pfeffer würzen. 3 - 4 Minuten dünsten, zum Schluss die mit der Hand zerzupften Basilikumblättchen zugeben.
- In einem großen Topf reichlich Salzwasser zum Kochen bringen. In der Zwischenzeit aus der Grießmasse fingerdicke Röllchen formen und in 2 cm lange Stücke schneiden. Die einzelnen Gnocchi mit den Zinken einer Gabel leicht eindrücken. Man kann die Gnocchi auch mit einem Teelöffel direkt von der Masse abstechen, ohne vorher Röllchen zu drehen. Ins sprudelnd kochende Wasser geben und abschöpfen, sobald sie oben schwimmen.
- Mit den grünen Bohnen anrichten und nach Belieben mit geriebenem Parmesan bestreut servieren.

Sedani mit Fenchelsamen

Sedani ai semi di finocchio

ZUBEREITUNGSZEIT: 25 MINUTEN

Zutaten für 4 Personen:
300 g Sedani;
300 g reife, feste Tomaten;
1 TL Fenchelsamen;
2 EL Semmelbrösel;
1 Zwiebel;
1 Knoblauchzehe;
4 Sardellenfilets;
4 EL Olivenöl extravergine;
Salz, Pfeffer aus der Mühle

• Die Tomaten kurz in kochendem Wasser blanchieren, enthäuten, entkernen, abtropfen lassen und grobwürfelig schneiden. Die Zwiebel schälen und fein hacken.

• Die fein gehackte Zwiebel und die angedrückte Knoblauchzehe im Öl anschwitzen. Die grob gehackten Sardellenfilets hinzufügen und gut mit einem hölzernen Kochlöffel durchrühren, bis sie zerfallen. Dann die Tomaten dazugeben, mit Salz und Pfeffer würzen und etwa 10 Minuten köcheln lassen. Dabei soll die Sauce etwas einreduzieren. Nach der halben Kochzeit die Fenchelsamen dazugeben und gut durchrühren. Zum Schluss die Knoblauchzehe entfernen.

• In der Zwischenzeit die Semmelbrösel ohne Zugabe von Fett in einer Pfanne mit Antihaftbeschichtung rösten. Dabei ständig mit einem Holzlöffel umrühren, damit sie nicht anbrennen. Sind sie schön braun geröstet, auf einen Teller geben und beiseite stellen.

• Die Sedani in reichlich Salzwasser kochen und *al dente* abgießen. Auf einer Servierplatte anrichten, mit der Sauce übergießen und mit den gerösteten Semmelbröseln bestreuen. Heiß servieren.

1

2

Bild: Sedani mit Fenchelsamen. Die Fenchelsamen zu den Tomaten geben (1), die Semmelbrösel in einer beschichteten Pfanne unter häufigem Rühren mit einem Holzlöffel braun rösten (2).

Tagliatelle mit Meeresfrüchten

Tagliatelle al sapore di mare

ZUBEREITUNGSZEIT: 55 MINUTEN + RUHEZEIT

Zutaten für 4 Personen:
Für den Teig:
200 g Mehl; 2 Eier; 1 Prise Salz
Für die Sauce:
$^1/_2$ kg Muscheln; 4 mittelgroße Scampi;
200 g kleine Tintenfische *(calamari)*;
4 EL Olivenöl extravergine;
2 Knoblauchzehen; 1 Stückchen Chilischote *(peperoncino)*; 1 Bund Petersilie;
$^1/_2$ Glas Weißwein; Salz, Pfeffer

- Die Muscheln 1 - 2 Stunden in kaltes Wasser legen, damit eventuell enthaltener Sand austritt.
- Das Mehl auf ein Nudelbrett sieben und in der Mitte eine Mulde formen. Die Eier und das Salz hineingeben und alles mit den Händen zu einem glatten Teig verkneten. In Frischhaltefolie einschlagen und 30 Minuten ruhen lassen.
- Die Scampi putzen, die Köpfe entfernen. Den harten Panzer der Krustentiere schneidet man am besten an den Rändern der Unterseite mit einer Schere auf. Waschen, mit einem Küchentuch trockentupfen und in nicht zu kleine Stücke schneiden.
- Die Haut der Tintenfische innen und außen entfernen, sorgfältig waschen, abtropfen lassen, trockentupfen und in Ringe schneiden.
- Die Muscheln ebenfalls abtropfen lassen und nochmals unter fließendem Wasser waschen. Offene Muscheln wegwerfen. Dann zusammen mit einer geschälten Knoblauchzehe und dem Stückchen Chilischote in einen Topf geben, mit einem Esslöffel Öl und Weißwein übergießen und bei starker Hitze einige Minuten garen. Dabei den Topf immer wieder schütteln, damit sich die Muscheln öffnen können. Muscheln, die sich nicht öffnen, entfernen und wegwerfen.
- Den Topf vom Feuer nehmen, den Sud abgießen und auffangen. Die Muscheln aus den Schalen lösen, einige besonders schöne zum gefälligen Anrichten ganz lassen.
- Nun die Tagliatelle herstellen. Dazu den Teig dünn ausrollen, dann das Teigblatt eng zusammenrollen und die so erhaltene Roulade in gut 1 cm breite Scheiben schneiden. Die Tagliatelle locker auseinanderwickeln und auf einem bemehlten Brett zum Trocknen ausbreiten.
- Nun das restliche Öl mit der angedrückten Knoblauchzehe in einer großen Pfanne erhitzen, die Tintenfischringe dazugeben und etwa 2 Minuten lang anbraten. Die Scampistücke hinzufügen und weitere 2 Minuten braten, dabei öfters mit einem hölzernen Kochlöffel umrühren.
- Die Muscheln, auch die in der Schale verbliebenen, nun dazugeben, mit dem Muschelsud aufgießen und noch etwa 1 Minute köcheln lassen. Mit Salz und Pfeffer aus der Mühle abschmecken.
- Die Tagliatelle in reichlich Salzwasser einige Minuten kochen, *al dente* abgießen und in die Pfanne mit den Meeresfrüchten geben. Mit der gehackten Petersilie bestreuen, durchmischen, auf einer vorgewärmten Platte anrichten und sofort servieren.

Bild: Tagliatelle mit Meeresfrüchten

Fagottini mit Spargel

Fagottini agli asparagi

ZUBEREITUNGSZEIT:
1 STUNDE 10 MINUTEN + RUHEZEIT

Zutaten für 6 - 8 Personen:
Für die Crespelle:
100 g Mehl;
200 ml Milch;
2 EL Olivenöl extravergine;
2 Eier;
Für die Fülle:
350 g Spargelspitzen;
2 Eier;
4 EL geriebener Parmesan;
Salz, Pfeffer
Zum Überbacken:
40 g Butter;
100 g Sahne;
2 EL geriebener Parmesan

• Zubereitung der Crespelle. Die Eier in einer Rührschüssel mit dem Schneebesen oder einem hölzernen Kochlöffel glatt rühren. Das gesiebte Mehl untermengen und anschließend nach und nach die Milch einfließen lassen. Der Teig soll glatt und dickflüssig sein, eventuelle Klümpchen lassen sich durch Passieren durch ein grobes Sieb entfernen. An einem kühlen Ort etwa 1 Stunde rasten lassen.
• Eine eiserne oder antihaftbeschichtete Pfanne von 16 cm Durchmesser erhitzen, den Boden dünn mit Öl auspinseln. Dann eine kleine Menge des Teiges einfließen lassen und die Pfanne dabei rasch drehen, damit ein dünner Film entsteht, der den Boden gleichmäßig bedeckt. Bei mäßiger Hitze backen, bis die Ränder beginnen, sich leicht anzuheben, dann wenden und auf der anderen Seite zu Ende backen. Die fertigen Crespelle auf einem flachen Teller übereinander stapeln.

Bild: Fagottini mit Spargel. Die Spargelfülle mit Ei und Parmesan zubereiten (1), einen gehäuften Esslöffel davon in die Mitte eines jeden Pfannkuchens setzen (2) und diesen wie einen Beutel falten und verschließen (3).

• Zubereitung der Fülle. Die Spargel schälen, waschen und in Wasserdampf garen, am besten mit einem Siebeinsatz für gewöhnliche Kochtöpfe. Anschließend auf einem Küchentuch abtropfen lassen, vorsichtig trockentupfen und die schönsten Köpfe zum Anrichten zurückbehalten. Die übrigen Spargel grob hacken und zusammen mit dem geriebenen Parmesan, den Eiern, einer Prise Salz und Pfeffer aus der Mühle in eine Rührschüssel geben. Mit einem Holzlöffel alles gut durchmischen.

• Füllen der Crespelle. Zwei der Crespelle in Streifen schneiden und beiseite stellen. Dann auf jeden Pfannkuchen in die Mitte einen gehäuften Esslöffel der Fülle setzen. Die Pfannkuchen wie einen Beutel um die Fülle falten und mit den Pfannkuchenstreifen verschließen.

• Nun die Sahne in eine feuerfeste Terrine gießen, die Fagottini vorsichtig hineinsetzen und mit den zurückbehaltenen Spargelköpfen dekorieren. Die Fagottini mit zerlassener Butter bestreichen und im auf 180° vorgeheizten Rohr 10 - 15 Minuten überbacken, mit dem geriebenen Parmesan bestreuen und sogleich servieren.

Bild: Nudelsalat mit Lachskaviar

Nudelsalat mit Lachskaviar

Insalata di farfalle e uova di salmone

ZUBEREITUNGSZEIT: 25 MINUTEN

Zutaten für 4 Personen:
250 g Farfalle;
30 g Lachskaviar;
1 Bund Schnittlauch;
4 EL Olivenöl extravergine;
2 EL Zitronensaft;
Salz, Pfeffer aus der Mühle

• Den Zitronensaft in eine Schale geben und das Salz darin auflösen. Öl und Pfeffer dazugeben und das Ganze mit einer Gabel oder einem kleinen Schneebesen verschlagen.

• Den Schnittlauch waschen, trockentupfen und in kleine Röllchen schneiden. In einem großen Kochtopf reichlich Wasser zum Kochen bringen und salzen. Die Farfalle darin *al dente* kochen und unter fließendem, kaltem Wasser abkühlen. In einer Schüssel anrichten, mit der Salatsauce übergießen und gut durchmischen.

• Den Lachskaviar und den Schnittlauch darauf verteilen und noch einmal vorsichtig durchmischen. Den Nudelsalat kühl servieren.

Grüne Tagliolini mit Schrimps

Tagliolini verdi ai gamberetti

ZUBEREITUNGSZEIT: 50 MINUTEN

Zutaten für 4 Personen:
250 g grüne Tagliolini;
200 g Schrimps;
200 g rote Paprikaschote;
1 Zwiebel;
2 reife, feste Tomaten;
4 EL Olivenöl extravergine;
20 g Butter;
2 EL Sahne;
Salz, weißer Pfeffer aus der Mühle

• Die Tomaten in kochendem Salzwasser überbrühen, enthäuten, entkernen, abtropfen lassen und würfelig schneiden. Frische Schrimps schälen und waschen, bereits geschälte aus dem Glas unter fließendem Wasser waschen und abtropfen lassen, mit einem Küchentuch trockentupfen. Die Paprikaschote waschen, Kerne und weiße Adern entfernen und in kleine Stückchen schneiden.

• Die Zwiebel schälen und fein hacken, in Olivenöl anschwitzen. Wenn die Zwiebelstücke glasig werden, die klein geschnittene Paprikaschote und die Tomaten dazugeben, mit einer Prise Salz und etwas Pfeffer würzen und mit 2 Esslöffel Wasser aufgießen. Zugedeckt bei mäßiger Hitze 30 Minuten köcheln lassen, von Zeit zu Zeit umrühren.

• Den Topf vom Feuer nehmen und abkühlen lassen, anschließend die Gemüsemischung im Mixer pürieren und durch ein Sieb streichen. Die so entstandene Sauce neuerlich erhitzen und die Sahne einrühren.

• Die Tagliolini in reichlich Salzwasser kochen. Inzwischen die Butter in einer Pfanne erhitzen, die Schrimps dazugeben und 2 - 3 Minuten anbraten. Mit Salz und Pfeffer würzen.

• Die Tagliolini *al dente* abgießen und mit der Tomaten-Paprika-Sauce auf einer Platte anrichten. Die Schrimps aus der Pfanne direkt auf die Tagliolini verteilen. Heiß servieren.

Bild: Gnocchetti mit Spargelsauce. Den Teig für die Gnocchetti aus Kartoffeln und Kräutern zubereiten (1-2), daraus Röllchen formen und in gut 1 cm lange Stücke schneiden (3).

1

2

3

Kräutergnocchetti mit Spargelsauce

Gnocchetti alle erbe con salsa di asparagi

ZUBEREITUNGSZEIT: 50 MINUTEN

Zutaten für 4 Personen:
Für die Gnocchi:
500 g mehlige Kartoffeln; 150 g Mehl; 1 Ei; 1 Bund Basilikum; 2 EL geriebener Parmesan; 1 Bund Petersilie; Salz
Für die Sauce:
300 g grüner Spargel; 50 g Sahne; 20 g Butter; 1/2 Zwiebel; Salz, Pfeffer

• Die Kartoffeln waschen, in einen Kochtopf geben, gut mit kaltem, gesalzenem Wasser bedecken und zugedeckt gar kochen. Anschließend schälen und noch heiß durch eine Kartoffelpresse drücken. Etwas abkühlen lassen. Auf die lauwarme Kartoffelmasse die gewaschenen und fein gehackten Kräuter, das Mehl, das Ei und eine Prise Salz geben. Das Ganze rasch mit den mit Mehl bestäubten Händen zu einem homogenen Teig verkneten und daraus Röllchen von ca. 1 cm formen. Diese in gut 1 cm lange Stücke schneiden.

• In der Zwischenzeit die Sauce zubereiten. Die Spargel schälen, die harten Enden großzügig entfernen, in Stücke schneiden und einige schöne Köpfe zum Dekorieren zurückbehalten. Die Zwiebel fein hacken, in einer Kasserolle in der Butter glasig werden lassen, die Spargelstücke sowie 1 - 2 Esslöffel Wasser zugeben, mit Salz und Pfeffer würzen. 15 - 20 Minuten bei mäßiger Hitze köcheln lassen. Vom Herd nehmen und die Gemüsemischung im Mixer zu einer Creme verarbeiten. Neuerlich erhitzen, die Sahne dazugießen und unter Rühren etwas einreduzieren lassen.

• Die Spargelspitzen zum Anrichten in kochendem Salzwasser garen.

• Die Gnocchi in reichlich Salzwasser kochen und abschöpfen, sobald sie an der Oberfläche schwimmen, mit der Spargelsauce anrichten, mit einigen Spargelspitzen dekorieren und heiß servieren. Geriebenen Parmesan separat dazu reichen.

Penne mit Artischocken

Penne ai carciofi

ZUBEREITUNGSZEIT: 40 MINUTEN

Zutaten für 4 Personen:
300 g Penne;
300 g reife, feste Tomaten;
$^1/_2$ Glas Bier;
1 kleine Zwiebel;
2 Knoblauchzehen;
1 Bund Petersilie;
3 EL Olivenöl extravergine;
20 g Butter;
2 Artischocken;
Salz, Pfeffer

• Eine der Knoblauchzehen und die Zwiebel schälen, fein hacken und beiseite stellen. Die Tomaten kurz in kochendem Wasser überbrühen, enthäuten, entkernen, abtropfen lassen und durch ein Gemüsesieb passieren.
• Die Butter mit 2 Esslöffel Olivenöl in einer Kasserolle zerlassen, die gehackte Zwiebel-Knoblauch-Mischung darin glasig werden lassen. Mit dem Bier ablöschen und die Flüssigkeit bei starker Hitze verdampfen lassen. Dann die passierten Tomaten zufügen und 10 - 15 Minuten einreduzieren lassen.
• In der Zwischenzeit die harten, äußeren Blätter der Artischocken entfernen, ebenso die harten Blattspitzen und das sogenannte Heu in der Mitte, waschen, trockentupfen und in Spalten schneiden. In einer Kasserolle das restliche Olivenöl erhitzen und die Artischockenspalten zusammen mit der geschälten und leicht angedrückten Knoblauchzehe ca. 5 Minuten darin braten. Öfters umrühren. Dann die angebratenen Artischockenspalten zu der Tomatensauce geben und weitere 10 Minuten bei mäßiger Hitze köcheln lassen. Am Ende der Kochzeit die gehackte Petersilie dazugeben.
• Die Penne in reichlich Salzwasser kochen und *al dente* in ein Nudelsieb abgießen. Mit der Artischockensauce anrichten und heiß servieren.

Bild: Penne mit Artischocken. Die Zwiebel-Knoblauch-Mischung andünsten und mit Bier ablöschen (1), die passierten Tomaten dazugeben, anschließend die angebratenen Artischockenspalten einlegen und noch etwas köcheln lassen (2).

1

2

1

2

3

4

Gnocchi mit Robiola

Gnocchi alla robiola

ZUBEREITUNGSZEIT: 1 STUNDE

Zutaten für 4 Personen:
Für die Gnocchi:
500 g mehlige Kartoffeln;
60 g *robiola* oder ein anderer würziger Schichtkäse; 180 g Mehl; 1 Ei; 1 Prise Salz
Für die Sauce:
70 g Butter; 5 Salbeiblätter;
2 EL geriebener Parmesan; Salz

• Die Kartoffeln waschen, in einen ausreichend großen Kochtopf geben und gut mit kaltem Wasser bedecken. Salzen und bei mäßiger Hitze etwa 30 Minuten kochen. Dann die Kartoffeln abgießen, schälen, heiß durch die Kartoffelpresse drücken und abkühlen lassen, bis die Masse lauwarm ist.

• Das Mehl auf ein Nudelbrett sieben, die gepressten Kartoffeln, den in Stücke geschnittenen Robiola, das Ei und eine Prise Salz daraufgeben und das Ganze rasch mit den Händen zu einem glatten Teig verarbeiten. Die richtige Konsistenz ist erreicht, wenn die Masse homogen aussieht, nicht mehr am Nudelbrett klebt und sich gut formen lässt.

• Auf dem bemehlten Nudelbrett daraus Röllchen von etwa 1,5 cm Durchmesser formen und davon 2 cm lange Stücke abschneiden. Die Stücke leicht zwischen Daumen und Zeigefinger zusammendrücken, um sie appetitlich zu formen.

Bild: Gnocchi mit Robiola. Die gekochten Kartoffeln schälen (1), heiß durch eine Kartoffelpresse drücken und lauwarm auf das auf ein Nudelbrett gesiebte Mehl geben, mit Ei und Robiola zu einem glatten Teig verkneten (2), daraus Röllchen drehen und diese in Stücke schneiden (3). Die Gnocchi anschließend in Salzwasser kochen und abschöpfen, sobald sie oben schwimmen.

• Die Gnocchi auf dem bemehlten Brett gut verteilen, damit sie nicht zusammenkleben. Reichlich Salzwasser zum Kochen bringen, die Gnocchi darin garen und mit einem Schaumlöffel abschöpfen, sobald sie aufsteigen und oben schwimmen. Gleich in die Teller verteilen.
• In der Zwischenzeit in einer kleinen Pfanne die Butter zerlassen, die Salbeiblätter einlegen und ein wenig salzen. Die Gnocchi mit der Salbeibutter übergießen, mit geriebenem Parmesan bestreuen und heiß servieren.

Maltagliati mit Spinat und Rohschinken

Maltagliati con spinaci e prosciutto

ZUBEREITUNGSZEIT: 50 MINUTEN

Zutaten für 4 Personen:
200 g Mehl; 2 Eier;
100 g Rohschinken (eine dicke Scheibe);
300 g Blattspinat; 1 Frühlingszwiebel;
3 EL Olivenöl extravergine;
50 g geriebener Parmesan;
1 nussgroßes Stück Butter; Salz, Pfeffer

• Das Mehl auf ein Nudelbrett sieben, eine Mulde in der Mitte formen, die Eier und eine Prise Salz hineingeben, das Ganze mit den Händen zu einem glatten, elastischen Teig verkneten und in Klarsichtfolie eingeschlagen 30 Minuten an einem kühlen Ort ruhen lassen.
• In der Zwischenzeit den Blattspinat sorgfältig waschen, entstielen und putzen, gut abtropfen lassen und in Streifen schneiden. Den Rohschinken kleinwürfelig schneiden. Die Frühlingszwiebel von den äußeren Blättern, dem Grün und den Wurzeln befreien und in feine Scheiben schneiden.
• Das Öl in einer Kasserolle erhitzen, die Frühlingszwiebel darin andünsten, ohne sie zu bräunen, die Schinkenwürfel dazugeben und ein wenig erhitzen. Die Spinatstreifen hinzufügen und 2 - 3 Minuten unter Rühren mit einem hölzernen Kochlöffel andünsten. Mit Salz und frisch gemahlenem Pfeffer würzen.
• Nun den Teig zu einem gleichmäßig dünnen Blatt ausrollen und mit einem scharfen Messer in Rechtecke von etwa 10 cm Länge und 2 cm Breite schneiden.
• In einem großen Kochtopf reichlich Wasser zum Kochen bringen, salzen und die Maltagliati darin *al dente* kochen. In ein Nudelsieb abgießen, auf einer Platte anrichten und mit der zerlassenen Butter und der Spinat-Schinken-Mischung übergießen. Mit geriebenem Parmesan bestreut servieren.

Bild: Maltagliati mit Spinat und Rohschinken

Ravioli mit Frischkäse und Pilzen

Ravioli ripieni di formaggio fresco e funghi

ZUBEREITUNGSZEIT: 1 STUNDE + RUHEZEIT

Zutaten für 6 Personen:
300 g frischer Nudelteig
Für die Fülle:
300 g frische Pilze (Steinpilze, Pfifferlinge oder andere);
1 kleine Zwiebel;
1/2 Knoblauchzehe;
2 EL Olivenöl extravergine;
1 EL Cognac oder Weinbrand;
200 g ungewürzter Frischkäse;
4 Blättchen Basilikum;
1 Zweiglein Thymian;
Salz;
frisch gemahlener Pfeffer
Für die Sauce:
40 g Butter;
4 Blättchen Salbei;
100 g gekochter Schinken;
30 g geriebener Parmesan

- Die Pilze putzen, waschen, mit Küchenkrepp trockentupfen und in feine Scheiben schneiden.
- Die Zwiebel und den Knoblauch schälen und fein hacken, das Basilikum waschen und mit einem scharfen Messer in dünne Streifen schneiden.
- Das Öl in einer Kasserolle erhitzen, die gehackte Zwiebel, den Knoblauch und die Thymianblättchen dazugeben und bei mäßiger Hitze anschwitzen. Die Pilze dazugeben und 2 Minuten weiterdünsten, dann mit Cognac aufgießen und die Flüssigkeit bei starker Hitze verdampfen lassen. Die Kasserolle vom Herd nehmen und die Pilzmischung etwas abkühlen lassen.
- Das Ganze im Mixer zerkleinern, den in Stücke geschnittenen Frischkäse, das Basilikum und eine Prise Salz zugeben. Noch ein paar Sekunden mixen, dann die Masse für etwa 1 Stunde in den Kühlschrank stellen.

Bild: Ravioli mit Pilzen und Frischkäse. Zwiebel, Knoblauch und Thymian in einer Kasserolle anschwitzen, die Pilze dazugeben (1), alles im Mixer zerkleinern (2), den Frischkäse zugeben (3), den Nudelteig ausrollen und die Fülle aufbringen (4).

• Den Teig zu einem dünnen Blatt ausrollen und in zwei gleich große Vierecke teilen. Auf eines der Vierecke in regelmäßigen Abständen von ca. 2 cm nussgroße Häufchen der Fülle setzen. Das andere Teigviereck darüber legen und mit den Fingern um die Fülle herum gut andrücken. Mit einem gezahnten Teigrädchen die Ravioli quadratisch zuschneiden und anschließend in einem großen Topf mit reichlich Salzwasser 5 - 6 Minuten kochen. Vorsichtig in ein Sieb abgießen, nach dem Abtropfen in einer Schüssel anrichten und mit geriebenem Parmesan bestreuen.
• In der Zwischenzeit die Butter mit den Salbeiblättchen in einer Pfanne erhitzen, den in Streifen geschnittenen Schinken dazugeben und die Ravioli mit dieser Mischung übergießen. Heiß servieren.

Tagliatelle al limone

Pasta fresca al limone

ZUBEREITUNGSZEIT: 30 MINUTEN + RUHEZEIT

Zutaten für 4 Personen:
200 g Mehl; 2 Eier;
1 Zitrone mit unbehandelter Schale;
30 g geriebener Parmesan; 1 Prise Salz
Für die Sauce:
40 g Butter; 1 Prise Muskatnuss;
40 g geriebener Parmesan

• Die Zitrone sorgfältig waschen, abtrocknen und mit einer Zitronenreibe die Schale abreiben. Vorsicht: nur die gelbe Außenhaut! Das Mehl auf ein Nudelbrett sieben und eine Mulde in der Mitte formen. Die Eier, die abgeriebene Zitronenschale, den Parmesan und eine Prise Salz hineingeben.
• Alle Zutaten mit den Händen zu einem gleichmäßigen Teig verkneten, in ein Stück Frischhaltefolie oder in ein leicht bemehltes Tuch einschlagen und an einem kühlen Ort etwa 30 Minuten ruhen lassen.
• Dann den Teig dünn ausrollen. Die Oberfläche bemehlen und vorsichtig einrollen. Die so entstandene Roulade mit einem scharfen Messer in 5 - 6 mm breite Scheiben schneiden. Die Tagliatelle zum Trocknen ausbreiten.
• In einem großen Kochtopf reichlich Wasser zum Kochen bringen, salzen und die Tagliatelle darin *al dente* kochen. In der Zwischenzeit die Butter mit einer Prise Muskatnuss in einer kleinen Pfanne zerlassen.
• Die Tagliatelle abgießen, sofort mit der Butter übergießen, heiß servieren und den geriebenen Parmesan dazu reichen.

Bild: Tagliatelle al limone. Das Mehl sieben und eine Mulde formen, Eier und Zitronenschale dazugeben (1), den Parmesan und eine Prise Salz darüber streuen und verkneten (2), mit der Teigrolle dünn ausrollen (3), das Teigblatt einrollen und die Tagliatelle in Scheiben schneiden (4).

schneiden und sie in einer Kasserolle zusammen mit etwas gehackter Petersilie im restlichen Olivenöl bei mäßiger Hitze etwas anschwitzen. Die Zucchini dazugeben und etwa 3 - 4 Minuten mitrösten, bis sie leicht braun zu werden beginnen. Mit Salz und Pfeffer würzen.

- Die Tomaten kurz in kochendem Wasser überbrühen, enthäuten, entkernen, in einem Sieb abtropfen lassen, das Fruchtfleisch würfelig schneiden.
- Die Muscheln zu den gebratenen Zucchinistreifen geben, ebenso die Tomatenwürfel und die restliche gehackte Petersilie. Alles zusammen ein wenig erhitzen und dabei mit einem hölzernen Kochlöffel immer wieder umrühren.
- In der Zwischenzeit die Ziti in reichlich Salzwasser kochen, *al dente* abgießen und anrichten. Die Sauce mit den Muscheln und den Zucchini darüber geben und vorsichtig durchmischen. Heiß servieren.

Bild: Ziti mit Herzmuscheln. Die Zucchini waschen, Spitzen und Stängel entfernen und in feine Längsstreifen schneiden (1), die Schalotten in einer Kasserolle mit ein wenig gehackter Petersilie anrösten (2), die Zucchini (3), die Herzmuscheln (4) und die anderen Zutaten dazugeben.

Ziti mit Herzmuscheln

Ziti con vongole veraci

ZUBEREITUNGSZEIT: 30 MINUTEN + ZEIT ZUM PUTZEN DER MUSCHELN

Zutaten für 4 Personen:
300 g Ziti;
800 g Herzmuscheln;
3 reife, feste Tomaten;
300 g kleine Zucchini;
1 Bund Petersilie;
2 Schalotten (oder 1 Zwiebel und 1 Knoblauchzehe);
4 EL Olivenöl extravergine;
Salz, frisch gemahlener Pfeffer

- Die Herzmuscheln in ein Sieb geben und 1 - 2 Stunden im Waschbecken unter fließendes, kaltes Wasser stellen, damit der darin enthaltene Sand austritt.
- Abtropfen lassen und mit einem Esslöffel Öl ein wenig gehackte Petersilie in eine Pfanne mit Deckel geben. Zudecken und bei starker Hitze auf den Herd stellen, bis sich die Muscheln geöffnet haben. Die Pfanne dabei ab und zu schütteln. Die Muscheln aus den Schalen lösen, einige besonders schöne Muscheln zur Dekoration ganz lassen.
- Die Zucchini waschen, Spitzen und Stängel entfernen, eventuell in zwei Teile teilen und längs in feine Streifen schneiden.
- Die Schalotten schälen, in dünne Scheiben

Gnocchi mit Zucchini

Gnocchi di zucchine

ZUBEREITUNGSZEIT: 30 MINUTEN

Zutaten für 4 Personen:
Für die Gnocchi:
600 g Zucchini; 150 g Mehl;
1 Bund Basilikum; 1 Bund Petersilie; 1 Ei;
1 Schalotte; 1 EL Olivenöl extravergine;
Salz, frisch gemahlener Pfeffer
Für die Sauce:
2 kleine Stangen Lauch; 150 g Karotten;
40 g Butter; Salz, Pfeffer

- Die Stängel und Spitzen der Zucchini abschneiden, waschen, trockentupfen und in Würfel schneiden.
- In einer Pfanne mit Antihaftbeschichtung das Olivenöl erhitzen und die geschälte, gehackte Schalotte darin anschwitzen, ohne sie zu bräunen. Die Zucchiniwürfel sowie eine Prise Salz und Pfeffer zufügen und 7 - 8 Minuten rösten. Öfters mit einem hölzernen Kochlöffel umrühren.
- Das Basilikum und die Petersilie waschen, trockentupfen und hacken. Zusammen mit den Zucchini im Mixer oder mit dem Pürierstab zu einer homogenen Masse zerkleinern. Sollte sie zu flüssig sein, wieder in die heiße Pfanne geben und die enthaltene Flüssigkeit verdampfen lassen, in eine Schüssel füllen und vollkommen auskühlen lassen.
- Das Mehl auf ein Nudelbrett sieben und eine Mulde in der Mitte formen. Die pürierten Zucchini, das Ei, eine Prise Salz und etwas frisch gemahlenen Pfeffer hineingeben. Mit einem Holzlöffel verkneten, bis ein gleichmäßiger Teig entsteht.
- Daraus etwa 1 cm starke Röllchen formen und diese in Stücke von ca. 2 cm Länge schneiden. Die einzelnen Gnocchi sanft mit den Zinken einer Gabel eindrücken und auf dem bemehlten Nudelbrett so verteilen, dass sie nicht zusammenkleben.
- Die Lauchstangen waschen, von den harten äußeren Blättern, den Wurzeln und den grünen Blattspitzen befreien. Spitzen und Stängelansätze der Karotten entfernen, schälen und ebenso wie den Lauch in feine Streifen schneiden.
- In einem Topf Salzwasser zum Kochen bringen und darin erst den Lauch 1 Minute, dann die Karotten 4 - 5 Minuten überbrühen. Abgießen und gut abtropfen lassen.
- Die Butter in einer Kasserolle zergehen lassen, die Lauch- und Karottenstreifen dazugeben und etwa 15 Minuten bei mäßiger Hitze garen. Ab und zu umrühren. Mit Salz und Pfeffer würzen.
- In der Zwischenzeit in einem ausreichend großen Topf reichlich Salzwasser zum Kochen bringen, salzen und die Gnocchi einlegen. Abschöpfen, sobald sie aufsteigen und oben schwimmen. Mit den Gemüsestreifen anrichten und heiß servieren.

Bild: Gnocchi mit Zucchini. Die Zucchini anrösten (1), den Teig zubereiten (2), zu Röllchen drehen und davon Stücke abschneiden, die mit Hilfe einer Gabel zurechtgeformt werden (3).

Gnocchi mit Schnittmangold und Mascarpone

Gnocchi con bietoline e mascarpone

ZUBEREITUNGSZEIT: 45 MINUTEN

Zutaten für 4 Personen:
Für die Gnocchi:
1/2 kg Kartoffeln;
150 g Mehl;
1 Ei;
Salz
Für die Sauce:
30 g Butter;
1 Schalotte;
1 Bund Petersilie;
1 Bund Basilikum;
1 Zweiglein Majoran;
300 g Schnittmangold;
1 EL frischer Mascarpone;
Salz, frisch gemahlener Pfeffer

• Die Kartoffeln waschen, in einen ausreichend großen Topf geben, gut mit kaltem Wasser bedecken, salzen, zum Kochen bringen und bei mäßiger Hitze garen. Abgießen, schälen, heiß durch eine Kartoffelpresse drücken und abkühlen lassen, bis die Masse lauwarm ist.

Bilder: oben: Conchiglie mit Bohnenpüree; unten: Gnocchi mit Schnittmangold und Mascarpone

Conchiglie mit Bohnenpüree

Conchiglie con purea di fagioli cannellini

ZUBEREITUNGSZEIT: 1 STUNDE 40 MINUTEN

Zutaten für 4 Personen:
300 g Conchiglie;
250 g weiße, getrocknete Bohnen;
1/2 Zwiebel; 1 Lorbeerblatt;
300 g Schnittmangold; 1 Knoblauchzehe;
2 Stangen Sellerie;
2 EL Olivenöl extravergine; Salz, Pfeffer

• Die Bohnen in eine Schüssel geben, gut mit kaltem Wasser bedecken und ca. 12 Stunden einweichen. Danach in ein Sieb abgießen.
• Die Zwiebel schälen, waschen und fein hacken. Die Selleriestangen putzen, eventuell vorhandene Fäden und das Grün entfernen und in kleine Stücke schneiden. Ein paar zarte Blätter aufbewahren.
• Bohnen und Sellerie mit der geschälten, leicht angedrückten Knoblauchzehe und dem Lorbeerblatt in einen Topf geben, gut mit Wasser bedecken und zum Kochen bringen. Etwa 80 Minuten kochen lassen, nach der halben Kochzeit salzen.
• In der Zwischenzeit den Schnittmangold und die Sellerieblätter mit kaltem Wasser waschen. Abtropfen lassen und in schmale Streifen schneiden.
• Dann die Bohnen in ein Sieb abgießen, Lorbeerblatt und Knoblauchzehe entfernen und durch ein Gemüsesieb passieren. Das so entstandene Püree soll cremig und homogen sein. 2 Esslöffel Wasser unterrühren.
• Das Bohnenpüree wieder in den Kochtopf gießen, unter Rühren erwärmen und ganz zum Schluss mit dem Olivenöl und einer Prise frisch gemahlenem Pfeffer vollenden.
• Die Conchiglie in reichlich Salzwasser *al dente* kochen. 2 Minuten vor Ende der Kochzeit die Sellerieblatt- und Mangoldstreifen zufügen. Abgießen, mit dem Bohnenpüree anrichten und sofort servieren.

Bild: Tagliatelle mit Karotten. Karotten und Lauch in Streifen schneiden (1 und 2) und zusammen mit etwas Butter und den Kräutern dünsten (3).

1

2

3

• Das Mehl auf ein Nudelbrett sieben und in der Mitte eine Mulde formen, die die Kartoffeln, das Ei und eine Prise Salz aufnimmt. Rasch mit den Händen zu einem homogenen Teig verarbeiten.
• Auf einem bemehlten Nudelbrett Röllchen von ca. 1,5 cm Durchmesser rollen und davon 2 cm lange Stücke abschneiden. Diese dann leicht gegen die hohle Seite einer Gabel drücken. Die Gnocchi so verteilen, dass sie sich nicht berühren, damit sie nicht aneinander kleben bleiben.
• In der Zwischenzeit die Schalotte schälen und fein hacken.
Den Mangold putzen und in kaltem Wasser waschen, gut abtropfen lassen, mit einem Küchentuch trockentupfen und in feine Streifen schneiden. Basilikum, Petersilie und Majoran waschen und zusammen fein hacken.
• Die Butter in einer Kasserolle erhitzen, die Schalotte darin anschwitzen, aber nicht bräunen, den Mangold dazugeben, kurz mitrösten, dann zudecken und ca. 5 Minuten auf kleiner Flamme dünsten. Mit Salz und Pfeffer abschmecken. Zum Schluss die gehackten Kräuter und den Mascarpone zugeben, gut verrühren.
• Die Gnocchi in reichlich Salzwasser kochen, bis sie oben schwimmen. Dann vorsichtig mit dem Schaumlöffel abschöpfen, gleich auf den Tellern anrichten und mit der Kräuter-Mascarpone-Mischung übergießen. Heiß servieren.

Tagliatelle mit Karotten

Tagliatelle alle carote

ZUBEREITUNGSZEIT: 35 MINUTEN

Zutaten für 4 Personen:
250 g frische Tagliatelle; 200 g Karotten; 3 Stangen Lauch; 2 EL geriebener Parmesan; 40 g Butter; 4 EL trockener Weißwein; 1 Stängel Petersilie; 1 Stängel Liebstöckel; Salz, Pfeffer

• Spitzen und Stängelansätze der Karotten abschneiden, schälen. Die Lauchstangen von den harten äußeren Blättern, den Wurzeln und den grünen Blattspitzen befreien. Beide Gemüse in Streifen schneiden.
• Die Butter mit den gewaschenen und trockengetupften Kräutern in einer Kasserolle erhitzen, die Gemüsestreifen dazugeben, mit Weißwein und wenig Wasser aufgießen, mit Salz und Pfeffer würzen. Zudecken und auf kleiner Flamme etwa 15 Minuten dünsten. Ab und zu mit einem hölzernen Kochlöffel umrühren. Am Ende der Garzeit die Kräuter entfernen.
• In der Zwischenzeit die Tagliatelle in reichlich Salzwasser kochen und *al dente* in ein Nudelsieb abgießen. Abtropfen lassen, mit den Gemüsestreifen in einer Schüssel anrichten, mit Parmesan bestreuen, kurz durchmischen und servieren.

Ravioli mit Quark-Schnittlauch-Fülle

Ravioli all'erba cipollina e ricotta

ZUBEREITUNGSZEIT: 1 STUNDE

Zutaten für 4 Personen:
Für den Teig:
200 g Mehl; 2 Eier; 1 Eiklar; Salz
Für die Fülle:
300 g frischer Quark; 70 g Schnittlauch;
1 Eidotter; 1 Messerspitze Muskatnuss;
40 g geriebener Parmesan; Salz, Pfeffer
Für die Sauce:
40 g geriebener Parmesan;
1 Bund Schnittlauch; 1 rote Paprikaschote;
1 kleine Zwiebel; 3 Salbeiblätter;
60 g Butter; Salz, Pfeffer

• Das Mehl auf ein Nudelbrett sieben, eine Mulde in der Mitte formen, die Eier und eine Prise Salz hineingeben. Das Ganze mit den Händen zu einem homogenen, elastischen Teig verkneten. In Frischhaltefolie einschlagen und an einem kühlen Ort 30 Minuten ruhen lassen.

• Nun die Fülle zubereiten. Quark und Eidotter mit einer Messerspitze Muskatnuss und dem geriebenen Parmesan zu einer weichen Creme verrühren. Den Schnittlauch waschen, trockentupfen, in Röllchen schneiden und zu der Quarkmischung geben. Mit Salz und Pfeffer abschmecken und alles gut vermischen.

• Den Nudelteig zu einem gleichmäßig dünnen Blatt ausrollen und auf einer Hälfte in regelmäßigen Abständen von je 4 cm mit einem Dressiersack oder einem Teelöffel Häufchen der Fülle verteilen. Dazwischen und an den Rändern das Eiklar aufpinseln. Die zweite Hälfte des Teigblattes darüber schlagen und mit den Fingern um die Fülle herum gut andrücken. Die Ravioli dann mit einer Ausstechform oder einem gezahnten Teigrädchen zuschneiden.

Bild: Ravioli mit Quark-Schnittlauch-Fülle. Auf eine Hälfte des Teigblattes Häufchen der Fülle dressieren (1) und die Ravioli fertigstellen. Die Paprikawürfel mit der Zwiebel in Butter anschwitzen (2).

• Nun die Gemüse zum Anrichten zubereiten. Die Paprikaschote waschen, Stängel, Kerne und weiße Adern im Inneren entfernen und kleinwürfelig schneiden. Den Schnittlauch waschen, trockentupfen und fein hacken. Die Zwiebel schälen und in feine Scheiben schneiden.
• 20 g Butter mit den Salbeiblättern in einer Kasserolle erhitzen. Die Zwiebel auf kleiner Flamme darin andünsten, ohne sie zu bräunen. Die Paprikawürfel, ein wenig Schnittlauch sowie eine Prise Salz und Pfeffer dazugeben und bei mäßiger Hitze 5 Minuten garen. Von Zeit zu Zeit umrühren.
• Die restliche, inzwischen zimmerwarme Butter mit dem verbliebenen Schnittlauch in eine Rührschüssel geben und mit einem Holzlöffel verrühren. Dann die Paprika-Zwiebel-Mischung hinzufügen und gut durchmischen.
• Reichlich Salzwasser zum Kochen bringen und die Ravioli darin garen, *al dente* abgießen und mit der Paprika-Schnittlauch-Sauce anrichten, mit geriebenem Parmesan bestreuen und heiß servieren.

Penne alla campagnola

Penne alla campagnola

ZUBEREITUNGSZEIT: 40 MINUTEN

Zutaten für 4 Personen:
300 g Penne;
2 Kartoffeln; 300 g Kohl;
30 g Frischwurst (Bratwurst);
1 kleine Zwiebel; 4 EL Olivenöl extravergine;
$^1/_2$ Glas trockener Weißwein;
2 EL geriebener Parmesan;
Salz, frisch gemahlener Pfeffer

• Die Zwiebel schälen, waschen und in feine Scheiben schneiden. Die Kartoffeln schälen, waschen und in kleine Würfel schneiden. Die Blätter vom Strunk des Kohlkopfs lösen und die weißen Rippen in der Mitte herausschneiden. Unter fließendem, kaltem Wasser sorgfältig waschen und in dünne Streifen schneiden. In einem großen Topf reichlich Salzwasser zum Kochen bringen, die Kohlstreifen und nach ca. 15 Minuten die Penne und die Kartoffeln dazugeben.
• In einer Kasserolle das Olivenöl erhitzen, die Zwiebel darin andünsten, das in kleine Stücke zerteilte Frischwurstbrät hinzufügen, mit einem Holzlöffel immer wieder umrühren. Nach ein paar Minuten mit Weißwein aufgießen und die Flüssigkeit bei starker Hitze verdampfen lassen.
• Die Nudeln mit dem Gemüse abgießen, in einer vorgewärmten Schüssel anrichten, mit der Zwiebel-Wurstbrät-Mischung übergießen, mit Parmesan bestreuen und mit einer Prise Pfeffer aus der Mühle abschmecken. Kurz durchmischen und sofort servieren.

Spaghettiniauflauf mit Eiern

Spaghettini con uova al forno

ZUBEREITUNGSZEIT: 30 MINUTEN

Zutaten für 4 Personen:
150 g Spaghettini;
2 EL Olivenöl extravergine;
1 Knoblauchzehe;
1 EL in Salzlake eingelegte Kapern;
30 g schwarze, entkernte Oliven; 3 Eier;
1 Bund Petersilie; 20 g Butter;
Salz, frisch gemahlener Pfeffer

• Den Knoblauch schälen und mit dem Handballen oder dem Messerrücken leicht anquetschen. Die Kapern waschen und abtropfen lassen. Die Oliven klein schneiden, die Petersilie waschen und fein hacken.
• Das Olivenöl mit der angedrückten Knoblauchzehe in einer kleinen Kasserolle erhitzen. Den Knoblauch entfernen, sobald er goldbraun wird. Die Kapern und die Oliven dazugeben, kurz durchrühren und dann vom Feuer nehmen.
• In einem großen Kochtopf reichlich Wasser zum Kochen bringen, salzen und die Nudeln darin kochen, *al dente* abgießen, in eine Schüssel geben und die Oliven und Kapern untermischen.
• Die Eier mit einer Gabel gut mit der Petersilie verschlagen, mit Salz und Pfeffer abschmecken und zu den Spaghettini geben. Gut durchmischen.
• Die Butter in einer feuerfesten Terrine erhitzen, die Spaghettini hineingeben und im auf 250° vorgeheizten Rohr ca. 5 Minuten überbacken, bis die Oberfläche goldbraun wird.
• Den Auflauf aus dem Rohr nehmen, noch einige Minuten ruhen lassen, auf einer Platte anrichten und servieren.

Bild: Penne alla campagnola

Ravioli mit Spinat, Pinienkernen und Korinthen

Ravioli di spinaci, pinoli e uvetta

ZUBEREITUNGSZEIT: 1 STUNDE

Zutaten für 6 Personen:
250 g frischer Nudelteig
Für die Fülle:
600 g Blattspinat;
2 EL Olivenöl extravergine;
1 mittelgroße Zwiebel;
30 g Pinienkerne;
30 g Korinthen;
1 Bund Basilikum;
½ Knoblauchzehe;
200 g magerer Frischquark;
2 EL geriebener Parmesan;
1 Ei;
Salz, Pfeffer
Für die Sauce:
60 g Butter;
2 EL geriebener Parmesan;
Salz

• Den Spinat putzen, entstielen und gründlich unter fließendem kaltem Wasser waschen. In einem großen Kochtopf reichlich Wasser zum Kochen bringen, salzen und den Spinat darin 5 Minuten überbrühen. Abtropfen lassen und grob hacken.
• Die Zwiebel schälen, waschen und fein hacken. Die Pinienkerne in einer Pfanne oder im Backrohr ohne Fett leicht rösten, die Korinthen in kaltem Wasser einweichen.
• Das Basilikum waschen, vorsichtig mit einem sauberen Küchentuch trockentupfen und die Blätter grob hacken, einen Esslöffel voll zum Anrichten zurückbehalten.
• Den Knoblauch schälen und fein hacken.

Bild: Ravioli mit Spinat, Pinienkernen und Korinthen. Die Pinienkerne rösten (1), zusammen mit dem Spinat und den Korinthen in eine Pfanne mit erhitztem Olivenöl geben (2), dann das Ganze in einer Schüssel mit dem Quark verrühren (3).

1

2

3

• Das Olivenöl in einer Pfanne erhitzen, Zwiebel und Knoblauch darin anschwitzen. Bevor die Zwiebelwürfel braun werden, den Spinat, die gerösteten Pinienkerne, die abgetropften und grob gehackten Korinthen sowie das Basilikum dazugeben. 2 - 3 Minuten unter ständigem Rühren mit einem hölzernen Kochlöffel rösten. Die Pfanne vom Feuer nehmen und den Inhalt abkühlen lassen.
• Den Quark und den geriebenen Parmesan in einer Rührschüssel vermengen, die lauwarme Spinatmischung, das Ei sowie eine Prise Salz und Pfeffer dazugeben. Alle Zutaten gut vermischen.
• Den frischen Nudelteig in zwei Teile teilen und zu zwei gleich großen, dünnen Teigblättern ausrollen. Auf eines davon in regelmäßigen Abständen Häufchen der Fülle verteilen. Mit dem anderen Teigblatt bedecken und mit den Fingern rund um die Fülle fest andrücken. Die Ravioli mit einem gezahnten Teigrädchen zuschneiden.
• In einem großen Kochtopf reichlich Wasser zum Kochen bringen, salzen und die Ravioli darin garen.
• In der Zwischenzeit die Butter in einer kleinen Kasserolle schmelzen, 2 Esslöffel des Kochwassers dazugeben, mit einer Prise Salz und den zurückbehaltenen gehackten Basilikumblättchen würzen. 1 Minute kochen lassen.
• Die Ravioli *al dente* abgießen, mit geriebenem Parmesan bestreuen und mit der Basilikumbutter übergießen.

Maccheroncini mit Spargel und Rotbarbenfilets

Maccheroncini con asparagi e triglie

ZUBEREITUNGSZEIT: 30 MINUTEN

Zutaten für 4 Personen:
250 g Maccheroncini;
2 Rotbarben; 300 g Spargel;
3 EL Olivenöl extravergine; Salz, Pfeffer

• Die holzigen Enden der Spargel großzügig entfernen, schälen, waschen und 6 - 7 Minuten in Wasserdampf garen. Die Spargelköpfe abschneiden und im Ganzen aufbewahren, die Stängel in feine Streifen schneiden.
• Die Rotbarben waschen, filetieren und sorgfältig alle Gräten entfernen. Ebenfalls in Streifen schneiden.
• Das Olivenöl in einer Kasserolle erhitzen, die Fischfiletstreifen darin etwa 2 Minuten braten, dann salzen und pfeffern, umrühren, die Spargelstreifen und -köpfe hinzufügen und ein wenig mitrösten.
• In der Zwischenzeit in einem großen Kochtopf reichlich Wasser zum Kochen bringen, salzen und die Maccheroncini darin *al dente* kochen. Abgießen und mit dem Spargel und den Fischfiletstreifen anrichten. Heiß servieren.

Bild: Maccheroncini mit Spargel und Rotbarbenfilets. Die Spargel in Wasserdampf garen (1), die Köpfe ganz lassen und die Stängel in Streifen schneiden (2), die Fischfiletstreifen in einer Kasserolle braten und zum Schluss die Spargelstücke hinzufügen (3).

Pappardelle mit Kaninchenragout

Pappardelle con salsa di coniglio

ZUBEREITUNGSZEIT: 1 STUNDE

Zutaten für 4 Personen:
Für den Teig:
200 g Mehl;
2 Eier;
1 EL Olivenöl extravergine; Salz
Für die Sauce:
$^1/_2$ junges Kaninchen (ca. 600 g);
$^1/_2$ Zwiebel;
1 Karotte;
1 Selleriestange;
1 Bund Petersilie;
2 EL Olivenöl extravergine;
20 g Butter;
3 EL geriebener Parmesan;
300 g reife, feste Tomaten;
Salz, Pfeffer

• Zubereitung der Pasta. Das Mehl sieben und eine Mulde in der Mitte formen. Die Eier, das Olivenöl und das Salz hineingeben und alles verkneten, bis ein homogener, elastischer Teig entsteht. Sollte er zu hart sein, etwas Wasser einarbeiten. In Frischhaltefolie einschlagen und 30 Minuten ruhen lassen.

• In der Zwischenzeit die Sauce zubereiten. Die Tomaten 1 Minute in kochendem Wasser überbrühen, enthäuten und in zwei Hälften schneiden, entkernen, abtropfen lassen und in kleine Stücke schneiden.

• Die Zwiebel und die Karotte schälen, die Selleriestange von Fäden befreien, die Gemüse und die Petersilie waschen und zusammenhacken. Das ausgelöste Kaninchenfleisch in Stücke schneiden, waschen und trockentupfen, die Leber beiseite stellen.

• Die Butter mit dem Olivenöl in einer Kasserolle erhitzen und die Kaninchenstücke darin von allen Seiten anbraten, die gehackten Gemüse hinzufügen, mit Salz und Pfeffer würzen und unter Rühren mit einem hölzernen Kochlöffel weiterrösten, bis die Gemüse weich werden. Die in kleine Stücke geschnittene Leber dazugeben und kurz mitrösten. Nun die Tomaten hinzufügen und auf kleiner Flamme 40 Minuten köcheln lassen. Wenn nötig, mit 1 oder 2 Esslöffeln Wasser aufgießen.

• Den Nudelteig zu einem ca. 2 mm dicken Blatt ausrollen. Die Oberfläche bemehlen, dann das Teigblatt einrollen und mit einem scharfen Messer 2 cm breite Streifen abschneiden. Zum Trocknen auf einem bemehlten Brett ausbreiten.

• In der Zwischenzeit in einem großen Kochtopf reichlich Wasser zum Kochen bringen, salzen und die Nudeln darin kochen. *Al dente* abgießen, auf einer vorgewärmten Platte mit der Sauce anrichten und mit geriebenem Parmesan bestreut servieren.

Orecchiette mit Tomaten und Schafkäse

Orecchiette con pomodoro e ricotta dura

ZUBEREITUNGSZEIT: 45 MINUTEN

Zutaten für 4 Personen:
300 g Orecchiette;
400 g reife, feste Tomaten;
50 g *ricotta dura* oder ein anderer, milder Hartkäse aus Schafmilch;
1 Bund Basilikum;
1 Bund Petersilie;
4 EL Olivenöl extravergine;
1 Prise Zucker;
Salz

• Die Tomaten kurz in kochendem Wasser überbrühen, enthäuten, entkernen und durch ein Gemüsesieb passieren. Das Basilikum und die Petersilie rasch waschen, das Basilikum mit den Fingern zerzupfen, die Petersilie hacken. Den Schafkäse reiben und nach Belieben einen Teil davon in feine Scheiben schneiden.

• Das Öl in einer Kasserolle erhitzen, die passierten Tomaten, Salz und Zucker hinzufügen und 15 Minuten bei starker Hitze kochen lassen. Öfters mit einem hölzernen Kochlöffel umrühren. Am Ende der Kochzeit die gehackten Kräuter dazugeben.

• In einem großen Topf reichlich Salzwasser zum Kochen bringen und die Nudeln darin garen. *Al dente* abgießen, in die Kasserolle mit der Sauce geben, durchrühren und mit dem geriebenen und in Scheiben geschnittenen Käse anrichten. Heiß servieren.

Bucatini mit Sardellen

Bucatini con alici

ZUBEREITUNGSZEIT: 40 MINUTEN

Zutaten für 4 Personen:
300 g Bucatini;
300 g frische Sardellen;
$^1/_2$ Zwiebel;
1 Knoblauchzehe;
4 EL Olivenöl extravergine;
1 Bund Petersilie;
Salz, Pfeffer

• Die Zwiebel schälen, waschen und fein hacken. Die Sardellen abschuppen, die Köpfe und die Gräten entfernen, sorgfältig waschen, mit einem Küchentuch trocknen und in Stücke schneiden.

Bild: Orecchiette mit Tomaten und Schafkäse

• In einem großen Kochtopf reichlich Wasser zum Kochen bringen, salzen und die Bucatini darin kochen.

• In der Zwischenzeit die Zwiebel und die geschälte, leicht angedrückte Knoblauchzehe im Olivenöl anschwitzen. Dann die Knoblauchzehe entfernen und die Sardellenstücke und die Petersilie dazugeben. Mit Salz und Pfeffer würzen und etwa 2 - 3 Minuten rösten, dabei vorsichtig umrühren.

• Die Bucatini *al dente* abgießen und mit den Sardellen anrichten. Heiß servieren.

Linguine mit Paprika

Linguine con peperoni abbrustoliti

ZUBEREITUNGSZEIT: 40 MINUTEN

Zutaten für 4 Personen:
300 g Linguine;
300 g rote und gelbe Paprikaschoten;
300 g kleine, feste Tomaten;
3 EL Olivenöl extravergine;
1 Knoblauchzehe;
1 Bund Petersilie;
1 EL Kapern;
4 EL geriebener Parmesan oder *pecorino*;
Salz, Pfeffer

• Die Paprikaschoten im ganzen auf einem Rost über der heißen Herdplatte oder im Backrohr grillen, bis die Haut schwärzliche Blasen wirft. Öfters umdrehen. Dann für etwa 20 Minuten in einer Papiertüte liegenlassen. Anschließend lässt sich die Haut leicht abziehen. In der Mitte durchschneiden, die weißen Adern und die Kerne im Inneren entfernen und in Streifen schneiden.

• Die Tomaten kurz in kochendem Wasser überbrühen, enthäuten, entkernen, abtropfen lassen und in Streifen schneiden. Den Knoblauch schälen und leicht mit dem Handballen gegen eine harte Unterlage drücken. Die Petersilie waschen und hacken.

• Das Öl in einer Kasserolle erhitzen, die Tomaten darin kurz anbraten, dann die Paprikastreifen hinzufügen. Nach 7 oder 8 Minuten die Kapern, die Petersilie sowie eine Prise Salz und frisch gemahlenen Pfeffer dazugeben. Nach weiteren 5 - 6 Minuten den Knoblauch entfernen und die Kasserolle vom Feuer nehmen.

• In der Zwischenzeit in einem großen Kochtopf reichlich Wasser zum Kochen bringen, salzen und die Nudeln darin kochen. *Al dente* abgießen, mit der Sauce anrichten und geriebenen Parmesan dazu reichen.

Bild: Linguine mit Paprika. Die Paprikaschoten auf einem Rost grillen (1), Tomaten und Paprika in einer Kasserolle mit Olivenöl anbraten (2).

Penne alla mediterranea

Penne alla mediterranea

ZUBEREITUNGSZEIT: 40 MINUTEN

Zutaten für 4 Personen:
300 g Penne;
300 g reife, feste Tomaten;
3 EL Olivenöl extravergine;
8 schwarze Oliven;
2 eingesalzene Sardellenfilets;
1 Aubergine;
1 gelbe Paprikaschote;
1 EL eingesalzene Kapern;
1 Knoblauchzehe;
1 Bund Basilikum;
2 EL geriebener *pecorino*; Salz, Pfeffer

- Die Paprikaschote waschen und auf dem Herd oder im Rohr von allen Seiten bräunen. In eine Papiertüte geben und abkühlen lassen. Dann die Haut abziehen, die weißen Adern und die Kerne entfernen, waschen und in Streifen schneiden.
- Die Tomaten in kochendem Wasser überbrühen, schälen, entkernen, abtropfen und ebenfalls in Streifen schneiden.
- Die Oliven waschen, entkernen und den Großteil in dünne Spalten schneiden. Die Sardellen vom Salz befreien, sorgfältig unter fließendem, kaltem Wasser waschen, Köpfe und Gräten entfernen und in dünne Streifen schneiden. Die Aubergine waschen und ebenfalls in Streifen schneiden. Die Kapern waschen und grob hacken.
- Das Öl in einer Kasserolle erhitzen und den Knoblauch darin anschwitzen. Die Sardellen- und die Auberginenstreifen dazugeben und 2 Minuten unter ständigem Rühren mit einem hölzernen Kochlöffel braten. Die Tomaten hinzufügen und noch ca. 15 Minuten weitergaren, dabei immer wieder umrühren. Mit Salz und Pfeffer würzen.

Bild: Penne alla mediterranea. Die Auberginen anbraten (1), die Tomaten hinzufügen (2), dann die Kapern, Paprikastreifen und die Oliven dazugeben (3) und alles zusammen kochen lassen.

• Nach der halben Kochzeit die Kapern dazugeben. Zwei Minuten vor Ende der Garzeit ein paar Blättchen Basilikum, die Paprikastreifen und die Oliven zufügen und zugedeckt auf kleiner Flamme zu Ende kochen.
• In der Zwischenzeit in einem großen Topf reichlich Wasser zum Kochen bringen, salzen und die Nudeln darin kochen. *Al dente* abgießen, mit der zubereiteten Sauce anrichten und mit geriebenem Parmesan bestreut servieren.

Agnolotti mit Fleischragout

Agnolotti al ragù di carne

ZUBEREITUNGSZEIT: 1 STUNDE 30 MINUTEN

Zutaten für 4 Personen:
Für den Teig:
200 g Mehl; 2 Eier;
1 EL Olivenöl extravergine;
1 Prise Salz
Für die Fülle:
100 g Kaninchenfleisch;
100 g Schweinefleisch;
100 g Kalb- oder Rindfleisch;
200 g vorgekochter Blattspinat;
2 Eier;
50 g geriebener Parmesan;
1/2 Zwiebel;
1 Karotte;
1 Zweiglein Rosmarin;
20 g Butter;
2 EL Olivenöl extravergine;
Salz, Pfeffer aus der Mühle
Für die Sauce:
1/2 Zwiebel;
1/2 Knoblauchzehe;
200 g gehacktes Rindfleisch;
1/2 Glas Rotwein;
3 reife, feste Tomaten;
1 Bund Petersilie;
1 Prise Muskatnuss;
2 EL Olivenöl extravergine;
1 dl Kraftbrühe;
Salz, Pfeffer aus der Mühle
Spezielle Küchenutensilien:
1 Spritzbeutel mit glatter Tülle;
1 gezahntes Teigrädchen

• Das Mehl mit dem Salz auf ein Nudelbrett sieben, eine Mulde in der Mitte formen und die Eier und das Olivenöl hineingeben. Alle Zutaten zu einem glatten, seidig glänzenden Teig verkneten. In Frischhaltefolie einschlagen und 30 Minuten an einem kühlen Ort ruhen lassen.
• Spitze und Stängelansatz der Karotte abschneiden, die Zwiebel schälen, waschen und beides fein hacken. Öl und Butter in einer Kasserolle erhitzen, die Zwiebel und die Karotte mit dem Rosmarinzweig darin anschwitzen. Die Fleischstücke von allen Seiten darin anbraten, mit Salz und Pfeffer würzen und zugedeckt bei kleiner Flamme ca. 30 Minuten dünsten.
• Die Kasserolle vom Feuer nehmen und das Fleisch abkühlen lassen, anschließend fein hacken und in eine Schüssel geben. Den gekochten, gehackten Blattspinat, die Eier, den geriebenen Käse und etwas Salz und Pfeffer hinzufügen. Alle Zutaten sorgfältig mit einem hölzernen Kochlöffel vermengen.
• Nun die Sauce zubereiten. Die Tomaten kurz in kochendem Wasser überbrühen, enthäuten, entkernen, abtropfen lassen und hacken.
• Die Zwiebel schälen, waschen und fein hacken, den Knoblauch schälen. Beides zusammen im Olivenöl anschwitzen, das Hackfleisch dazugeben und gut durchrösten. Mit dem Rotwein ablöschen und die Flüssigkeit bei starker Hitze verdampfen lassen.
• Die gehackten Tomaten, eine Prise Muskatnuss, die gewaschene, gehackte Petersilie und die Kraftbrühe hinzufügen, mit Salz und Pfeffer abschmecken und zugedeckt bei mäßiger Hitze gut 1 Stunde köcheln lassen. Wenn nötig, etwas Kraftbrühe aufgießen.
• Den Nudelteig gleichmäßig dünn ausrollen und in zwei Hälften teilen. Mit einem Spritzbeutel oder einem Teelöffel nussgroße Häufchen der Fülle in regelmäßigen Abständen von ca. 2 cm auf einer Hälfte verteilen.
• Die andere Teighälfte darüber legen und mit den Händen rund um die Fülle herum gut andrücken. Mit einem gezahnten Teigrädchen die Agnolotti quadratisch zuschneiden.
• Reichlich Wasser zum Kochen bringen, salzen und die Agnolotti darin garen. *Al dente* abgießen, mit der Fleischsauce anrichten und heiß servieren.

Bild: Agnolotti mit Fleischragout

Bild: Pasta mit Feldkräutern. Mit einem gezahnten Teigrädchen den Nudelteig in Rauten mit 3 cm Seitenlänge schneiden (1), Erbsen und Schinkenstreifen in einer Pfanne anbraten (2), dann den Spinat (3) und die übrigen Zutaten hinzufügen.

1

2

3

Pasta mit Feldkräutern

Pasta alle erbe di camp

ZUBEREITUNGSZEIT: 35 MINUTEN

Zutaten für 4 Personen:
Für den Teig:
200 g Mehl;
2 Eier;
1 EL Olivenöl extravergine;
1 Prise Salz;
Für die Sauce:
150 g ausgelöste Erbsen;
200 g Blattspinat;
200 g Schnittmangold;
150 g Feldkräuter *(erbe di campo)*;
1 Bund Basilikum;
80 g Rohschinken (eine dicke Scheibe);
30 g Butter;
Salz, Pfeffer

• Zubereitung der Nudeln. Das Mehl auf ein ausreichend großes Brett sieben, eine Mulde in der Mitte formen, die Eier, das Salz, das Mehl und das Olivenöl hineingeben und alle Zutaten mit den Händen zu einem homogenen, elastischen Teig verkneten. Sollte er zu hart sein, etwas Wasser einarbeiten.

• Den Teig 2 mm dick ausrollen, die Oberfläche bemehlen und mit einem Teigrädchen 3 cm breite Streifen zuschneiden. Diese dann schräg in Rauten schneiden und zum Trocknen auf dem bemehlten Nudelbrett verteilen.

• Zubereitung der Sauce. Den Schinken in schmale Streifen schneiden. Den Spinat, den Mangold und die Feldkräuter unter kaltem Wasser waschen, abtropfen lassen und in Streifen schneiden. Die Erbsen waschen.

• Die Butter mit einigen Schinkenstreifen in einer Pfanne erhitzen, die Erbsen dazugeben und unter Rühren mit einem hölzernen Kochlöffel 1 Minute rösten, mit 4 Esslöffeln Wasser ablöschen und zugedeckt bei mäßiger Hitze 10 Minuten köcheln lassen.

• 2 Minuten vor Ende der Kochzeit den Spinat, den Mangold und die Feldkräuter sowie die gewaschenen, mit den Händen zerzupften Basilikumblättchen und die restlichen Schinkenstreifen dazugeben.
• In der Zwischenzeit in einem großen Kochtopf reichlich Wasser zum Kochen bringen, salzen und die Nudeln darin kochen. *Al dente* abgießen, mit der Gemüsemischung auf einer Platte anrichten und heiß servieren.

Tagliolini »Campobasso«

Tagliolini di Campobasso

ZUBEREITUNGSZEIT: 25 MINUTEN

Zutaten für 4 Personen:
300 g frische, zuvor zubereitete Tagliolini;
80 g Rohschinken (eine dicke Scheibe);
1 kleine Zwiebel;
1 Bund Petersilie;
1/2 Chilischote *(peperoncino)*;
3 EL Olivenöl extravergine;
Salz, Pfeffer

• Den Rohschinken kleinwürfelig schneiden. Die Zwiebel schälen, sorgfältig waschen und in feine Streifen schneiden.
• In einem großen Kochtopf reichlich Wasser zum Kochen bringen, salzen und die Tagliolini darin garen.
• In der Zwischenzeit das Öl mit der Chilischote in einer Pfanne erhitzen und die Zwiebel bei mäßiger Hitze darin glasig werden lassen. Öfters mit einem hölzernen Kochlöffel umrühren.
• Die Rohschinkenwürfel darin nur kurz erhitzen, 1 - 2 Esslöffel des Kochwassers hinzufügen, die gewaschene, gehackte Petersilie dazugeben und mit Pfeffer aus der Mühle und einer Prise Salz abschmecken.
• Die Tagliolini *al dente* abgießen, in die heiße Pfanne mit der zubereiteten Schinken-Zwiebel-Mischung geben und dort noch gut durchmischen. Sofort servieren.

Bild: Tagliolini »Campobasso«

Pizzoccheri

I pizzoccheri

ZUBEREITUNGSZEIT: 1 STUNDE

Zutaten für 4 Personen:
200 g Maismehl;
100 g Weizenmehl;
80 g magerer Hartkäse;
60 g Butter;
300 g Kartoffeln;
4 Weißkohlblätter;
2 Blättchen Salbei;
nach Geschmack Salz und Pfeffer aus der Mühle

• Das Mais- und das Weizenmehl auf ein Nudelbrett sieben, eine Mulde in der Mitte formen, eine Prise Salz und soviel Wasser hineingeben wie nötig, damit der Teig fest und homogen wird. Den Nudelteig zu einem etwa 2 mm starken Teigblatt ausrollen und in 5 - 6 cm breite Bahnen schneiden. Diese Bahnen dann quer in 1 - 2 cm breite Streifen schneiden.

• Die Kartoffeln waschen und schälen. Die harten, weißen Rippen der Kohlblätter entfernen. Kartoffeln und Kohl in Streifen schneiden.

• In der Zwischenzeit in einem großen Kochtopf reichlich Wasser zum Kochen bringen, salzen und die Kohlstreifen hineingeben. 15 - 20 Minuten kochen, dann die Kartoffeln hinzufügen, weitere 10 - 12 Minuten kochen.

• In der Zwischenzeit den Käse in feine Scheiben schneiden. Die Butter mit den Salbeiblättern in einer Pfanne erhitzen.

Bild: Pizzoccheri. Die Zutaten für den Teig vorbereiten (1), den Nudelteig in Streifen schneiden (2), Kartoffeln und Kohl ebenfalls klein schneiden (3), die Gemüse in kochendem Wasser garen und zum Schluss die Pizzoccheri hinzufügen (4).

• Nun auch die Pizzoccheri in den Kochtopf mit dem Gemüse geben. *Al dente* abgießen und in einer Schüssel anrichten. Dabei immer eine Schicht Pizzoccheri mit Kartoffeln und Kohl mit einigen Scheiben Käse belegen, mit Salbeibutter übergießen. Mit Salbeibutter abschließen und nach Belieben etwas frisch gemahlenen Pfeffer darüber streuen.

Maltagliati mit »San-Daniele«-Rohschinken

Maltagliati al prosciutto di San Daniele

ZUBEREITUNGSZEIT: 30 MINUTEN

Zutaten für 4 Personen:
250 g Maltagliati;
80 g San-Daniele-Rohschinken
(eine dicke Scheibe);
200 g reife, feste Tomaten oder 150 g
geschälte Tomaten aus der Dose;
1 Karotte;
1 Selleriestange; 1 Zwiebel;
3 EL Olivenöl extravergine;
Salz, Pfeffer

• Den Rohschinken in feine Streifen schneiden. Die Tomaten kurz in kochendem Wasser überbrühen, enthäuten, entkernen, abtropfen lassen und hacken.
• Spitze und Stängelansatz der Karotte entfernen, die Selleriestange von Fäden befreien, die Zwiebel schälen.
• Alle Gemüse waschen und fein hacken. In einer Kasserolle das Olivenöl erhitzen und die gehackten Gemüse darin anschwitzen. Die Schinkenstreifen dazugeben und kurz mitrösten. Die Tomaten zugeben, mit Salz und Pfeffer würzen und bei starker Hitze etwa 10 Minuten garen.
• In der Zwischenzeit in einem großen Kochtopf reichlich Wasser zum Kochen bringen, salzen und die Maltagliati darin kochen. *Al dente* abgießen, mit der Schinkensauce anrichten und heiß servieren.

Bild: Maltagliati mit San-Daniele-Rohschinken

Pfannkuchen mit Spargelcreme

Crespelle alla crema di asparagi

ZUBEREITUNGSZEIT: 1 STUNDE + RUHEZEIT

Zutaten für 6 Personen:
Für die Crespelle:
100 g Mehl; 1 Ei; 1/4 l Milch;
2 EL Olivenöl extravergine;
Salz
Für die Fülle:
1 Bund Spargel; 1/2 Glas Milch;
40 g *bel paese* oder Butterkäse;
1 EL geriebener Parmesan;
2 EL Béchamelsauce,
vorbereitet oder fertig gekauft;
3 EL Olivenöl extravergine;
60 g Butter; Salz, Pfeffer
Spezielle Küchenutensilien:
1 Eisenpfanne mit 16 cm Durchmesser

• Zubereitung der Crespelle. Das Ei in eine Schüssel geben und mit einem hölzernen Kochlöffel oder einem Schneebesen etwas verschlagen, eine Prise Salz und dann nach und nach das Mehl einrühren. Unter ständigem Rühren langsam die Milch einfließen lassen und alles gut vermengen, bis ein glatter Teig entsteht. An einem kühlen Ort mindestens 1 Stunde ruhen lassen.
• Die Eisenpfanne erhitzen, mit wenig Öl auspinseln und eine kleine Menge Teig hineingießen. Die Pfanne dabei drehen, damit ein gleichmäßiger Film entsteht, der den Pfannenboden ganz bedeckt. Zuerst auf einer Seite anbacken, dann wenden und auf der anderen Seite zu Ende backen. Die fertigen Crespelle auf einem flachen Teller übereinander stapeln.
• Zubereitung der Fülle. Die holzigen Enden der Spargel entfernen, sorgfältig schälen, wenn möglich mit einem Schäler mit gebogener Klinge, dann waschen und mit einem Küchentuch trockentupfen. Die Spargelköpfe abschneiden und die Stängel in kleine Stücke schneiden. Die Spargelstücke in einer Kasserolle in Olivenöl ein paar Minuten anbraten, dann die Milch zugießen und auf kleiner Flamme 15 - 20 Minuten einreduzieren lassen.
• Die Kasserolle vom Feuer nehmen und den Inhalt im Mixer oder mit einem Pürierstab zerkleinern, die Béchamelsauce und den geriebenen Parmesan dazugeben, mit etwas Salz und frisch gemahlenem Pfeffer abschmecken und alles gut verrühren.
• Die Spargelköpfe separat in einer kleinen Kasserolle mit 20 g Butter zugedeckt auf kleiner Flamme 10 Minuten garen.
• Den Käse in dünne Scheiben schneiden.
• Auf jeden Pfannkuchen etwas Fülle und ein oder zwei Scheiben Käse legen. Die Crespelle über die Mitte falten und in eine gebutterte, feuerfeste Form legen. Mit der übrigen zerlassenen Butter bestreichen, den restlichen Parmesan darüber streuen und die Spargelköpfe darauf verteilen.
• Im auf 180° vorgeheizten Rohr 10 Minuten überbacken, auf einer Platte anrichten und sofort servieren.

Bild: Crespelle mit Spargelcreme

Tagliatelle mit Scampi

Tagliatelle agli scampi

ZUBEREITUNGSZEIT: 1 STUNDE

Zutaten für 4 Personen:
250 g Tagliatelle;
200 g Scampi;
200 g rote Paprikaschoten;
1 Zwiebel;
2 reife, feste Tomaten;
4 EL Olivenöl extravergine;
1 dl Sahne;
1 Bund Petersilie;
20 g Butter;
Salz, Pfeffer

- Die Scampi schälen und nach Entfernen des Darms unter fließendem, kaltem Wasser waschen. Abtropfen lassen, trockentupfen und der Länge nach teilen.
- Die Tomaten kurz in kochendem Wasser überbrühen, enthäuten, entkernen, abtropfen lassen und das Fruchtfleisch würfelig schneiden. Die Paprikaschoten in zwei Hälften schneiden, die Kerne und weißen Adern entfernen, waschen und in Streifen schneiden.
- Die Zwiebel schälen, waschen und fein hacken. In einer Kasserolle das Öl erhitzen und die Zwiebel darin anschwitzen. Die Paprikastreifen dazugeben und unter Rühren kurz mitbraten, dann die Tomaten und 2 Esslöffel Wasser hinzufügen. 30 Minuten bei mäßiger Hitze kochen lassen, ab und zu mit einem hölzernen Kochlöffel umrühren. Die Kasserolle dann vom Feuer nehmen, den Inhalt abkühlen lassen und durch ein Passiersieb streichen. Die Sauce wieder in die Kasserolle zurückgießen und neuerlich erhitzen, die Sahne einrühren.
- In der Zwischenzeit in einem großen Kochtopf reichlich Wasser zum Kochen bringen, salzen und die Tagliatelle darin kochen.
- In einer Pfanne die Butter zerlassen, die Scampi hineingeben, mit Salz und Pfeffer würzen und etwa 3 Minuten braten.
- Die Nudeln *al dente* abgießen, auf einer Platte anrichten, mit der Paprikasauce übergießen und die Scampi darauf verteilen. Mit gehackter Petersilie bestreuen und heiß servieren.

Bild: Tagliatelle mit Scampi. Die Paprikastreifen zu der Zwiebel in der Kasserolle geben (1), die Tomaten hinzufügen (2), das Ganze durch ein Passiersieb streichen (3), die Scampi in Butter braten (4).

Raviolini mit Schmelzkäse

Raviolini di fonduta

ZUBEREITUNGSZEIT: 1 STUNDE

Zutaten für 4 Personen:
300 g zuvor zubereiteter Nudelteig;
200 g *fontina* oder Raclettekäse;
3 Eidotter; 1 Eiklar;
1/4 l Milch;
1 TL Maisstärke;
frisch gemahlener weißer Pfeffer
Für die Sauce:
1 Bund Spargelspitzen;
50 g Butter; 1/2 Schalotte;
Salz, Pfeffer

• Den Käse von der Rinde befreien, in dünne Scheiben schneiden, in ein hohes, schmales Gefäß geben und ganz mit Milch bedecken. Mindestens 1 Stunde einweichen, dann herausnehmen, abtropfen lassen, in eine kleine Kasserolle geben, im Wasserbad erwärmen und schmelzen.
• Die Maisstärke mit 3 Esslöffeln der Milch, in der der Käse zuvor eingeweicht wurde, glatt rühren und mit dem schmelzenden Käse vermengen. Die Eidotter mit einem Schneebesen einrühren. Fontinakäse zieht zuerst Fäden und wird dann langsam flüssig. Wenn die Masse eine cremige Konsistenz hat, den Topf vom Feuer nehmen, mit etwas frisch gemahlenem weißem Pfeffer würzen und abkühlen lassen.
• Den Nudelteig zu einem gleichmäßig dünnen Blatt ausrollen und mit einem gezahnten Teigrädchen Quadrate von etwa 4 cm Seitenlänge zuschneiden, die Ränder mit dem etwas aufgeschlagenen Eiklar bepinseln.
• Die Schmelzkäsemasse in einen Spritzbeutel füllen und ein Häufchen in die Mitte jedes Teigquadrates setzen. Dann die Quadrate über die Diagonale zu einem Dreieck falten und die Ränder gut mit den Fingern festdrücken. Auch die Zinken einer Gabel eignen sich zum Zusammendrücken der Teigränder.
• Reichlich Wasser in einem großen Topf zum Kochen bringen, salzen und die Raviolini darin gut 5 Minuten garen.
• In der Zwischenzeit die Spargelspitzen gut waschen und trockentupfen. Die Schalotte schälen und in feine Scheiben schneiden.
• Die Butter in einer Kasserolle erhitzen, die Schalotte darin anschwitzen, die Spargelspitzen dazugeben und unter Rühren kurz mitrösten, mit 2 - 3 Esslöffel Wasser aufgießen und zugedeckt 5 Minuten bei mäßiger Hitze köcheln lassen. Mit Salz und Pfeffer abschmecken.
• Die Raviolini *al dente* abgießen, mit der Spargelsauce anrichten und sofort servieren.

Vincisgrassi alla marchigiana

Vincisgrassi alla marchigiana

ZUBEREITUNGSZEIT: 1 STUNDE

Zutaten für 8 Personen:
300 g zuvor zubereiteter Nudelteig;
150 g Hühnerinnereien;
300 g Hühnerbrust, ausgelöst;
2 EL trockener Marsala;
1 schwarze Trüffel;
30 g getrocknete Steinpilze;
2 EL geriebener Parmesan;
1 Zwiebel;
1 dl Kraftbrühe;
1 Karotte;
2 EL Olivenöl extravergine;
40 g Butter;
Salz, Pfeffer
Für die Béchamelsauce:
1/4 l Milch;
20 g Mehl;
20 g Butter;
Salz, Pfeffer

• Die Zwiebel schälen, die Karotte von Stängelansatz und Spitze befreien und ebenfalls schälen. Beides fein hacken. Die getrockneten Steinpilze in kaltem Wasser einweichen, dann abtropfen lassen, gut ausdrücken und hacken. Die Trüffel abbürsten und grob hacken. Die Hühnerinnereien und die Hühnerbrustfilets waschen, trockentupfen und separat in Würfel schneiden.

Bild: Raviolini mit Schmelzkäse

• Die gehackte Zwiebel mit der Karotte in einer Kasserolle im Olivenöl anschwitzen. Die Hühnerinnereien hinzufügen, die Hühnerleber beiseite stellen. Einige Minuten braten, mit Marsala ablöschen und die Flüssigkeit bei starker Hitze verdampfen lassen. Die Pilze und die Trüffel dazugeben und ebenfalls kurz mitrösten. Dann die Hühnerfiletwürfel dazugeben und bei starker Hitze unter ständigem Rühren mit einem hölzernen Kochlöffel goldbraun braten. Mit Kraftbrühe aufgießen und bei mäßiger Hitze zugedeckt 20 Minuten kochen lassen, wenn nötig, etwas kochend heißes Wasser zufügen. 2 Minuten vor Ende der Kochzeit die gehackte Hühnerleber dazugeben.

• In der Zwischenzeit die Béchamelsauce zubereiten. Die Butter in einer kleinen Kasserolle zerlassen, das Mehl mit einem hölzernen Kochlöffel einrühren. Dann nach und nach die Milch einfließen lassen, mit einer Prise Salz und etwas Pfeffer würzen. Langsam zum Kochen bringen und 10 Minuten kochen lassen. Ab und zu umrühren. Nach Ende der Kochzeit den Topf vom Feuer nehmen und die Béchamelsauce in das Hühner-Pilz-Ragout einrühren.

• Den Nudelteig zu einem dünnen Blatt ausrollen und in 10 cm breite und 20 cm lange Rechtecke schneiden. Die Nudeln in reichlich Salzwasser kochen, dabei immer nur wenige gleichzeitig in den Topf geben. Abschöpfen, sobald sie aufsteigen und unter kaltem Wasser abschrecken. In einem Sieb abtropfen lassen und auf ein sauberes Küchentuch ausbreiten.

• Die Nudeln und die Sauce abwechselnd in gleichmäßigen Schichten in eine gebutterte Form geben, dabei mit den Nudeln beginnen und abschließen. Die restliche Butter zerlassen und damit die oberste Schicht Nudeln bestreichen. Im auf 190° vorgeheizten Rohr ca. 20 Minuten überbacken, bis die Oberfläche schön goldbraun ist. Heiß servieren und geriebenen Parmesan dazu reichen.

Bild: Vincisgrassi alla marchigiana. Die gehackte Zwiebel mit der Karotte in Öl anschwitzen, dann die Hühnerinnereien (1), danach die Filetwürfel (2) sowie die Béchamelsauce (3) dazugeben, schließlich abwechselnd mit den Nudeln in eine feuerfeste Form füllen (4).

Tortelloni mit Forellenfarce

Tortelloni ripieni di trota

ZUBEREITUNGSZEIT: 1 STUNDE

Zutaten für 4 Personen:
Für den Teig:
200 g Mehl; 2 Eier;
1 TL Olivenöl extravergine;
1 Prise Salz
Für die Fülle:
1 Forelle (ca. 400 g); 20 g Butter;
70 g Speisequark;
$1/2$ Glas trockener Weißwein;
1 Zitrone; 2 EL Milch;
1 Bund Petersilie;
Salz, frisch gemahlener Pfeffer
Für die Tomatensauce:
400 g reife, feste Tomaten;
$1/2$ Zwiebel;
4 EL Olivenöl extravergine;
1 Bund Basilikum;
1 Zweiglein Majoran;
1 Lorbeerblatt; 1 Salbeiblatt;
1 Prise Zucker; Salz, Pfeffer

• Zuerst den Nudelteig zubereiten. Das Mehl auf ein ausreichend großes Brett sieben, in der Mitte eine Mulde formen und Eier, Öl und Salz hineingeben. Alle Zutaten zu einem weichen, glatten Teig verkneten. In Frischhaltefolie einschlagen und an einem kühlen Ort mindestens 30 Minuten ruhen lassen.
• In der Zwischenzeit die Fülle zubereiten. Die Zitrone auspressen und den Saft beiseite stellen. Die Forelle waschen, den Kopf abschneiden und filetieren. Dabei sorgfältig alle Gräten entfernen. Die Filets waschen und trockentupfen.
• Die Butter in einer Kasserolle erhitzen, die Forellenfilets hineingeben und auf jeder Seite 4 Minuten braten, dann aus der Pfanne nehmen, etwas abtropfen lassen und klein hacken.

Bild: Tortelloni mit Forellenfarce. Die Forellenfilets in Butter braten (1) und anschließend klein hacken (2). Jedes Teigquadrat mit einem Häufchen Fülle versehen und über die Diagonale zu einem Dreieck falten (3).

• Den Bratrückstand mit dem Weißwein ablöschen und die Flüssigkeit bei starker Hitze auf einen Esslöffel einreduzieren lassen. Den Zitronensaft dazugeben und wieder auf einen Esslöffel einkochen lassen. Dann mit der Milch aufgießen und 2 - 3 Minuten aufkochen.
• Die Kasserolle vom Feuer nehmen und den Inhalt in eine Rührschüssel füllen. Den Quark, die gewaschene, gehackte Petersilie und die Forellenfilets hinzufügen, mit Salz und Pfeffer würzen und alles gut vermengen.
• Nun die Tomatensauce zubereiten. Die Zwiebel schälen, waschen und fein hacken. Die Tomaten 1 Minute in kochendem Wasser überbrühen, enthäuten, entkernen, abtropfen lassen und grob hacken.
• 2 Esslöffel Olivenöl erhitzen, die gehackte Zwiebel, die Hälfte des gehackten Basilikums, den Majoranzweig, das Lorbeer- und das Salbeiblatt hineingeben und bei mäßiger Hitze anschwitzen. Die Tomaten hinzufügen, mit je einer Prise Salz, Zucker und Pfeffer abschmecken und bei starker Hitze ca. 15 Minuten kochen. Zum Schluss das restliche Basilikum und das Olivenöl einrühren und die Sauce vom Feuer nehmen.
• Den Nudelteig zu einem gleichmäßig dünnen Blatt ausrollen und mit einem gezahnten Teigrädchen oder einem scharfen Messer in Quadrate von ca. 6 cm Seitenlänge schneiden. In die Mitte jedes Quadrates ein Häufchen Forellenfülle setzen, über die Diagonale falten und die Teigränder gut zusammendrücken.
• Die Tortelloni in einem großen Kochtopf in reichlich Salzwasser 5 - 6 Minuten kochen, *al dente* abgießen, auf einer vorgewärmten Platte anrichten, mit der Tomatensauce übergießen, vorsichtig durchmischen und sofort servieren.

Rigatoni mit Spinat

Rigatoni agli spinaci

ZUBEREITUNGSZEIT: 30 MINUTEN

Zutaten für 4 Personen:
300 g Rigatoni; 1 Zwiebel;
1 gelbe Paprikaschote;
500 g Blattspinat; 1/2 Glas trockener
Weißwein; 4 EL Olivenöl extravergine;
Salz, frisch gemahlener Pfeffer

• Die Zwiebel schälen, waschen und in dünne Scheiben schneiden. Die Paprikaschote in der Mitte teilen, Kerne und weiße Adern im Inneren entfernen, waschen, trockentupfen und in Streifen schneiden.
• Den Spinat putzen, Stängel und harte Blätter entfernen, sorgfältig in reichlich kaltem Wasser waschen, abtropfen lassen, mit einem Küchentuch trockentupfen und ebenfalls in Streifen schneiden.
• Die gehackte Zwiebel im Olivenöl anschwitzen, die Paprikastreifen hinzufügen und unter Rühren mit einem hölzernen Kochlöffel etwas mitbraten. Mit Weißwein ablöschen, die Flüssigkeit bei starker Hitze verdampfen lassen. Mit Salz und Pfeffer würzen und zugedeckt bei mäßiger Hitze noch etwa 15 Minuten köcheln lassen. Ab und zu umrühren. 2 Minuten vor Ende der Kochzeit die Spinatstreifen zugeben und gut durchrühren.
• In der Zwischenzeit die Rigatoni in reichlich Salzwasser kochen, *al dente* abgießen und auf einer vorgewärmten Platte mit den Gemüsestreifen anrichten. Heiß servieren.

Bild: Rigatoni mit Spinat

Gnocchi auf Pariser Art

Gnocchi alla parigina

ZUBEREITUNGSZEIT: 50 MINUTEN

Zutaten für 6 Personen:
125 g Mehl;
3 Eier;
70 g Butter;
80 g geriebener Greyerzer oder Emmentaler Käse;
1 Prise Muskatnuss; Salz
Zum Überbacken:
25 g Butter;
25 g Mehl;
3 dl Milch;
3 EL geriebener Greyerzer oder Emmentaler Käse;
1 Prise Muskatnuss; Salz, Pfeffer

• 60 g der Butter in kleine Stücke schneiden. 1/4 l Wasser mit etwas Salz und einer Prise Muskatnuss mit der Butter zum Kochen bringen, die Kasserolle vom Feuer nehmen und das gesiebte Mehl auf einmal hineinschütten. Mit einem hölzernen Kochlöffel durchmischen, die Kasserolle wieder auf den Herd stellen und unter ständigem Rühren weitererhitzen, bis der Teig einen Klumpen bildet, der sich vom Boden des Topfes löst und hörbar zu brutzeln beginnt. Den Teig in eine Schüssel geben und den geriebenen Käse einarbeiten.

• Den Teig etwas abkühlen lassen und nach und nach mit den Eiern verkneten. Erst wenn eines vollständig mit dem Teig vermischt ist, das nächste einarbeiten.

• Reichlich Salzwasser zum Kochen bringen. Die Teigmasse in einen Spritzbeutel mit glatter Tülle füllen, jeweils 1 - 2 cm herausdrücken, mit einem Messer abschneiden und ins kochende Wasser fallen lassen oder die Gnocchi mit einem Teelöffel von der Masse abstechen. Sobald die Gnocchi an der Oberfläche schwimmen, mit einem Schaumlöffel abschöpfen und in eine leicht gebutterte, feuerfeste Terrine legen.

• Nun die Sauce zubereiten. Die Butter in einer Kasserolle zerlassen, das gesiebte Mehl dazugeben und unter Rühren mit einem hölzernen Kochlöffel ganz leicht anrösten, die Milch eingießen und zum Kochen bringen. Dabei immer gut rühren, damit die Sauce nicht anbrennt. Mit Salz, Pfeffer und Muskatnuss abschmecken.

• Die Sauce ca. 12 Minuten kochen lassen, dann vom Feuer nehmen. 2 Esslöffel geriebenen Käse einrühren und gut mit der Sauce vermischen.

Bild: Gnocchi auf Pariser Art. Den Teig in einer Kasserolle zubereiten (1), in eine Rührschüssel geben und mit geriebenem Käse vermischen (2), die Gnocchi kochen, und sobald sie aufsteigen, abschöpfen (3), in eine feuerfeste Terrine füllen und mit Béchamelsauce und Käse bedecken (4).

• Die Gnocchi mit der Sauce bedecken und mit dem restlichen Käse bestreuen. Im auf 200° vorgeheizten Rohr etwa 15 Minuten überbacken. Heiß servieren.

Bavette mit Paprikasauce

Bavette con salsa alla paprica

ZUBEREITUNGSZEIT: 25 MINUTEN

Zutaten für 4 Personen:
300 g Bavette;
5 EL Olivenöl extravergine;
2 Knoblauchzehen;
2 EL Paprikapulver edelsüß oder mild;
1/2 Glas trockener Weißwein;
250 g reife, feste Tomaten;
3 EL geriebener Parmesan oder *pecorino*;
Salz, Pfeffer

• Die Knoblauchzehen schälen und leicht andrücken. Die Tomaten in kochendem Wasser überbrühen, enthäuten, entkernen, abtropfen lassen und das Fruchtfleisch grob hacken.
• In einer Kasserolle 2 Esslöffel Olivenöl erhitzen, die Knoblauchzehen darin anschwitzen und anschließend entfernen.
• Nun das Paprikapulver hineingeben, unter ständigem Rühren mit einem hölzernen Kochlöffel kurz anrösten, mit dem Wein ablöschen und bei starker Hitze auf die Hälfte einreduzieren lassen. Die Tomaten zugeben und ca. 10 Minuten weiterkochen, bis die Sauce eine sämige Konsistenz hat. Mit Salz und frisch gemahlenem Pfeffer würzen.
• In der Zwischenzeit die Bavette in reichlich Salzwasser kochen, *al dente* abgießen, auf einer vorgewärmten Platte anrichten, mit dem verbliebenen Olivenöl und der Paprikasauce übergießen. Mit geriebenem Parmesan bestreuen und sofort servieren.

Maltagliati mit Bohnen und Pesto

Maltagliati rustici al pesto

ZUBEREITUNGSZEIT: 1 STUNDE

Zutaten für 4 Personen:
Für die Nudeln:
150 g Mehl; 150 g Semmelbrösel;
150 g grüne Bohnen;
1 Kartoffel; 1 Ei; 1 Prise Salz
Für das *pesto*:
100 g Basilikumblätter; 1 Knoblauchzehe;
50 g Pinienkerne; 5 Walnusskerne;
1 EL geriebener *pecorino*;
2 EL geriebener Parmesan;
ca. 15 cl Olivenöl extravergine; 1 Prise Salz

• Zubereitung des *pesto*. Die Basilikumblättchen waschen, auf einem sauberen Küchentuch ausbreiten und vorsichtig trockentupfen. Zusammen mit einer Prise Salz im Mörser zerstoßen. Die geschälte Knoblauchzehe, die Pinien- und Walnusskerne hinzufügen und mit dem Stößel gegen die Wände des Mörsers zerquetschen. Sind alle Zutaten gleichmäßig vermischt, nach und nach die geriebenen Käse dazugeben. Alles gut vermengen und zum Schluss langsam Olivenöl einfließen lassen, bis die Sauce eine weiche Konsistenz erreicht.
• Die Bohnen putzen, die Spitzen abschneiden und in 3 cm lange Stücke schneiden. Die Kartoffel schälen, in kleine Würfel schneiden und bis zur Verwendung in kaltes Wasser legen, damit sie nicht braun werden.
• Zubereitung der Maltagliati. Mehl und Semmelbrösel mischen, eine Prise Salz und ein Ei dazugeben und mit etwas lauwarmem Wasser zu einem glatten Teig verarbeiten. In ein Tuch einschlagen und 30 Minuten ruhen lassen.
• Den Teig zu einem etwa 2 mm starken Blatt ausrollen und in Rechtecke von 6 cm Länge und 2 cm Breite schneiden. Die Maltagliati auf einem bemehlten Brett ausbreiten und bis zur Verwendung an einem kühlen Ort aufbewahren.
• Reichlich Salzwasser zum Kochen bringen, die Bohnen und die Kartoffeln darin 5 Minuten garen, die Maltagliati dazugeben und noch einige Minuten weiterkochen.
• In der Zwischenzeit die Pestosauce in eine Schüssel geben und mit 2 Esslöffel Kochwasser verrühren.
• Die Maltagliati mit dem Gemüse *al dente* abgießen, mit dem *pesto* anrichten und sofort servieren.

Statt im Mörser kann *pesto* auch einfach und schnell mit dem Stabmixer oder der Küchenmaschine zubereitet werden.

Bild: Maltagliati mit Bohnen und Pesto

Tortelli mit herzhafter Kartoffelfülle

Tortelli di patate e salsiccia

ZUBEREITUNGSZEIT: 1 STUNDE

Zutaten für 4 Personen:
Für die Fülle:
250 g Kartoffeln;
150 g *ricotta romana*
oder magerer Frischquark;
1 Ei; 2 Eidotter;
2 EL Olivenöl extravergine;
1 Knoblauchzehe;
1/2 Zwiebel;
70 g Frischwurst (Bratwurst);
Salz, Pfeffer
Für den Teig:
200 g Mehl; 1 Ei;
1 Prise Salz
Für die Sauce:
60 g Butter; 3 Salbeiblätter;
3 EL geriebener Parmesan

• Zuerst den Nudelteig zubereiten. Das Mehl auf ein ausreichend großes Brett sieben, in der Mitte eine Mulde formen, die Eier, etwas Wasser und eine Prise Salz hineingeben und alle Zutaten zu einem glatten, elastischen Teig verkneten. In Frischhaltefolie einschlagen und an einem kühlen Ort 30 Minuten ruhen lassen.

Bild: Tortelli mit herzhafter Kartoffelfülle. Das zerkleinerte Wurstbrät anrösten (1), zu den Kartoffeln geben (2), mit den Eiern und den anderen Zutaten vermischen (3), die Tortelli mit einer runden Form ausstechen (4).

• In der Zwischenzeit die Kartoffeln waschen, in einen Kochtopf geben, gut mit kaltem Wasser bedecken, salzen und 25 - 30 Minuten kochen. Abgießen, sorgfältig schälen und noch heiß durch eine Kartoffelpresse in eine Rührschüssel drücken.

• Die Wurst abhäuten, das Brät in kleine Stücke teilen und in einer Pfanne mit Antihaftbeschichtung unter ständigem Rühren mit einem hölzernen Kochlöffel etwas anrösten. Das Wurstbrät in ein Sieb geben und das austretende Fett abtropfen lassen.

• Die Zwiebel und den Knoblauch schälen, waschen und fein hacken. Im Olivenöl anschwitzen, das gut abgetropfte Wurstbrät dazugeben und 1 Minute mitbraten.

• Dann alles zusammen zu der Kartoffelmasse in die Rührschüssel geben, den Quark, das Ei und die Eidotter sowie eine Prise Salz und Pfeffer ebenfalls einrühren. Mit einem hölzernen Kochlöffel gut vermischen.

• Den Nudelteig teilen und jede Hälfte zu einem gleichmäßig dünnen Blatt ausrollen. Auf einem Blatt in regelmäßigen Abständen von ca. 2 cm haselnussgroße Häufchen der Fülle verteilen, mit dem zweiten Blatt bedecken und den Teig um die Fülle herum gut mit den Fingern festdrücken. Die Tortelli mit einer runden Form ausstechen.

• Reichlich Salzwasser zum Kochen bringen und die Tortelli darin garen.

• In der Zwischenzeit die Butter mit den gewaschenen und trockengetupften Salbeiblättern erhitzen. Die Tortelli *al dente* abgießen, mit der Salbeibutter anrichten und sofort servieren. Geriebenen Parmesan dazu reichen.

Auflauf von grünen Gnocchetti

Gnocchetti verdi soffiati

ZUBEREITUNGSZEIT: 50 MINUTEN

Zutaten für 6 Personen:
125 g Mehl;
3 Eier;
150 g Dorschfilet;
120 g Blattspinat;
1 Bund Petersilie;
1 Knoblauchzehe;
2 EL Olivenöl extravergine;
80 g Butter;
1 Prise Muskatnuss;
Salz, frisch gemahlener Pfeffer

Zum Überbacken:
25 g Butter;
25 g Mehl;
1 Schalotte;
3 dl Milch;
3 EL geriebener Parmesan;
1 Prise Muskatnuss;
Salz, Pfeffer

Spezielle Küchenutensilien:
1 Spritzbeutel mit glatter Tülle

• Die Fischfilets waschen und trockentupfen.
• Das Öl erhitzen, die geschälte Knoblauchzehe darin anschwitzen. Die Fischfilets salzen, pfeffern und anbraten. Auf beiden Seiten leicht bräunen, dann aus der Pfanne nehmen, abtropfen lassen, klein hacken und beiseite stellen.
• Den Spinat gründlich in reichlich kaltem Wasser waschen und abtropfen lassen. 10 g der Butter in einer Kasserolle zerlassen, den Spinat hineingeben und unter Rühren mit einem hölzernen Kochlöffel kurz anbraten. Mit Salz und frisch gemahlenem Pfeffer würzen und zusammen mit den Fischfilets und der gewaschenen Petersilie mit dem Pürierstab oder im Mixer zerkleinern, bis eine homogene Masse entsteht.
• 60 g der Butter in kleine Stücke schneiden. $^1/_4$ l Wasser mit etwas Salz und einer Prise Muskatnuss mit der Butter zum Kochen bringen, die Kasserolle vom Feuer nehmen und das gesiebte Mehl auf einmal hineinschütten.
• Mit einem hölzernen Kochlöffel durchmischen, die Kasserolle wieder auf den Herd stellen und unter ständigem Rühren weitererhitzen, bis der Teig einen Klumpen bildet, der sich vom Boden des Topfes löst und hörbar zu brutzeln beginnt.
• Den Teig in eine Schüssel geben und die Spinat-Fisch-Mischung einarbeiten. Den Teig etwas abkühlen lassen und nach und nach mit den Eiern verkneten. Erst wenn eines vollständig mit dem Teig vermischt ist, das nächste einarbeiten.
• Reichlich Salzwasser zum Kochen bringen. Die zuvor zubereitete Masse in einen Spritzbeutel mit glatter Tülle füllen, dann jeweils 1 - 2 cm Teig herausdrücken, mit einem Messer abschneiden und ins kochende Wasser fallen lassen. Sobald die Gnocchi an der Oberfläche schwimmen, mit einem Schaumlöffel abschöpfen und in eine leicht gebutterte, feuerfeste Terrine legen.
• Nun die Sauce zubereiten. Die Schalotte schälen, waschen und vierteln, mit der Milch in einen kleinen Topf geben und zum Kochen bringen. Die Butter in einer Kasserolle zerlassen, das gesiebte Mehl dazugeben und unter Rühren mit einem hölzernen Kochlöffel leicht anrösten, die kochend heiße Milch mit der Schalotte eingießen und nochmals aufkochen. Dabei immer gut rühren, damit die Sauce nicht anbrennt.
• Mit Salz, frisch gemahlenem Pfeffer und einer Prise Muskatnuss abschmecken. Auf kleiner Flamme ca. 12 Minuten kochen lassen.
• Die Sauce dann vom Feuer nehmen, die Schalotte entfernen, 2 Esslöffel geriebenen Käse einrühren und gut vermischen.
• Die Sauce gleichmäßig über die Gnocchetti in der feuerfesten Terrine verteilen und den restlichen Parmesan darüber streuen.
• Die Terrine in das auf 190° vorgeheizte Backrohr geben und ca. 15 Minuten überbacken. Heiß servieren.

Bild: Auflauf von grünen Gnocchetti

Gemüseauflauf mit Penne

Penne e ortaggi in teglia

ZUBEREITUNGSZEIT: 40 MINUTEN

Zutaten für 4 Personen:
300 g Penne;
200 g Zucchini;
200 g Karotten;
200 g Spargelspitzen;
1 Paprikaschote;
40 g Butter;
3 EL geriebener Parmesan;
Salz, Pfeffer
Für die Béchamelsauce:
25 g Butter;
25 g Mehl;
knapp 1/2 l Milch;
Salz, Pfeffer

- Spitzen und Stängelansätze der Zucchini und Karotten abschneiden, die Karotten und die Spargelspitzen schälen, die Paprikaschote in zwei Hälften teilen, die Kerne und die weißen Adern im Inneren entfernen. Alle Gemüse sorgfältig waschen und in breite Streifen schneiden.
- 30 g Butter in einer Pfanne mit Antihaftbeschichtung zerlassen und die Karotten- und Paprikastreifen darin unter Rühren mit einem hölzernen Kochlöffel 1 Minute anbraten. Wenig Wasser dazugeben, mit Salz und frisch gemahlenem Pfeffer würzen und ca. 15 Minuten bei mäßiger Hitze nicht zugedeckt köcheln lassen. Nach der halben Kochzeit die Spargelspitzen und die Zucchini hinzufügen. Öfters umrühren.

Bild: Gemüseauflauf mit Penne. Die Hälfte der Gemüse in eine gebutterte feuerfeste Form legen (1), die Nudeln mit dem restlichen Gemüse darauf verteilen (2) und alles mit der Béchamelsauce bedecken (3).

1

2

3

• In der Zwischenzeit die Béchamelsauce zubereiten. Die Butter in einer Kasserolle zerlassen, das gesiebte Mehl dazugeben und unter Rühren mit einem hölzernen Kochlöffel leicht anrösten, dann nach und nach die Milch zugießen und dabei immer gut umrühren. 10 Minuten kochen lassen, mit Salz und Pfeffer würzen.
• Reichlich Salzwasser zum Kochen bringen, die Penne darin 5 Minuten garen und abgießen.
• Die Hälfte der zubereiteten Gemüsestreifen auf dem Boden einer gebutterten, feuerfesten Form verteilen.
• Die Nudeln in die Pfanne mit dem restlichen Gemüse geben, mit der Hälfte des geriebenen Parmesans bestreuen und durchmischen.
• Dann den Inhalt der Pfanne auf die Gemüse in der feuerfesten Terrine verteilen, alles gut mit der Béchamelsauce bedecken und mit dem restlichen Parmesan bestreuen.
• Die Terrine in das auf 190° vorgeheizte Backrohr geben und ca. 15 Minuten überbacken. Die Oberfläche soll eine schöne, leicht goldbraune Farbe annehmen. Sofort servieren.

Grüne Tagliolini mit Tomaten und Tintenfisch

Tagliolini verdi con seppioline e pomodori

ZUBEREITUNGSZEIT: 1 STUNDE 15 MINUTEN

Zutaten für 4 Personen:
Für den Teig:
220 g Mehl; 2 Eier; 100 g Blattspinat; Salz
Für die Sauce:
300 g Tintenfische *(seppioline)*;
300 g reife, feste Tomaten; 1 Schalotte;
4 EL Olivenöl extravergine;
1 Bund Petersilie;
1/2 Glas trockener Weißwein;
Salz, Pfeffer

• Den Spinat putzen, entstielen und in reichlich kaltem Wasser gründlich waschen, abtropfen lassen und in kochendem Salzwasser kurz überbrühen. Abgießen, in einem Küchentuch gut ausdrücken und fein hacken.
• 200 g Mehl auf ein ausreichend großes Brett sieben und in der Mitte eine Mulde formen, die Eier, eine Prise Salz und den gehackten Spinat hineingeben. Alle Zutaten zu einem homogenen, elastischen Teig verkneten. In Frischhaltefolie einschlagen und an einem kühlen Ort mindestens eine halbe Stunde ruhen lassen. In der Zwischenzeit die Tintenfische innen und außen von der Haut befreien, sorgfältig waschen, abtropfen lassen, trockentupfen und in Streifen schneiden.
• Die Tomaten kurz in kochendem Wasser überbrühen, enthäuten, entkernen und das Fruchtfleisch in Streifen schneiden.
• Den Teig zu einem sehr dünnen Blatt ausrollen. Die Oberfläche bemehlen, das Teigblatt einrollen und mit einem scharfen Messer in etwa 5 mm breite Scheiben schneiden. Die Tagliolini auf dem bemehlten Nudelbrett ausbreiten und etwas trocknen lassen.
• Die Schalotte schälen und fein hacken. Das Olivenöl in einer Pfanne erhitzen und die gehackte Schalotte darin anschwitzen. Die Tintenfische dazugeben und ca. 2 Minuten mitbraten. Dabei mit einem hölzernen Kochlöffel immer wieder umrühren. Mit dem Wein ablöschen und die Flüssigkeit bei starker Hitze verdampfen lassen. Die Tomaten hinzufügen, mit Salz und Pfeffer würzen und weitere 10 Minuten bei unverminderter Hitze kochen lassen.
• In der Zwischenzeit in einem großen Topf reichlich Wasser zum Kochen bringen, salzen und die Tagliolini darin kochen. *Al dente* abgießen und in die Pfanne zu der Tintenfischsauce geben, mit gehackter Petersilie bestreuen, vorsichtig durchmischen und heiß servieren.

Bild: Grüne Tagliolini mit Tomaten und Tintenfisch

- Die Tomaten dazugeben, salzen und 6 Minuten bei starker Hitze kochen, ab und zu umrühren. Dann die Oliven hinzufügen und weitere 3 Minuten kochen lassen. Zum Schluss das restliche gewaschene und in Streifen geschnittene Basilikum darüber streuen.
- In der Zwischenzeit reichlich Salzwasser zum Kochen bringen und die Trenette darin garen. *Al dente* abgießen, mit der Sauce anrichten und sofort servieren.

Penne mit Speck

Penne al bacon

ZUBEREITUNGSZEIT: 25 MINUTEN

Zutaten für 4 Personen:
300 g Penne; 1/2 Zwiebel;
80 g geräucherten Bauchspeck
(eine dicke Scheibe);
300 g reife, feste Tomaten;
1 dl Milch;
2 EL Olivenöl extravergine;
20 g Butter; etwas Tabasco
oder ein Stückchen Chilischote
(peperoncino);
Salz

- Die Zwiebel schälen, waschen und hacken. Den Speck würfelig schneiden. Die Tomaten kurz in kochendem Wasser überbrühen, enthäuten, entkernen, abtropfen lassen und hacken.
- Das Olivenöl mit der Butter in einer großen Pfanne erhitzen, die Zwiebel darin anschwitzen, dann den Speck zugeben und mitrösten, bis er leicht goldbraun wird. Die Tomaten hinzufügen, salzen und die Sauce etwas einkochen lassen. Mit der Milch aufgießen, mit ein paar Tropfen Tabasco oder der zerriebenen Chilischote würzen und nochmals etwas einreduzieren lassen.
- In der Zwischenzeit die Penne in reichlich Salzwasser kochen, *al dente* abgießen und in die Pfanne zu der Specksauce geben. Gut durchmischen, auf einer vorgewärmten Platte anrichten und sofort servieren.

Trenette mit Seebarsch und Oliven

Trenette con branzino e olive

ZUBEREITUNGSZEIT: 30 MINUTEN

Zutaten für 4 Personen:
300 g Trenette; 250 g Wolfsbarschfilet;
300 g reife, feste Tomaten;
1 Bund Basilikum; 1 Stängel Petersilie;
50 g schwarze Oliven; 1 Knoblauchzehe;
1 Stückchen Chilischote *(peperoncino)*;
4 EL Olivenöl extravergine;
Salz, Pfeffer

- Die Fischfilets vorsichtig waschen, trockentupfen und in kleine Stückchen schneiden.
- Die Tomaten kurz in kochendem Wasser überbrühen, enthäuten, entkernen, abtropfen lassen und hacken. Die Oliven waschen, entkernen und in Spalten schneiden.
- Das Öl zusammen mit der geschälten, angedrückten Knoblauchzehe, der Petersilie, der Chilischote und einigen Blättchen Basilikum erhitzen, die Fischfiletstücke dazugeben und 2 Minuten unter Rühren mit einem hölzernen Kochlöffel mitrösten.

Lasagne »Rot-Weiß-Grün«

Lasagne multicolori

ZUBEREITUNGSZEIT: 1 STUNDE

Zutaten für 6 Personen:
Für den Teig:
1 grüne Paprikaschote; 1/2 Knoblauchzehe;
200 g Mehl; 2 Eier;
1 EL Olivenöl extravergine;
40 g Butter;
Salz, frisch gemahlener Pfeffer
Für die Sauce:
1 rote Paprikaschote;
600 g reife, feste Tomaten;
1/2 Zwiebel; 1 Knoblauchzehe;
1 Bund Petersilie;
1 dl Olivenöl extravergine;
Salz, frisch gemahlener Pfeffer
Für die Béchamelsauce:
25 g Butter; 25 g Mehl; 1/4 l Milch;
2 EL geriebener Parmesan;
Salz, frisch gemahlener Pfeffer

- Zuerst den Nudelteig zubereiten. Die Paprikaschote waschen, der Länge nach teilen und die Kerne und die weißen Adern im Inneren entfernen. Den Knoblauch schälen, beides in kleine Stücke schneiden und im Mixer pürieren.
- Das Mehl auf ein ausreichend großes Brett sieben, eine Mulde in der Mitte formen und die Eier, das Paprikapüree, das Olivenöl sowie eine Prise Salz und Pfeffer hineingeben und alle Zutaten zu einem homogenen, elastischen Teig verkneten. In Frischhaltefolie einschlagen und an einem kühlen Ort 30 Minuten ruhen lassen.
- In der Zwischenzeit die Sauce zubereiten. Die rote Paprikaschote waschen, der Länge nach halbieren, die Kerne und die weißen Adern im Inneren entfernen und grob hacken. Die Tomaten kurz in kochendem Wasser überbrühen, enthäuten, entkernen, abtropfen lassen und das Fruchtfleisch ebenfalls grob hacken. Die Petersilie waschen und hacken. Die Zwiebel und den Knoblauch schälen und zusammenhacken. Das Olivenöl erhitzen und die Zwie-

Bild: Trenette mit Seebarsch und Oliven

bel-Knoblauch-Mischung darin anschwitzen. Die gehackte Paprikaschote dazugeben und ca. 5 Minuten mitrösten, dabei immer wieder umrühren. Die Tomaten und die Petersilie hinzufügen und 25 Minuten köcheln lassen. Ab und zu umrühren. Dann das Ganze durch ein Passiersieb streichen und wieder in die Pfanne geben. Die Sauce etwas einkochen, mit Salz und Pfeffer würzen und abkühlen lassen.

• Den Teig zu einem gleichmäßig dünnen Blatt ausrollen und in Quadrate von 10 cm Seitenlänge schneiden. Die Teigquadrate in einem großen Topf mit reichlich kochendem Salzwasser garen, bis sie aufsteigen. Nicht zu viele auf einmal in den Topf geben und abschöpfen, sobald sie oben schwimmen. Kurz mit kaltem Wasser abschrecken und zum Abtropfen auf einem sauberen Küchentuch ausbreiten.

• Nun die Béchamelsauce zubereiten. Die Butter in einer Kasserolle zerlassen, das Mehl dazugeben und unter Rühren mit einem hölzernen Kochlöffel leicht anrösten, dann nach und nach die Milch zugießen, aufkochen, mit Salz und einer Prise Pfeffer würzen, 10 Minuten kochen lassen und ab und zu umrühren. Die Sauce dann vom Feuer nehmen und den geriebenen Parmesan einrühren.

• Auf einem gebutterten Backblech für jede Portion Lasagne eine dünne Schicht Béchamelsauce auftragen, ein Teigquadrat darauf legen, dann eine Schicht Tomaten-Paprika-Sauce. Die Nudeln weiterhin abwechselnd mit Béchamel- und Tomaten-Paprika-Sauce aufschichten, mit einem Teigquadrat abschließen und dieses mit der restlichen zerlassenen Butter bestreichen.

• Das Blech in das auf 180° vorgeheizte Backrohr schieben und 20 Minuten überbacken. Vor dem Servieren 5 Minuten ruhen lassen.

Bild: Lasagne »Rot-Weiß-Grün«. Den Teig ausrollen und in Quadrate schneiden (1), diese kurz in Salzwasser überbrühen, abschrecken und auf einem Tuch abtropfen lassen (2), auf ein Backblech eine Lage Béchamelsauce, darauf ein Teigquadrat (3) und darüber die Tomaten-Paprika-Sauce (4) schichten.

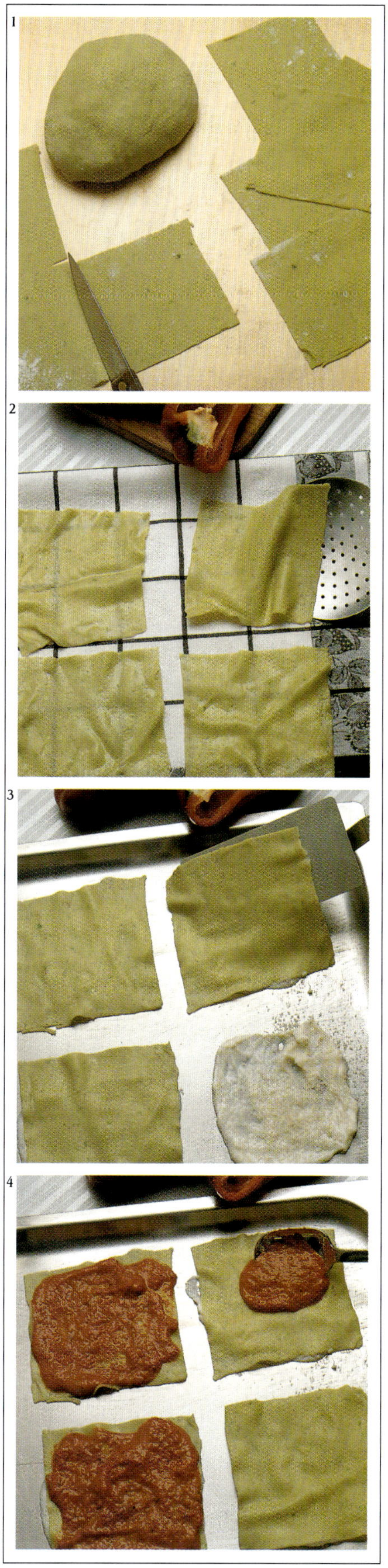

Gnocchi mit Quarkfülle

Gnocchi al fumo

ZUBEREITUNGSZEIT: 50 MINUTEN

Zutaten für 6 - 8 Personen:
Für die Gnocchi:
1/2 kg Kartoffeln;
150 g Mehl; 1 Ei;
150 g Quark, geräuchert;
1 Bund Basilikum;
2 Zweiglein Majoran;
1 Eidotter; Salz, Pfeffer;
Für die Sauce:
400 g reife, feste Tomaten;
1 Zwiebel;
4 EL Olivenöl extravergine;
1 Bund Basilikum;
1 Zweiglein Majoran;
1 Lorbeerblatt;
1 Salbeiblatt; Salz, Pfeffer

• Die Kartoffeln waschen, in einen Topf geben, gut mit kaltem Wasser bedecken, zum Kochen bringen, salzen und etwa 30 Minuten kochen lassen.

• Das Mehl auf ein ausreichend großes Brett sieben. Die Kartoffeln schälen und durch eine Kartoffelpresse direkt auf das Mehl drücken. Abkühlen lassen, dann das Ei und eine Prise Salz zugeben. Das Ganze rasch mit den bemehlten Händen zu einem homogenen Teig verkneten. Das Basilikum und den Majoran waschen und fein hacken.

• Den Quark durch ein Sieb streichen und in eine Rührschüssel geben, den Eidotter und die gehackten Kräuter hinzufügen, mit ein wenig Salz und frisch gemahlenem Pfeffer würzen und alle Zutaten mit einem hölzernen Kochlöffel gut vermischen.

• Den Teig ca. 4 mm dick ausrollen und runde Blättchen von 5 cm Durchmesser ausstechen. In die Mitte jeweils ein Häufchen der vorbereiteten Fülle setzen und halbmondförmig zusammenklappen. Die Ränder mit den Zinken einer Gabel eindrücken.

Bild: Gnocchi mit Quarkfülle. Den Quark mit den gehackten Kräutern und dem Eidotter vermischen (1), aus dem Teig runde Blättchen ausstechen (2), in die Mitte jeweils ein Häufchen Fülle setzen, dann die Teigtaschen zusammenklappen und die Ränder mit einer Gabel zusammendrücken (3).

• Nun die Sauce zubereiten. Die Zwiebel schälen, waschen und fein hacken. Die Tomaten kurz in kochendem Wasser überbrühen, enthäuten, entkernen, abtropfen lassen und das Fruchtfleisch kleinwürfelig schneiden.
• In einer Kasserolle 2 Esslöffel Öl erhitzen, die Zwiebel darin anschwitzen, dann die Hälfte des gewaschenen, gehackten Basilikums sowie den gewaschenen Majoran, das Lorbeer- und das Salbeiblatt dazugeben. Schließlich die Tomaten hinzufügen, mit Salz und Pfeffer würzen und bei mäßiger Hitze etwas einreduzieren lassen. Das restliche Basilikum und das verbliebene Olivenöl daruntermischen.
• Reichlich Salzwasser zum Kochen bringen und die Gnocchi darin garen. Mit dem Schaumlöffel abschöpfen, sobald sie an der Oberfläche schwimmen. Mit der Tomatensauce anrichten und sofort heiß servieren.

Garganelli mit Quark und Walnüssen

Garganelli con ricotta e noci

ZUBEREITUNGSZEIT: 25 MINUTEN

Zutaten für 4 Personen:
300 g Garganelli;
150 g magerer Speisequark;
30 g Walnusskerne;
5 EL Milch;
2 EL geriebener Parmesan;
4 EL Olivenöl extravergine;
Salz, frisch gemahlener Pfeffer

• Die Nüsse hacken. In einem Topf reichlich Salzwasser zum Kochen bringen und die Garganelli darin garen.
• In der Zwischenzeit den Speisequark mit einem hölzernen Kochlöffel durchrühren, die Milch, den Parmesan sowie je eine Prise Salz und frisch gemahlenen Pfeffer untermischen. 4 Esslöffel Kochwasser aus dem Topf mit den Nudeln und das Olivenöl dazugeben und nochmals gut durchmischen.
• Die Garganelli *al dente* abgießen, mit der Speisequarkmischung anrichten, mit den gehackten Nüssen bestreuen und sofort heiß servieren.

Fischgnocchetti mit Tomatensauce

Gnocchetti di pesce

ZUBEREITUNGSZEIT: 1 STUNDE

Zutaten für 4 Personen:
Für die Gnocchetti:
1/2 kg mehlige Kartoffeln; 150 g Mehl;
1 Ei; 400 g Dorschfilet; 1 Zwiebel;
1 Bund Petersilie; 1 Knoblauchzehe;
1/2 Glas trockener Weißwein;
2 EL Olivenöl extravergine;
1 Prise Muskatnuss;
Salz, Pfeffer
Für die Sauce:
300 g reife, feste Tomaten; 1 Zwiebel;
4 EL Olivenöl extravergine;
1 Bund Basilikum; 1 Zweiglein Majoran;
Salz, Pfeffer

• Zuerst die Gnocchi zubereiten. Die Kartoffeln waschen, in einen ausreichend großen Topf geben, gut mit kaltem Wasser bedecken, salzen und langsam zum Kochen bringen. 25 bis 30 Minuten kochen, bis die Kartoffeln weich sind. Abgießen, schälen und noch heiß durch eine Kartoffelpresse drücken. Die Masse abkühlen lassen.
• In der Zwischenzeit die Zwiebel schälen, waschen und fein hacken, die Knoblauchzehe schälen. Die Petersilie waschen, abtrocknen und hacken, die Fischfilets ebenfalls waschen und vorsichtig mit einem Küchentuch trockentupfen.
• Die Zwiebel und den Knoblauch im Olivenöl anschwitzen, die Fischfilets dazugeben, salzen, pfeffern und auf beiden Seiten bei starker Hitze goldbraun braten. Mit dem Weißwein ablöschen, die Flüssigkeit bei unverminderter Hitze verdampfen lassen. Die Fischfilets zum Schluss mit gehackter Petersilie bestreuen, aus der Pfanne nehmen, abtropfen lassen, fein hacken und zu der Kartoffelmasse geben. Das Mehl daraufsieben, das Ei sowie je eine Prise Salz und Muskatnuss hinzufügen und alle Zutaten mit den Händen zu einem glatten Teig verkneten.
• Das Nudelbrett gut bemehlen und aus dem eben zubereiteten Teig ca. 1,5 cm starke Röllchen rollen. Diese dann in 2 cm lange Stücke schneiden und leicht gegen die raue Seite eines Reibeisens drücken. Die Gnocchi gut auf dem Nudelbrett verteilen, damit sie nicht zusammenkleben.
• Nun die Sauce zubereiten. Das Basilikum und den Majoran waschen, mit einem Küchentuch trockentupfen und fein hacken. Die Zwiebel schälen, waschen und fein hacken. Die Tomaten kurz in kochendem Wasser überbrühen, enthäuten, entkernen und grob hacken.
• Zwei Esslöffel Olivenöl in einer Kasserolle erhitzen, die Zwiebel mit der Hälfte des Basilikums und dem Majoran darin auf kleiner Flamme anschwitzen, dann die Tomaten dazugeben, mit Salz und Pfeffer abschmecken und bei mäßiger Hitze etwas einkochen lassen.
• Die Sauce vom Feuer nehmen und durch ein Passiersieb streichen, dann wieder in die Kasserolle geben. Unter ständigem Rühren mit einem hölzernen Kochlöffel neuerlich erhitzen. Zum Schluss das restliche gehackte Basilikum und das verbliebene Olivenöl unterrühren und die Kasserolle vom Feuer nehmen.
• In einem Topf reichlich Wasser zum Kochen bringen, salzen und die Gnocchetti darin garen. Sobald sie aufsteigen und an der Oberfläche schwimmen, mit einem Schaumlöffel abschöpfen und auf einer vorgewärmten Platte anrichten. Mit der Tomatensauce übergießen und heiß servieren.

Bild: Garganelli mit Quark und Walnüssen

Spaghetti mit Speck und Kartoffeln

Spaghetti con pancetta e patate

ZUBEREITUNGSZEIT: 25 MINUTEN

Zutaten für 4 Personen:
300 g Spaghetti;
200 g Kartoffeln; 1 Zwiebel;
2 EL Olivenöl extravergine;
60 g Bauchspeck (eine dicke Scheibe);
1 Zweiglein Rosmarin;
etwas Worcester-Sauce; Salz und Pfeffer

• Die Zwiebel schälen, waschen und in feine Scheiben schneiden. Die Kartoffeln schälen, waschen und kleinwürfelig schneiden. Den Speck in feine Streifen schneiden.
• Das Öl in einer Kasserolle erhitzen und die Zwiebel darin anschwitzen. Die Speckstreifen dazugeben und unter Rühren mit einem hölzernen Kochlöffel leicht goldbraun rösten. Dann die Kartoffelwürfel hinzufügen, durchrühren, mit Salz und Pfeffer würzen und zugedeckt bei mäßiger Hitze ca. 10 Minuten köcheln lassen. Ab und zu umrühren. Nach der halben Kochzeit mit ein paar Tropfen Worcester-Sauce abschmecken. Nochmals gut durchmischen.
• In der Zwischenzeit in einem großen Topf reichlich Wasser zum Kochen bringen, salzen und die Spaghetti darin garen. *Al dente* abgießen, mit der zubereiteten Sauce anrichten und heiß servieren.

Gefüllte Rigatoni

Rigatoni ripieni

ZUBEREITUNGSZEIT: 50 MINUTEN

Zutaten für 4 Personen:
150 g Rigatoni;
100 g Mozzarella;
200 g Champignons;
50 g Schinken;
1 Zwiebel;
300 g reife, feste Tomaten;
2 EL Olivenöl extravergine;
1 Bund Basilikum;
1 Lorbeerblatt;
1 Salbeiblatt;
1 Zweiglein Majoran;
20 g Butter;
1 Bund Petersilie;
40 g geriebener Parmesan;
1 Prise Muskatnuss;
Salz, Pfeffer
Spezielle Küchenutensilien:
1 Spritzbeutel mit glatter Tülle

Bilder:
Oben: Spaghetti mit Speck und Kartoffeln
Links: Gefüllte Rigatoni

• Die Rigatoni in einem großen Kochtopf mit reichlich Salzwasser kochen und abgießen, solange sie noch sehr bissfest sind. Mit kaltem Wasser abschrecken und auf einem sauberen Küchentuch zum Abtropfen ausbreiten.
• Die Zwiebel schälen, waschen und fein hacken. Die Tomaten kurz in kochendem Wasser überbrühen, enthäuten, entkernen, abtropfen lassen und das Fruchtfleisch grob hacken.
• Das Olivenöl erhitzen und die Zwiebel zusammen mit der Hälfte des Basilikums, dem Lorbeerblatt, dem Salbeiblatt und dem Majoranzweig auf kleiner Flamme anschwitzen. Die Tomaten hinzufügen, salzen, pfeffern und bei mäßiger Hitze etwas einkochen lassen.
• Die Sauce vom Feuer nehmen und durch ein Passiersieb streichen, dann in derselben Kasserolle unter Rühren mit einem hölzernen Kochlöffel wieder erhitzen. Das restliche gewaschene und gehackte Basilikum unterrühren und sofort vom Feuer nehmen.
• In der Zwischenzeit den Mozzarella grob und den Schinken fein hacken.
• Die Champignons putzen, unter fließendem Wasser waschen und in feine Scheiben schneiden. Die Butter zerlassen und die Champignonscheiben bei starker Hitze etwa 3 Minuten darin braten, dabei immer wieder mit einem hölzernen Kochlöffel umrühren. Aus der Pfanne nehmen, abtropfen lassen, fein hacken und in eine Schüssel geben. Die Mozzarella- und Schinkenwürfel sowie die gewaschene, gehackte Petersilie und 20 g geriebenen Parmesan hinzufügen, mit Salz, Pfeffer und Muskatnuss abschmecken und alles gut vermengen. Die Masse dann in einen Spritzbeutel mit glatter Tülle streichen und die Rigatoni damit füllen.
• Die Hälfte der zubereiteten Sauce auf dem Boden einer feuerfesten Terrine verteilen, die Rigatoni eng nebeneinander hineinlegen, die restliche Sauce darüber gießen und mit dem verbliebenen Parmesan bestreuen. Die Terrine mit einem Stück Alufolie bedecken und in das auf 180° vorgeheizte Backrohr schieben, ca. 20 Minuten backen.
• 5 Minuten vor Ende der Garzeit die Alufolie von der Terrine nehmen, damit die Oberfläche des Rigatoniauflaufs leicht gratiniert wird. Heiß servieren.

Crespelle auf Burgunder Art

Crespelle di Borgogna

ZUBEREITUNGSZEIT: 35 MINUTEN + RUHEZEIT

Zutaten für 6 Personen:
Für die Crespelle:
100 g Mehl; 1 Ei; $^1/_2$ l Milch;
2 EL Olivenöl extravergine; 1 Prise Salz
Für die Fülle:
500 g Champignons; 1 Schalotte;
1 Bund Petersilie;
70 g Greyerzer oder Emmentaler Käse;
2 EL Olivenöl extravergine; Salz, Pfeffer
Zum Überbacken:
40 g Butter; 2 EL geriebener Greyerzer oder Emmentaler Käse

• Zuerst die Crespelle zubereiten. Das Ei in eine Schüssel geben und mit einem hölzernen Kochlöffel etwas verrühren, dann das Salz und nach und nach das gesiebte Mehl unterrühren, die Milch langsam einfließen lassen. Sorgfältig rühren, bis ein glatter, leicht dickflüssiger Teig entsteht. An einem kühlen Ort eine Stunde ruhen lassen.
• Eine Pfanne erhitzen, mit wenig Olivenöl auspinseln und eine kleine Menge Teig eingießen, dabei die Pfanne drehen, dass sich ein gleichmäßiger Film auf dem Pfannenboden bildet. Auf einer Seite backen, wenden und auf der anderen Seite zu Ende backen. Die Pfannkuchen auf einem Teller stapeln.
• Den Käse kleinwürfelig schneiden. Die Schalotte schälen und fein hacken, die Petersilie waschen und ebenfalls hacken. Die Champignons putzen, unter fließendem Wasser waschen, abtropfen lassen, vorsichtig mit Küchenkrepp trockentupfen und in feine Scheiben schneiden.
• Die Schalotte im Olivenöl anschwitzen, die Champignons zugeben und 3 - 4 Minuten bei starker Hitze braten, dabei immer wieder mit einem hölzernen Kochlöffel umrühren. Mit Salz und Pfeffer würzen, die Pfanne vom Feuer nehmen, den Inhalt in eine Schüssel füllen und etwas abkühlen lassen. Dann die Käsewürfel und die gehackte Petersilie dazugeben, mit Salz und Pfeffer abschmecken, alles gut vermengen und einen Esslöfel dieser Fülle in die Mitte eines jeden Pfannkuchens setzen. Die Crespelle über die Mitte falten.
• Die Butter in einer kleine Pfanne zerlassen. Eine feuerfeste Form mit zerlassener Butter auspinseln, die gefüllten Crespelle eng nebeneinander hineinlegen und mit der restlichen Butter bestreichen. Im auf 200° vorgeheizten Backrohr etwa 10 Minuten backen, dann mit dem geriebenen Käse bestreuen und vor dem Servieren nochmals kurz überbacken.

Bild: Crespelle auf Burgunder Art

Tagliolini in drei Farben

Tagliolini multicolori

ZUBEREITUNGSZEIT: 40 MINUTEN + RUHEZEIT

Zutaten für 6 - 8 Personen:
Für den Teig:
600 g Mehl;
5 Eier;
300 g Blattspinat;
2 EL Tomatenmark;
1 Briefchen Safran;
Salz
Zum Anrichten;
50 g Butter;
3 Salbeiblätter

• Den Spinat putzen, entstielen, in reichlich kaltem Wasser waschen, abtropfen lassen und in einer Pfanne bei mittelstarker Hitze etwa 3 Minuten lang ohne Zugabe von Wasser oder Fett garen. Gut ausdrücken, fein hacken oder mit einem Stabmixer zerkleinern. Wieder in die Pfanne geben und bei mäßiger Hitze unter ständigem Rühren mit einem hölzernen Kochlöffel etwas einkochen. In eine Rührschüssel geben und abkühlen lassen.

• Das Mehl auf eine geeignete Unterlage sieben und drei gleich große Haufen bilden, in der Mitte eines jeden eine Mulde formen. In die erste Mulde den Spinat, eine Prise Salz und ein Ei geben und alle Zutaten zu einem glatten, elastischen Teig verkneten. Den zweiten Mehlhaufen mit zwei Eiern, dem Tomatenmark und einer Prise Salz, den dritten mit dem in etwas kaltem Wasser gelösten Safran, den restlichen zwei Eiern und einer Prise Salz ebenso verarbeiten. Separat in Frischhaltefolie einschlagen und an einem kühlen Ort mindestens 30 Minuten ruhen lassen.

• Nach der Ruhezeit jede Teigvariation separat zu einem 2 - 3 mm dicken Blatt ausrollen, die Oberfläche bemehlen, die Teigblätter zusammenrollen und mit einem scharfen Messer in ca. 5 mm breite Streifen schneiden.

• In einem großen Topf reichlich Wasser zum Kochen bringen, salzen und die roten, grünen und gelben Tagliolini darin garen.

• In der Zwischenzeit die Butter mit den Salbeiblättern in einer kleinen Pfanne zerlassen.

• Die Tagliolini *al dente* abgießen, mit der Salbeibutter anrichten und sofort servieren. Nach Belieben geriebenen Parmesan dazu reichen.

Maccheroni alla chitarra mit Safranzucchini

Maccheroni alla chitarra con zucchine allo zafferano

ZUBEREITUNGSZEIT: 40 MINUTEN + RUHEZEIT

Zutaten für 6 Personen:
Für den Teig:
300 g Mehl;
2 EL Olivenöl extravergine;
3 Eier;
1 Prise Salz
Für die Sauce:
300 g junge Zucchini mit Blüte;
1 Zwiebel; 1 Schalotte;
1 Briefchen Safran;
4 EL Olivenöl extravergine;
Salz, Pfeffer
Spezielle Küchenutensilien:
die klassische *chitarra*

• Zuerst den Nudelteig zubereiten. Das Mehl sieben, eine Mulde in der Mitte formen, Öl, Salz und Eier hineingeben und alles zu einem glatten, elastischen Teig verkneten. In Frischhaltefolie einschlagen und an einem kühlen Ort ca. 30 Minuten ruhen lassen.

• Anschließend den Teig zu einem Blatt von 3 mm Dicke ausrollen und in Streifen schneiden, die den Maßen der *chitarra* entsprechen. Die Streifen nacheinander bemehlen, auf die *chitarra* legen und das Nudelholz darüber rollen. Dabei genügend Druck ausüben, sodass die Maccheroni zwischen den Saiten der *chitarra* hinunterfallen. Wer keine *chitarra* besitzt, kann das Teigblatt auch einrollen und in ca. 3 mm breite Streifen schneiden. Die Maccheroni auf einem bemehlten Küchentuch zum Trocknen ausbreiten.

• Nun die Zucchini zubereiten. Zuerst die Blüten abnehmen, von Stempeln und Staubgefäßen befreien, waschen, auf einem Tuch ausbreiten und vorsichtig trockentupfen. Die Zucchini von Spitze und Stengelansatz befreien, waschen und abtrocknen. Die Zucchini und die Blüten in feine Streifen schneiden.

Bild: Tagliolini in drei Farben

• Die Zwiebel und die Schalotte schälen, waschen und fein hacken. Das Öl in einer Pfanne erhitzen und die Zwiebel und die Schalotte bei mäßiger Hitze darin anschwitzen. Die Zucchinistreifen dazugeben und mitrösten, dabei öfters umrühren. Mit 2 Esslöffeln Wasser aufgießen und ca. 8 Minuten zugedeckt köcheln lassen. Dann die Zucchiniblüten hinzufügen, 1 Minute mitrösten, dann den in einem Esslöffel warmem Wasser gelösten Safran einrühren. Noch 5 Minuten bei mäßiger Hitze köcheln lassen, mit Salz und Pfeffer würzen.

• In einem Topf reichlich Wasser zum Kochen bringen, salzen und die *Maccheroni alla chitarra* darin garen. *Al dente* abgießen und mit dem Zucchinigemüse anrichten. Sofort heiß servieren.

Bild: Maccheroni alla chitarra mit Safranzucchini. Die Zucchini und die Blüten in Streifen schneiden (1), die Zwiebel und die Schalotte fein hacken und anschwitzen, die Zucchinistreifen (2) und anschließend die Zucchiniblüten und den in warmem Wasser gelösten Safran (3) dazugeben.

Tortelli auf Genueser Art

Tortelli alla genovese

ZUBEREITUNGSZEIT: 1 STUNDE

Zutaten für 4 Personen:
300 g zuvor zubereiteter Nudelteig;
200 g Hühnerbrustfilet, noch besser vom Kapaun; 40 g Kalbsgekröse (Bries);
200 g Borretsch; 1 Ei; 1 Eiklar;
3 EL geriebener Parmesan; 1/2 Zwiebel;
1/2 Glas trockener Weißwein;
1 Zweiglein Majoran; 20 g Butter;
2 EL Olivenöl extravergine; Salz, Pfeffer
Für die Sauce:
50 g Basilikumblättchen; 1/2 Knoblauchzehe;
2 EL geriebener Parmesan;
4 EL Olivenöl extravergine; Salz, Pfeffer

• Die Zwiebel schälen, waschen und fein hacken. Das Gekröse 5 - 6 Minuten in Wasser kochen, abtropfen lassen, von den fetten Teilen und der Haut befreien und die Fleischkörnchen herauslösen. Den Borretsch putzen, in kaltem Wasser waschen und in reichlich kochendem Salzwasser kurz überbrühen. Abgießen, gut ausdrücken und fein hacken. Das Hühnerbrustfilet waschen, mit einem sauberen Küchentuch trockentupfen und in kleine Würfel schneiden.
• Das Öl mit der Butter und dem Majoran in einer Pfanne erhitzen, die Zwiebel darin anschwitzen. Die Hühnerbrustwürfel zugeben und von allen Seiten leicht bräunen, mit dem Weißwein ablöschen und die Flüssigkeit bei starker Hitze verdampfen lassen. Dann das Gekröse und den gehackten Borretsch dazugeben, mit Salz und Pfeffer würzen und alles bei unverminderter Hitze noch etwa 5 Minuten rösten. Dabei immer wieder mit einem hölzernen Kochlöffel umrühren.
• Die Pfanne anschließend vom Feuer nehmen, den Inhalt abkühlen lassen und durch den Fleischwolf drehen oder im Mixer zerkleinern. Die Masse in eine Rührschüssel geben, den geriebenen Parmesan und das Ei untermengen, mit Salz und Pfeffer abschmecken und alle Zutaten zu einer homogenen, weichen Masse vermischen.
• Nun den Nudelteig zu einem gleichmäßig dünnen Blatt ausrollen. Auf einer Hälfte des Teigblattes in regelmäßigen Abständen etwa haselnussgroße Häufchen der Fülle verteilen. Die Ränder und Zwischenräume mit dem leicht aufgeschlagenen Eiklar bepinseln, die andere Hälfte des Teiges darüber legen und mit den Fingerspitzen rund um die Fülle gut andrücken, damit die Teigtaschen fest verschlossen sind. Mit einer runden, gezahnten Ausstechform oder mit einem gezahnten Teigrädchen die Tortelli zuschneiden.
• In der Zwischenzeit die Basilikumsauce zubereiten. Das Basilikum mit dem Knoblauch, dem Olivenöl und einer Prise Salz mit dem Stabmixer zerkleinern. Den geriebenen Parmesan und eine Prise Muskatnuss untermischen.
• Die Tortelli in einem großen Topf in reichlich Salzwasser kochen. *Al dente* abgießen, die Basilikumsauce mit zwei Esslöffeln Kochwasser nochmals durchrühren, dann die Tortelli damit anrichten.

Polentagnocchi

Gnocchi girasole

ZUBEREITUNGSZEIT: 1 STUNDE 30 MINUTEN

Zutaten für 4 Personen:
400 g Maismehl;
200 g Hackfleisch vom Kalb;
100 g Schinken;
150 g Butter;
2 EL geriebener Parmesan;
200 g süße Sahne;
Muskatnuss; Salz, Pfeffer

• In einer Kasserolle - oder noch besser in einem Kochkessel - 1 1/4 l Wasser zum Kochen bringen. Das Maismehl unter ständigem Rühren mit einer Holzpalette langsam einrieseln lassen und ca. 45 Minuten kochen.
• Nun die Hitze auf das Minimum zurückdrehen oder völlig abschalten, 80 g Butter in Flöckchen untermengen und das zuvor separat in einer Pfanne in Butter angeröstete Fleisch, den klein geschnittenen Schinken sowie jeweils eine Prise Salz, Pfeffer und Muskatnuss dazugeben. Alles gut verrühren.
• Nun den Pfanneninhalt auf eine geeignete Unterlage stürzen.

Bild: Tortelli auf Genueser Art

• Den Teig auseinander streichen, bis er eine gleichmäßige Dicke von ca. 1 cm aufweist. Auskühlen lassen und mit einer runden Ausstechform oder einem kleinen Glas Scheiben von 3 - 4 cm Durchmesser ausstechen, diese dann dachziegelartig in eine feuerfeste, gebutterte Terrine schichten. Mit der Sahne übergießen.
• Mit Salz und einer Prise Pfeffer würzen, den geriebenen Parmesan darüber streuen, die restliche Butter in Flöckchen darauf verteilen.
• Im auf 200° vorgeheizten Backrohr 30 Minuten backen und heiß servieren.

Farfalle mit Dorsch

Farfalle con nasello

ZUBEREITUNGSZEIT: 30 MINUTEN

Zutaten für 4 Personen:
300 g Farfalle;
1 Dorsch (ca. 350 g);
300 g reife, feste Tomaten;
1 Bund Petersilie;
50 g schwarze Oliven; 1 Knoblauchzehe;
1 Stückchen Chilischote *(peperoncino)*;
4 EL Olivenöl extravergine; Salz, Pfeffer

• Den Fisch waschen, abschuppen und ausnehmen. Den Kopf abschneiden, die Gräten entfernen und die Filets von der Haut lösen. Vorsichtig waschen, trockentupfen und in kleine Stücke schneiden.
• Die Tomaten kurz in kochendem Wasser überbrühen, enthäuten, entkernen, abtropfen lassen und das Fruchtfleisch grob hacken. Die Oliven waschen und entkernen, die Petersilie waschen, mit einem Küchentuch trockentupfen und fein hacken.
• Das Öl mit der Chilischote, ein wenig Petersilie und der geschälten, leicht angedrückten Knoblauchzehe in einer Pfanne erhitzen. Die Fischstücke hineingeben und ca. 2 Minuten braten, dabei vorsichtig mit einem hölzernen Kochlöffel immer wieder umrühren. Dann die Tomaten dazugeben, salzen, pfeffern und bei starker Hitze etwa 6 Minuten köcheln lassen. Ab und zu umrühren. Schließlich die in Scheiben geschnittenen Oliven hinzufügen und weitere 3 Minuten kochen lassen. Zum Schluss die restliche Petersilie darüberstreuen.
• In der Zwischenzeit reichlich Salzwasser zum Kochen bringen und die Farfalle darin garen. *Al dente* abgießen, mit der Fischsauce anrichten und sofort servieren.

Bild: Farfalle mit Dorsch. Den Dorsch filetieren und in Stücke schneiden (1), in einer Pfanne Olivenöl, eine Knoblauchzehe, etwas gehackte Petersilie und ein Stückchen Chilischote erhitzen (2), die Fischstücke (3) und die Tomaten (4) dazugeben.

Tagliatelle mit Krabbenfleisch und Spargel

Tagliatelle con granchio e asparagi

ZUBEREITUNGSZEIT: 40 MINUTEN + RUHEZEIT

Zutaten für 4 Personen:
Für den Teig:
200 g Mehl;
2 Eier;
1 Prise Salz
Für die Sauce:
100 g Krabbenfleisch aus der Dose;
1 Bund Spargel;
1 Knoblauchzehe;
1 Bund Petersilie;
1 Zwiebel;
4 EL Olivenöl extravergine;
Salz, Pfeffer

• Zuerst den Nudelteig zubereiten. Das Mehl auf ein ausreichend großes Brett sieben, eine Mulde in der Mitte formen, eine Prise Salz und die Eier hineingeben und alles zu einem weichen, homogenen Teig verkneten. In Frischhaltefolie einschlagen und an einem kühlen Ort ca. 30 Minuten ruhen lassen.

• Das Krabbenfleisch abtropfen lassen und in Streifen schneiden. Die holzigen Enden der Spargel großzügig abschneiden. Zum Schälen wenn möglich einen Schäler mit gebogener Klinge verwenden. Die Spargel waschen, abtrocknen, die Köpfe ganz lassen und die Stiele in Streifen schneiden. Die Zwiebel und den Knoblauch schälen, waschen und zusammen mit etwas Petersilie fein hacken.

• Den Nudelteig zu einem sehr dünnen Blatt ausrollen, die Oberfläche bemehlen, das Teigblatt zusammenrollen und mit einem scharfen Messer ca. 1 cm breite Tagliatelle zurechtschneiden. Die Nudeln auf einem bemehlten Nudelbrett zum Trocknen ausbreiten.

• In der Zwischenzeit die gehackte Zwiebel mit dem Knoblauch und der Petersilie im Olivenöl anschwitzen, die Spargelstreifen und -köpfe dazugeben und 1 Minute mitrösten. Das Krabbenfleisch hinzufügen und ca. 2 Minuten unter Rühren mit einem hölzernen Kochlöffel weitergaren.

• In einem großen Topf reichlich Wasser zum Kochen bringen, salzen und die Tagliatelle darin garen. *Al dente* abgießen und in die Pfanne mit der zuvor zubereiteten Sauce geben, mit gehackter Petersilie bestreuen, vorsichtig durchmischen und sofort heiß servieren.

Nudelauflauf mit Käse und Schinken

Penne al forno con Bel Paese e prosciutto

ZUBEREITUNGSZEIT: 25 MINUTEN

Zutaten für 4 Personen:
300 g Penne;
60 g Butter;
70 g *Bel Paese* oder ein anderer mildwürziger Schnittkäse;
70 g Schinken (eine dicke Scheibe);
2 EL geriebener Parmesan;
Salz

• In einem großen Topf reichlich Wasser zum Kochen bringen, salzen und die Penne darin garen. Abgießen, solange sie noch sehr bissfest sind.

• In der Zwischenzeit den Käse und den Schinken in kleine Würfel schneiden.

• 20 g Butter in einer Kasserolle zerlassen, die Käse- und Schinkenwürfel hineingeben, die Penne darauf verteilen und gut durchmischen.

• Anschließend alles in eine leicht gebutterte, feuerfeste Terrine geben, mit dem geriebenen Parmesan bestreuen und im auf 200° vorgeheizten Backrohr 5 Minuten überbacken, bis die Oberfläche leicht gebräunt ist. Sofort servieren.

Mezzelune mit aromatischer Kürbisfülle

Mezzelune con zucca e spezie

ZUBEREITUNGSZEIT: 1 STUNDE

Zutaten für 4 Personen:
Für den Teig:
200 g Mehl;
2 Eier;
1 Prise Salz
Für die Fülle:
500 g Kürbisfruchtfleisch;
1 Zwiebel;
1 EL Olivenöl extravergine;
2 Nelken;
½ TL Zimt
Zum Anrichten:
60 g Butter; 2 Salbeiblätter;
3 EL geriebenen *pecorino*

• Zuerst den Nudelteig zubereiten. Das Mehl auf ein ausreichend großes Brett sieben, eine Mulde in der Mitte formen, eine Prise Salz und die Eier hineingeben und alles zu einem weichen, homogenen Teig verkneten. In Frischhaltefolie einschlagen und an einem kühlen Ort ca. 30 Minuten ruhen lassen.

Bild: Tagliatelle mit Krabbenfleisch und Spargel

1

2

Bild: Mezzelune mit aromatischer Kürbisfülle. Das Kürbisfruchtfleisch garen und durch eine Kartoffelpresse drücken (1), den Teig dünn ausrollen, Scheiben ausstechen und in die Mitte einer jeden etwas Kürbisfülle setzen (2).

- Nun die Fülle zubereiten. Das Kürbisfruchtfleisch in 2 - 3 cm dicke Scheiben schneiden, in eine feuerfeste Terrine geben und im auf 200° vorgeheizten Rohr 30 Minuten garen. Aus dem Backrohr nehmen und durch eine Kartoffelpresse drücken.
- In der Zwischenzeit die Zwiebel schälen, waschen und fein hacken, in Olivenöl anschwitzen und das Kürbispüree dazugeben. Kurz mitrösten, dabei mit einem hölzernen Kochlöffel umrühren. Mit einer Prise Salz, dem Zimt und den Nelken würzen und noch 2 Minuten bei mäßiger Hitze weiterrösten, dabei ständig rühren. Dann die Pfanne vom Feuer nehmen und die Nelken entfernen.
- Nun den Nudelteig zu einem gleichmäßig dünnen Blatt ausrollen. Mit einer runden, gezahnten Ausstechform oder einem kleinen Glas Scheiben von 4 cm Durchmesser ausstechen. Auf die Mitte jeder Scheibe ein Häufchen der Fülle setzen, über die Mitte halbmondförmig zusammenfalten und die Ränder mit den Fingerspitzen gut festdrücken, damit die Teigtaschen gut verschlossen sind.
- Die Mezzelune in reichlich Salzwasser ungefähr 7 Minuten kochen, abgießen, mit der zusammen mit den Salbeiblättern zerlassenen Butter übergießen und mit dem geriebenen Käse bestreuen. Sofort servieren.

Spaghetti mit Sardellen und Oliven

Spaghetti alle acciughe e olive

ZUBEREITUNGSZEIT: 25 MINUTEN

Zutaten für 4 Personen:
300 g Spaghetti;
6 Sardellenfilets in Öl;
80 g schwarze Oliven;
1 Stückchen Chilischote *(peperoncino)*;
1 Knoblauchzehe;
1 Pund Petersilie;
4 EL Olivenöl extravergine;
Salz, Pfeffer

• Das Öl in einer Pfanne mit der geschälten Knoblauchzehe und der Chilischote erhitzen. Wenn der Knoblauch goldbraun wird, entfernen. Die grob gehackten Sardellenfilets und eine Prise Pfeffer hinzufügen. Die Sardellenstücke sollen sich bei mäßiger Hitze fast auflösen. Dann die entkernten und grob gehackten Oliven dazugeben, mit einem hölzernen Kochlöffel umrühren. Kurz vor Ende der Kochzeit mit gehackter Petersilie bestreuen und gut durchrühren.

• In der Zwischenzeit die Spaghetti in reichlich Salzwasser kochen, *al dente* abgießen, in die Pfanne mit der Sardellen-Oliven-Mischung geben, gut durchmischen und sofort servieren.

Bild oben: Crespelle mit Artischocken; unten: Spaghetti mit Sardellen und Oliven

Crespelle mit Artischocken

Crespelle ai carciofi

ZUBEREITUNGSZEIT: 45 MINUTEN

Zutaten für 4 Personen:
8 bereits fertige Crespelle; 2 Artischocken;
1 Schalotte (oder 1/2 Knoblauchzehe und 50 g Zwiebel);
80 g *provola* oder ein anderer halbfester, milder Räucherkäse;
1 Bund Basilikum; 1 Bund Petersilie;
20 g Butter; 4 EL Öl;
1/2 Glas trockener Weißwein; Salz, Pfeffer
Für die Sauce:
150 g Sahne; 1 Schalotte; 1 Bund Basilikum;
1 Bund Petersilie; Salz, Pfeffer

• Die Artischocken putzen, von den harten äußeren Blättern und den harten Blattspitzen sowie eventuell von Heu im Inneren befreien und in sehr dünne Spalten schneiden. Die Schalotte schälen, waschen und fein hacken.

• Die gehackte Schalotte kurz in einer Pfanne mit dem Öl anschwitzen, dann die Artischockenspalten dazugeben, mit einer Prise Salz und Pfeffer würzen und 2 - 3 Minuten mitrösten. Ab und zu mit einem hölzernen Kochlöffel umrühren. Mit dem Weißwein aufgießen, die Flüssigkeit bei starker Hitze verdampfen lassen, 10 Minuten weitergaren.
• Die Pfanne vom Feuer nehmen, den in dünne Scheiben geschnittenen Räucherkäse und das gewaschene, gehackte Basilikum sowie die Petersilie, ebenfalls gehackt, dazugeben. Alle Zutaten gut vermengen und die Fülle auf die Crespelle verteilen, dann die Pfannkuchen über die Mitte zusammenfalten.
• Eine feuerfeste Terrine mit Butter auspinseln, die gefüllten Crespelle hineinlegen und mit ein wenig Sahne bestreichen. Im auf 170° vorgeheizten Rohr ca. 10 Minuten backen.
• In der Zwischenzeit die Sauce zubereiten. Die Schalotte fein hacken, zusammen mit der Sahne in einer kleinen Kasserolle aufkochen, die Flüssigkeit auf die Hälfte einreduzieren lassen, mit Salz und Pfeffer abschmecken, durch ein Passiersieb streichen, das gehackte Basilikum und die ebenfalls gehackte Petersilie dazugeben und alles in eine Saucière gießen.
• Wenn die Crespelle an der Oberfläche ganz leicht goldbraun zu werden beginnen, aus dem Backrohr nehmen und servieren. Die Sahnesauce mit den frischen Kräutern dazu reichen.

Bild: Penne mit Zucchini. Die Zucchini kleinwürfelig schneiden (1), zu der im Olivenöl angeschwitzten Zwiebel geben (2), dann das Basilikum hinzufügen und gut untermischen, schließlich die gekochten Penne mit der Gemüsesauce anrichten (3).

Penne mit Zucchini

Penne alle zucchine

ZUBEREITUNGSZEIT: 30 MINUTEN

Zutaten für 4 Personen:
300 g Penne;
300 g Zucchini;
3 reife, feste Tomaten;
1 Zwiebel; 1 Knoblauchzehe;
1 Bund Basilikum;
4 EL Olivenöl extravergine;
Salz, frisch gemahlener Pfeffer

• Die Zucchini von Spitze und Stängelansatz befreien, waschen und in kleine Würfel schneiden. Die Tomaten in kochendem Wasser überbrühen, enthäuten, entkernen, abtropfen lassen und ebenfalls in Würfel schneiden.
• Die Zwiebel und den Knoblauch schälen, waschen, fein hacken und in einer Pfanne mit dem Olivenöl bei mäßiger Hitze anschwitzen.
• Die Zucchiniwürfel, ein paar Blättchen Basilikum sowie eine Prise Salz und Pfeffer zugeben und 7 - 8 Minuten rösten, dabei öfters mit einem hölzernen Kochlöffel umrühren. Dann die Tomaten dazugeben und bei starker Hitze noch ein wenig weiterkochen.
• In der Zwischenzeit die Penne in reichlich Salzwasser kochen, *al dente* abgießen, mit der Gemüsesauce anrichten, mit dem restlichen gewaschenen und gehackten Basilikum bestreuen und sofort servieren.

1

2

3

Gnocchiauflauf mit Schmelzkäse

Gnocchi alla fontina

ZUBEREITUNGSZEIT: 1 STUNDE

Zutaten für 6 Personen:
Für die Gnocchi:
1/2 kg mehlige Kartoffeln;
150 g Mehl; 1 Ei; Salz
Zum Überbacken:
10 g Butter für die feuerfeste Terrine;
150 g *fontina* oder Raclettekäse;
1 dl Sahne; 50 g Butter;
4 EL geriebener Parmesan

- Zuerst die Gnocchi zubereiten. Die Kartoffeln waschen, in einen Topf geben, gut mit kaltem Wasser bedecken, salzen, zum Kochen bringen und ca. 30 Minuten kochen lassen. Abgießen, schälen und noch heiß durch eine Kartoffelpresse drücken.
- Das Mehl auf ein ausreichend großes Brett sieben, in der Mitte eine Mulde formen, die Kartoffelmasse hineingeben und abkühlen lassen, dann das Ei und eine Prise Salz zugeben. Das Ganze rasch mit den Händen vermengen und einige Minuten kneten, bis der Teig die richtige Konsistenz hat.
- Aus dem eben zubereiteten Teig auf einem bemehlten Brett ca. 1,5 cm starke Röllchen rollen. Diese dann in 2 cm lange Stücke schneiden und leicht mit dem Daumen gegen die raue Seite eines Reibeisens, gegen die hohle Seite einer Gabel oder auch einfach gegen die Unterlage drücken. Die Gnocchi gut auf dem Nudelbrett verteilen, damit sie nicht zusammenkleben.
- Den Käse von der Rinde befreien und in feine Scheiben schneiden.
- Reichlich Salzwasser zum Kochen bringen und die Gnocchi darin garen. Mit dem Schaumlöffel abschöpfen, sobald sie an der Oberfläche schwimmen. Die Gnocchi schichtenweise in eine feuerfeste Terrine füllen. Auf die erste Schicht ein paar Scheiben Fontina, etwas geriebenen Parmesan und einige Butterflöckchen verteilen, dann wieder mit den Gnocchi beginnen.
- So fortfahren und mit dem restlichen Käse und der verbliebenen Butter abschließen. Das Ganze mit der Sahne übergießen und im auf 180° vorgeheizten Backrohr ca. 7 - 8 Minuten gratinieren. Der Käse an der Oberfläche soll gänzlich geschmolzen sein und leicht braun zu werden beginnen. Heiß servieren.

Bild: Gnocchiauflauf mit Schmelzkäse. Die Gnocchi abschöpfen, sobald sie im Kochwasser aufsteigen (1), eine Schicht in eine feuerfeste Terrine füllen (2), darauf etwas Käse und Butterflöckchen verteilen (3), dann wieder mit den Gnocchi beginnen. Zum Schluss das Ganze mit Sahne übergießen (4) und im Backrohr gratinieren.

den Teig am Rand und zwischen der Fülle gut mit den Fingern andrücken, damit die Ravioli fest verschlossen sind. Mit dem Teigrädchen die Ravioli quadratisch zuschneiden.
• Die Ravioli in einem großen Topf mit reichlich kochendem Salzwasser 5 - 7 Minuten kochen.
• In der Zwischenzeit die Butter mit den Salbeiblättern zerlassen. Die Ravioli abgießen, mit der Salbeibutter anrichten und mit geriebenem Parmesan bestreuen.

Pipe mit Erbsen und Auberginen

Pipe quattro stagioni

ZUBEREITUNGSZEIT: 50 MINUTEN

Zutaten für 4 Personen:
300 g Pipe; 300 g reife, feste Tomaten;
200 g ausgelöste Erbsen; 1 Aubergine;
200 g Champignons; 1 Zwiebel;
5 EL Olivenöl extravergine;
1 Bund Basilikum; Salz, Pfeffer

• Die Tomaten kurz in kochendem Wasser überbrühen, enthäuten, entkernen, abtropfen lassen und das Fruchtfleisch grob hacken. Die Zwiebel schälen, waschen und fein hacken.
• Die Aubergine vom Stängelansatz befreien, waschen und in kleine Würfel schneiden. Die Auberginenwürfel in ein Sieb geben, mit Salz bestreuen und etwa 20 Minuten stehen lassen, damit das enthaltene Wasser mit den Bitterstoffen austritt.
• Die Erbsen waschen. Das Basilikum waschen, trockentupfen und die Blättchen zerzupfen.
• Die Zwiebel mit ein wenig Basilikum in 3 Esslöffel Öl anschwitzen. Die abgetropften Auberginenstücke und die Erbsen dazugeben und 3 Minuten unter Rühren mit einem hölzernen Kochlöffel mitrösten. Dann die Tomaten hinzufügen, mit Salz und Pfeffer abschmecken und bei mäßiger Hitze 20 Minuten köcheln lassen.
• In der Zwischenzeit die Champignons putzen, harte Stängel abschneiden, rasch unter fließendem Wasser waschen, abtropfen lassen, vorsichtig abtrocknen und in feine Scheiben schneiden. Eine Pfanne mit dem verbliebenen Olivenöl auspinseln und die Champignons darin unter wiederholtem Rühren mit einem hölzernen Kochlöffel braten. Die Champignons 5 Minuten vor Ende der Kochzeit in die Kasserolle mit der Gemüsesauce geben und gut mit den übrigen Zutaten vermischen. Zum Schluss das restliche Basilikum unterrühren und die Sauce vom Feuer nehmen.
• In der Zwischenzeit in einem großen Topf reichlich Wasser zum Kochen bringen, salzen und die Pipe darin garen. *Al dente* abgießen, mit der Gemüsesauce anrichten und servieren.

Bild: Pipe mit Erbsen und Auberginen

Ravioli mit Brennnesselfarce

Ravioli alle ortiche

ZUBEREITUNGSZEIT: 1 STUNDE

Zutaten für 4 Personen:
Für den Teig:
200 g Mehl;
2 Eier;
1 Prise Salz
Für die Fülle:
800 g junge Brennnesseln;
100 g magerer Frischquark;
40 g Mortadella; 40 g Schinken;
3 EL geriebener Parmesan;
1 EL Semmelbrösel; 1 Ei;
1 Prise Muskatnuss; Salz, Pfeffer
Zum Anrichten:
60 g Butter;
2 EL geriebener Parmesan;
3 Salbeiblättchen

• Zuerst den Nudelteig zubereiten. Das Mehl sieben, in der Mitte eine Mulde formen, die Eier und das Salz hineingeben. Alle Zutaten mit den Händen vermengen und kneten, bis der Teig seidig zu glänzen beginnt. In Frischhaltefolie einschlagen und an einem kühlen Ort etwa 30 Minuten ruhen lassen.
• In der Zwischenzeit die Fülle zubereiten. Die Mortadella und den Schinken klein hacken. Die Brennnesseln waschen und 4 Minuten in reichlich kochendem Salzwasser überbrühen, abgießen, gut ausdrücken und durch den Fleischwolf drehen, mit dem Stabmixer zerkleinern oder sehr fein hacken, dann zusammen mit dem Quark, dem Schinken, der Mortadella, dem Ei, dem Käse und den Semmelbröseln in eine Rührschüssel geben. Mit je einer Prise Salz, frisch gemahlenem Pfeffer und Muskatnuss würzen und alle Zutaten gut mit einem hölzernen Kochlöffel vermengen, bis eine homogene Masse entsteht.
• Nun die Ravioli herstellen. Den Teig zu einem sehr dünnen Blatt ausrollen und auf eine Hälfte des Teigblattes in regelmäßigen Abständen von ca. 2 cm kleine Häufchen der Fülle setzen. Dann mit der anderen Hälfte bedecken und

Cannelloni mit feiner Gemüsefülle

Cannelloni vegetali

ZUBEREITUNGSZEIT: 1 STUNDE + RUHEZEIT

Zutaten für 4 Personen:
Für den Teig:
200 g Mehl; 1 Ei; 1 Prise Salz
Für die Fülle:
1 Karotte; 1 Zwiebel; 3 kleine Zucchini;
2 Artischocken; 400 g Blattspinat;
100 g magerer Frischquark;
2 EL Olivenöl extravergine;
1 EL Zitronensaft;
3 EL geriebener Parmesan; 1 Ei; Salz, Pfeffer
Für die Sauce:
20 g Butter; 20 g Mehl; 3 dl Milch;
200 g Champignons oder andere, frische Pilze;
2 EL Olivenöl extravergine;
1 Bund Petersilie;
1 Knoblauchzehe; Muskatnuss; Salz, Pfeffer;
10 g Butter für die feuerfeste Terrine
Spezielle Küchenutensilien:
1 Spritzbeutel mit glatter Tülle

• Zuerst den Nudelteig zubereiten. Das Mehl sieben, in der Mitte eine Mulde formen, das Ei, das Salz und 3 - 4 Esslöffel lauwarmes Wasser hineingeben. Alle Zutaten mit den Händen vermengen und kneten, bis der Teig glatt wird und seidig zu glänzen beginnt. In Frischhaltefolie einschlagen und etwa 30 Minuten ruhen lassen.

• In der Zwischenzeit die Fülle zubereiten. Die Karotte schälen, Stängelansatz und Spitze der Zucchini abschneiden. Beides waschen und in Scheiben schneiden. Die Zwiebel schälen, waschen und fein hacken. Den Spinat entstielen und sorfältig in reichlich kaltem Wasser waschen. Zum Abtropfen in ein Sieb geben. Die Artischocken von den äußeren Blättern und den harten Blattspitzen befreien, in Spalten schneiden, eventuell vorhandenes Heu im Inneren entfernen. Die Artischockenspalten kurz in eine Schüssel mit Zitronenwasser tauchen.

• Die Zwiebel im Olivenöl anschwitzen, die Karotte und die Artischocken dazugeben und unter Rühren mit einem hölzernen Kochlöffel etwas mitrösten, dann mit einem halben Glas Wasser aufgießen, mit einer Prise Salz und Pfeffer würzen und bei mäßiger Hitze 20 Minuten köcheln lassen.

Bild: Cannelloni mit feiner Gemüsefülle. Die Gemüse für die Fülle vorbereiten (1), dann mit dem Quark und den übrigen Zutaten vermengen (2), den Teig in Quadrate schneiden (3), auf jedes davon etwas Fülle geben (4) und zu Cannelloni zusammenrollen.

• Nach der halben Kochzeit die Zucchini dazugeben, 5 Minuten vor Ende der Kochzeit den Spinat. Dann die Kasserolle vom Feuer nehmen und den Inhalt fein hacken oder mit dem Stabmixer zerkleinern. Die Gemüsemischung anschließend in eine Schüssel geben und mit dem Quark, dem geriebenen Parmesan, dem Ei sowie je einer Prise Salz und Pfeffer gut vermengen. Alle Zutaten sollen möglichst gleichmäßig in der Masse verteilt sein.
• Nun den Teig wieder zur Hand nehmen und zu einem sehr dünnen Blatt ausrollen. Mit einem scharfen Messer Quadrate von 8 cm Seitenlänge zuschneiden. In einem großen Topf in reichlich kochendem Salzwasser 2 Minuten überbrühen, dabei nicht zu viele auf einmal in den Kochtopf geben. Mit dem Schaumlöffel abschöpfen, auf einem angefeuchteten Küchentuch ausbreiten und dann ganz auskühlen lassen.
• Die Gemüsefülle in einen Spritzbeutel mit glatter Tülle streichen und auf jedes Teigquadrat ein ca. 1 cm dickes Röllchen der Fülle drücken. Dann die Quadrate einrollen und so die Cannelloni formen. Eine feuerfeste Terrine mit etwas Butter bestreichen und die Cannelloni eng nebeneinander hineinlegen.
• Nun die Sauce zubereiten. Die Butter in einer kleinen Kasserolle zerlassen, das Mehl darin unter ständigem Rühren mit einem hölzernen Kochlöffel 2 - 3 Minuten anschwitzen. Nach und nach die Milch eingießen, dabei ständig weiterrühren. Das Ganze langsam zum Kochen bringen, mit Salz, Pfeffer und einer Prise Muskatnuss abschmecken, die geschälte, leicht angedrückte Knoblauchzehe dazugeben und etwa 10 Minuten kochen lassen. Öfters umrühren.
• In der Zwischenzeit die Pilze putzen, harte Teile abschneiden, rasch unter fließendem Wasser waschen und in feine Scheiben schneiden. Die Petersilie waschen und fein hacken.
• Das Öl mit ein wenig Petersilie in einer Pfanne erhitzen, die Pilze dazugeben, salzen und ca. 3 Minuten braten, ab und zu mit einem hölzernen Kochlöffel umrühren. Zum Schluss mit der restlichen Petersilie bestreuen, die Pilze zu der Sauce geben und alles gut vermengen.
• Die Knoblauchzehe herausnehmen und die Sauce gleichmäßig über die Cannelloni verteilen.
• Die Cannelloni im auf 180° vorgeheizten Rohr ca. 15 Minuten überbacken. Heiß servieren.

Orecchiette mit Miesmuscheln

Orecchiette alle cozze

ZUBEREITUNGSZEIT: 30 MINUTEN

Zutaten für 4 Personen:
300 g Orecchiette;
800 g Miesmuscheln;
350 g reife, feste Tomaten;
2 Knoblauchzehen;
1 Bund Petersilie;
4 EL Olivenöl extravergine;
Salz, Pfeffer

• Die Knoblauchzehen schälen und leicht andrücken. Die Miesmuscheln gut abschrubben und mehrmals in reichlich kaltem Wasser waschen. Abtropfen lassen, offene Muscheln wegwerfen.
• In einer Kasserolle einen Esslöffel Olivenöl mit einer der angedrückten Knoblauchzehen erhitzen, die Miesmuscheln und einen Stengel Petersilie hineingeben, zudecken und so lange erhitzen, bis sich die Schalen geöffnet haben. Dabei von Zeit zu Zeit den Topf rütteln. Mit dem Schaumlöffel herausnehmen, geschlossene Muscheln wegwerfen, den Sud durch ein Sieb gießen und beiseite stellen. Die Muscheln aus den Schalen lösen und in eine Schüssel geben.
• Die Tomaten kurz in kochendem Wasser überbrühen, enthäuten, entkernen, abtropfen lassen, eine davon in kleine Würfel schneiden, die anderen klein hacken.
• Das restliche Öl erhitzen, die zweite Knoblauchzehe darin goldbraun werden lassen, die fein gehackten Tomaten dazugeben und bei starker Hitze 10 Minuten kochen lassen. Ab und zu mit einem hölzernen Kochlöffel umrühren. Salzen, pfeffern, den Muschelsud dazugießen, die Muscheln und die Tomatenwürfel hinzufügen, gut vermengen und 1 Minute ziehen lassen.
• In der Zwischenzeit in einem großen Topf reichlich Wasser zum Kochen bringen, salzen und die Orecchiette darin garen. *Al dente* abgießen, auf einer Platte mit der Muschelsauce anrichten, mit der gewaschenen, gehackten Petersilie bestreuen und sofort heiß servieren.

Bild: Orecchiette mit Miesmuscheln

Cavatelli mit Rauke

Cavatelli con la rucola

ZUBEREITUNGSZEIT: 35 MINUTEN

Zutaten für 4 Personen:
300 g Cavatelli oder andere kurze Nudeln; 300 g Rauke; 400 g reife, feste Tomaten; 1 Knoblauchzehe; 6 EL Olivenöl extravergine; 2 EL geriebener *pecorino* (nach Belieben); Salz, Pfeffer

• Die Tomaten in kochendem Wasser kurz überbrühen, enthäuten, entkernen, abtropfen lassen und grob hacken.
• Das Öl in einer Kasserolle erhitzen und die geschälte, angedrückte Knoblauchzehe darin goldbraun werden lassen. Dann die Tomaten dazugeben, mit Salz und Pfeffer abschmecken und bei starker Hitze ca. 10 bis 15 Minuten garen. Die Knoblauchzehe herausnehmen.
• In der Zwischenzeit in einem großen Topf reichlich Wasser zum Kochen bringen, salzen und die Cavatelli darin garen. 5 Minuten vor Ende der Kochzeit die gewaschene, klein geschnittene Rauke dazugeben. Alles zusammen abgießen und mit der Tomatensauce anrichten. Nach Belieben geriebenen *pecorino* dazu reichen.

Ravioli mit Radicchio

Ravioli di radicchio

ZUBEREITUNGSZEIT: 30 MINUTEN

Zutaten für 4 Personen:
300 g zuvor zubereiteter Nudelteig
Für die Fülle:
600 g roter Radicchio;
150 g frischer Speisequark;
60 g geriebener Parmesan;
1 Ei;
30 g Butter;
1 Prise Zimt;
Salz, Pfeffer
Zum Anrichten:
60 g Butter;
3 EL geriebener Parmesan
Zum Bestreichen:
1 Eiklar

• Den Radicchio sorgfältig waschen, größere Köpfe vierteln, kleinere halbieren. Kurz in kochendem Wasser überbrühen, gut abtropfen lassen und mit einem Küchentuch trockentupfen. Dann den Radicchio in feine Streifen schneiden und in einer Pfanne 3 - 4 Minuten in Butter anschwitzen.
• Vom Feuer nehmen, auskühlen lassen und in eine Rührschüssel geben. Den Quark, das Ei, den geriebenen Parmesan und 2 - 3 Esslöffel Wasser dazugeben, mit Salz, frisch gemahlenem Pfeffer und Zimt abschmecken und alle Zutaten mit einem hölzernen Kochlöffel gut vermengen, sodass eine homogene Masse entsteht.
• Den Nudelteig zu einem dünnen Blatt ausrollen und mit einem gezahnten Teigrädchen eine gerade Anzahl von Quadraten mit ca. 4 cm Seitenlänge zuschneiden. Die Ränder der Quadrate mit dem leicht aufgeschlagenen Eiklar bestreichen. Auf jeweils ein Quadrat ein Häufchen der Fülle setzen, mit einem zweiten bedecken und die Ränder gut festdrücken, damit die Teigtaschen verschlossen sind.
• Die Ravioli in reichlich Salzwasser 5 - 7 Minuten kochen. Inzwischen die Butter zerlassen. Die Ravioli *al dente* abgießen, mit der zerlassenen Butter übergießen und mit geriebenem Parmesan bestreuen.

Bild: Cavatelli mit Rauke

Maccheroni alla chitarra mit Lammragout

Maccheroni alla chitarra con ragù di agnello

ZUBEREITUNGSZEIT: 1 STUNDE 40 MINUTEN

Zutaten für 4 Personen:
Für den Teig:
300 g feiner Hartweizengrieß;
2 EL Olivenöl extravergine;
3 Eier; 1 Prise Salz
Für die Sauce:
200 g Lammfleisch, ausgelöst;
300 g reife, feste Tomaten; 1 Knoblauchzehe;
1 rote Chilischote *(peperoncino);*
1 Bund Petersilie; 1 Glas trockener Weißwein;
3 EL Olivenöl extravergine;
2 EL geriebener *pecorino*
Spezielle Küchenutensilien:
die klassische *chitarra*

1

2

3

• Zuerst den Nudelteig zubereiten. Den Hartweizengrieß auf ein ausreichend großes Brett schütten, eine Mulde in der Mitte formen, Öl, Salz und Eier hineingeben und alles zu einem glatten, elastischen Teig verkneten. Anschließend den Teig zu einem Blatt von 3 mm Dicke ausrollen und in Streifen zuschneiden, die den Maßen der *chitarra* entsprechen. Die Streifen nacheinander bemehlen, auf die *chitarra* legen und das Nudelholz darüberrollen. Dabei genügend Druck ausüben, sodass die Maccheroni zwischen den Saiten der *chitarra* hinunterfallen.

• Nun das Ragout zubereiten. Das Olivenöl mit der geschälten Knoblauchzehe in einer Kasserolle erhitzen, das in kleine Stücke geschnittene Fleisch hineingeben und bei starker Hitze von allen Seiten bräunen. Mit Salz und Pfeffer würzen, mit dem Weißwein ablöschen und die Flüssigkeit bei unverminderter Hitze verdampfen lassen. Die passierten Tomaten und die Chilischote dazugeben und bei mäßiger Hitze noch ca. 1 Stunde lang zugedeckt dünsten. 5 Minuten vor Ende der Kochzeit die gehackte Petersilie einstreuen.

• Die Maccheroni in reichlich Salzwasser kochen, *al dente* abgießen und mit dem Lammragout anrichten. Dazu geriebenen *pecorino* reichen.

Wer keine *chitarra* besitzt, kann das Teigblatt auch einrollen und in etwa 3 mm breite Streifen schneiden. Die Maccheroni auf einem bemehlten Küchentuch zum Trocknen ausbreiten.

Bild: Maccheroni alla chitarra mit Lammragout. Zuerst den Nudelteig zubereiten (1), zu einem 3 mm dicken Blatt ausrollen (2), in Streifen schneiden, die den Dimensionen der chitarra entsprechen, die Streifen auf die chitarra legen und mit dem Nudelholz darüberrollen (3).

Bild: *Crespelle mit Meeresfrüchten. Die Fischfilets in Olivenöl braten (1), klein hacken und zu der Béchamelsauce geben (2), die Fülle fertig stellen und auf die Crespelle verteilen (3).*

Crespelle mit Meeresfrüchten

Crespelle di mare

ZUBEREITUNGSZEIT: 1 STUNDE

Zutaten für 4 Personen;
8 fertige Crespelle; 30 g Butter
Für die Fülle:
250 g Schollenfilet; 100 g Rotbrassenfilet;
1 Knoblauchzehe; 1/2 Glas Weißwein;
1 Bund Petersilie;
4 EL Olivenöl extravergine;
Salz, Pfeffer
Für die Béchamelsauce:
25 g Mehl; 25 g Butter;
1/4 l Milch;
1 Prise Muskatnuss;
Salz, Pfeffer
Für die Sauce:
1 kg gemischte Meeresfrüchte
(z. B. Venusmuscheln, Miesmuscheln,
Messermuscheln);
200 g reife, feste Tomaten;
1 Knoblauchzehe;
1 Schalotte;
1/2 Glas trockener Weißwein;
1 Bund Petersilie;
1 Bund Schnittlauch;
3 EL Olivenöl extravergine;
Salz, Pfeffer

• Den Knoblauch schälen und fein hacken, die Fischfilets waschen und vorsichtig mit einem Küchentuch trockentupfen.
• Die Béchamelsauce zubereiten. Die Butter in einer kleinen Kasserolle zerlassen, das Mehl dazugeben und unter ständigem Rühren mit einem hölzernen Kochlöffel leicht goldgelb rösten. Mit der Milch aufgießen und langsam zum Kochen bringen. Mit Salz, Pfeffer und einer Prise Muskatnuss abschmecken. 10 - 15 Minuten kochen lassen und immer wieder umrühren.

• In der Zwischenzeit das Öl in einer Pfanne erhitzen, den gehackten Knoblauch kurz darin anschwitzen, dann die Fischfilets von beiden Seiten darin goldbraun braten. Mit dem Weißwein ablöschen, mit Salz und Pfeffer würzen und die Flüssigkeit verdampfen lassen. Den Fisch aus der Pfanne nehmen, klein hacken und zu der Béchamelsauce geben. Alles gut vermengen und zum Schluss die gewaschene, gehackte Petersilie untermischen.
• Die Crespelle auf der Arbeitsfläche ausbreiten, die Fülle darauf verteilen und über die Mitte zusammenfalten. Die gefalteten Crespelle tütenförmig einrollen, auf einer feuerfesten, leicht gebutterten Platte gefällig nebeneinander anrichten und mit der restlichen zerlassenen Butter bestreichen.
• Nun die Sauce zubereiten. Die Venusmuscheln sorgfältig waschen und einige Zeit in kaltem Salzwasser liegenlassen, dann zum Abtropfen in ein Sieb geben. Die Miesmuscheln abbürsten und zusammen mit den Messermuscheln waschen. Offene Muscheln wegwerfen.
• Die Petersilie und den Schnittlauch waschen, auf einem Küchentuch abtropfen lassen, vorsichtig trockentupfen und separat hacken.
• Die Tomaten in kochendem Wasser überbrühen, enthäuten, entkernen, abtropfen lassen und das Fruchtfleisch klein hacken. Die Schalotte schälen und fein hacken.
• Die Muscheln in einen ausreichend großen Topf füllen, mit dem Weißwein und einem Esslöffel Olivenöl übergießen, die geschälte, leicht angedrückte Knoblauchzehe und etwas gehackte Petersilie dazugeben und zugedeckt bei mäßiger Hitze so lange garen, bis die Schalen sich geöffnet haben. Den Topf dabei ab und zu rütteln. Geschlossene Muscheln wegwerfen, die anderen aus den Schalen lösen. Den Muschelsud durch ein feines Sieb in eine kleine Kasserolle gießen und bei starker Hitze etwas einreduzieren lassen. Die Tomaten und etwas Schnittlauch dazugeben.
• In einer anderen Kasserolle das übrige Olivenöl erhitzen, die Schalotte darin anschwitzen, die Meeresfrüchte und die Tomaten mit dem Muschelsud dazugeben. Alles ein wenig erhitzen, vom Feuer nehmen, den restlichen Schnittlauch und die verbliebene Petersilie einrühren, mit etwas Salz und einer Prise Pfeffer abschmecken.
• Die feuerfeste Platte mit den Crespelle im auf 180° vorgeheizten Rohr ca. 10 Minuten überbacken, bis sie leicht goldbraun zu werden beginnen. Heiß servieren und die Muschelsauce dazu reichen.

Aromatisch-pikanter Nudelsalat

Insalata di trenette al prezzemolo

ZUBEREITUNGSZEIT: 25 MINUTEN

Zutaten für 4 Personen:
300 g Trenette; 2 Eier; 1 Bund Petersilie; 2 eingesalzene Sardellenfilets; 1 EL eingesalzene Kapern; 2 Essiggurken; 1 Knoblauchzehe; 40 g eingelegte Pilze (z. B. junge Champignons); 4 EL Olivenöl extravergine; 1 EL Weißweinessig; Salz, Pfeffer

• Die Eier 8 - 10 Minuten hart kochen, mit kaltem Wasser abschrecken und auskühlen lassen. Die eingelegten Pilze in dünne Scheiben schneiden. Die Kapern und die Sardellenfilets sorgfältig waschen und gänzlich von Salz befreien, dann beides grob hacken. Die Petersilie und die Essiggurken waschen und zusammen mit der geschälten Knoblauchzehe und den hart gekochten Eiern hacken. Alles zusammen in eine Rührschüssel geben und sorgfältig vermischen.
• Den Essig in eine Salatschüssel gießen, eine Prise Salz und Pfeffer dazugeben und verrühren, bis sich das Salz vollständig aufgelöst hat. Das Olivenöl zugeben und mit einer Gabel schlagen, sodass das Öl mit dem Essig emulgiert und eine homogene Sauce entsteht. Die zuvor zubereitete Mischung aus Eiern und Sardellen hinzufügen und gut mit der Salatsauce vermengen.
• In der Zwischenzeit in einem großen Topf reichlich Wasser zum Kochen bringen, salzen und die Trenette darin garen. *Al dente* abgießen und unter fließendem kaltem Wasser abkühlen. Abtropfen lassen, in die Salatschüssel mit der Sauce füllen, die Pilze dazugeben, dann vorsichtig durchmischen und servieren.

Bild: Aromatisch-pikanter Nudelsalat

Tortelli mit Muschelfarce

Tortelli con ripieno di fasolari

ZUBEREITUNGSZEIT: 1 STUNDE + ZEIT ZUM WÄSSERN DER MUSCHELN

Zutaten für 4 - 6 Personen:
300 g zuvor zubereiteter Nudelteig;
800 g Kammmuscheln;
$1/2$ Glas trockener Weißwein;
1 Schalotte;
1 Knoblauchzehe;
abgeriebene Schale einer Zitrone;
3 EL Olivenöl extravergine;
1 Ei;
1 Bund Petersilie;
Salz, eine Prise Cayennepfeffer
Zum Anrichten:
4 EL Olivenöl extravergine;
1 Schalotte;
1 Bund Petersilie;
1 Bund Schnittlauch;
1 Stückchen Chilischote *(peperoncino)*

- Die Muscheln in eine große Schüssel legen, mit kaltem Wasser gut bedecken einige Stunden stehen lassen, anschließend gut unter fließendem Wasser waschen. Die Knoblauchzehe schälen und ein wenig andrücken.
- Die Muscheln mit der Knoblauchzehe in einen großen Topf geben, mit dem Weißwein und einem Esslöffel Olivenöl begießen, zudecken und einige Minuten bei starker Hitze auf den Herd stellen. Dabei ab und zu den Topf ein wenig rütteln. Wenn sich die Schalen geöffnet haben, vom Feuer nehmen, geschlossene Muscheln wegwerfen. Die Muscheln aus den Schalen lösen, klein hacken und in eine Schüssel geben.
- Die Petersilie gut waschen, vorsichtig mit einem sauberen Küchentuch trockentupfen und fein hacken. Die Schalotte schälen und ebenfalls fein hacken.
- Das restliche Olivenöl in einer kleinen Pfanne erhitzen, die gehackte Schalotte zusammen mit etwas Petersilie darin anschwitzen, dann die Mischung zu den Kammmuscheln in die Schüssel geben.
- Wenn der Inhalt der Schüssel abgekühlt ist, mit Salz und einer Prise Cayennepfeffer würzen, das Ei, die restliche Petersilie und die abgeriebene Zitronenschale hinzufügen und rühren, bis alle Zutaten gut vermengt sind.

1

2

3

Bild: Tortelli mit Muschelfarce. Die Kammmuscheln klein hacken, ebenso die Schalotte und die Petersilie (1), die mit der Petersilie in Öl angeschwitzte Schalotte zu den Muscheln in eine Schüssel geben (2), den Teig ausrollen und die Muschelfarce in regelmäßigen Abständen darauf verteilen (3).

• Den Nudelteig zu einem gleichmäßig dünnen Blatt ausrollen. Auf einer Hälfte des Teigblattes in regelmäßigen Abständen von ca. 3 cm kleine Häufchen der Fülle verteilen. Die Ränder und Zwischenräume mit etwas Wasser bepinseln, die andere Hälfte des Teiges darüber legen und mit den Fingerspitzen rund um die Fülle gut andrücken, damit die Teigtaschen fest verschlossen sind. Mit einer runden, gezahnten Ausstechform oder mit einem gezahnten Teigrädchen die Tortelli zuschneiden.

• Nun die Kräuter zum Anrichten zubereiten. Die Schalotte schälen, in feine Scheiben schneiden und bei mäßiger Hitze im Olivenöl zusammen mit der Chilischote anschwitzen. Ab und zu mit einem hölzernen Kochlöffel umrühren.

• In der Zwischenzeit reichlich Salzwasser zum Kochen bringen und die Tortelli darin garen. *Al dente* abgießen, mit der angeschwitzten Schalotte anrichten und mit den gewaschenen, gehackten Kräutern bestreuen.

Gnocchetti mit Tomaten

Gnocchetti al pomodoro

ZUBEREITUNGSZEIT: 1 STUNDE

Zutaten für 6 Personen:
125 g Mehl;
3 Eier;
70 g Butter;
500 g reife, feste Tomaten;
50 g geriebener Greyerzer oder Emmentaler Käse;
Salz, Pfeffer
Für die Sauce:
2 Bund Basilikum;
30 g Pinienkerne;
2 El geriebener Parmesan;
4 EL Olivenöl extravergine;
Salz
Spezielle Küchenutensilien:
1 Spritzbeutel mit glatter Tülle

• Die Tomaten in kochendem Wasser überbrühen, enthäuten, entkernen, abtropfen lassen und das Fruchtfleisch grob hacken. In einer kleinen Kasserolle bei starker Hitze zu einem cremigen Püree einkochen.

• 60 g der Butter in kleine Stücke schneiden. $^1/_4$ l Wasser mit etwas Salz und der Butter zum Kochen bringen, die Kasserolle vom Feuer nehmen und das gesiebte Mehl auf einmal hineinschütten. Mit einem hölzernen Kochlöffel durchrühren, die Kasserolle wieder auf den Herd stellen und unter ständigem Rühren weitererhitzen, bis der Teig dicker wird und schließlich einen Klumpen bildet, der sich vom Boden des Topfes löst und hörbar zu brutzeln beginnt.

• Den Teig in eine Schüssel geben und das Tomatenpüree sowie den geriebenen Käse einarbeiten. Etwas abkühlen lassen und nach und nach mit den Eiern verkneten. Erst wenn ein Ei vollständig vom Teig aufgenommen wurde, das nächste einarbeiten.

• Reichlich Salzwasser in einem großen Topf zum Kochen bringen.

• Die Teigmasse in einen Spritzbeutel mit glatter Tülle füllen, jeweils 1 - 2 cm herausdrücken, mit einem Messer abschneiden und ins kochende Wasser fallen lassen oder die Gnocchetti mit einem Teelöffel von der Masse abstechen. Sobald die Gnocchetti an der Oberfläche schwimmen, mit einem Schaumlöffel abschöpfen und in eine leicht gebutterte, feuerfeste Terrine legen.

• Nun die Sauce zubereiten. Die Basilikumblättchen waschen, auf einem Küchentuch ausbreiten, vorsichtig trockentupfen und zusammen mit den Pinienkernen, dem geriebenen Käse und dem Öl mit einem Stabmixer zerkleinern.

• Wenn die Mischung eine cremige Konsistenz hat, über die Gnocchetti in der Terrine verteilen. Im auf 180° vorgeheizten Rohr ca. 15 Minuten gratinieren. Heiß servieren.

Bild: Gnocchetti mit Tomaten

Lammfleischtöpfchen mit Nudeln

Pasta con spezzatino di agnello

ZUBEREITUNGSZEIT: 1 STUNDE 10 MINUTEN

Zutaten für 4 Personen:
250 g fertige, sehr kleine Pasta, am besten in Reiskornform;
500 g klein geschnittenes Lammfleisch;
500 g reife, feste Tomaten;
1 Zwiebel;
1 Knoblauchzehe;
3 Nelken;
1 Prise Zimt;
3 EL Olivenöl extravergine;
1 EL geriebener Parmesankäse;
Salz, frisch gemahlener Pfeffer

• Die Tomaten in kochendem Wasser überbrühen, enthäuten, entkernen, abtropfen lassen und das Fruchtfleisch grob hacken. Die Zwiebel waschen und mit den Nelken spicken. Den Knoblauch schälen und fein hacken.
• Das Lammfleisch säuberlich von allen fetten Teilen befreien, waschen und sorgfältig mit einem Küchentuch trockentupfen.
• Das Öl in einer Kasserolle erhitzen und das Lammfleisch darin von allen Seiten goldbraun braten, dann herausnehmen und beiseite stellen.
• Die Tomaten, die Zwiebel, den Knoblauch sowie eine Prise Salz und Pfeffer und den Zimt in die Kasserolle mit dem Bratrückstand geben, gut umrühren und zugedeckt bei mäßiger Hitze 15 Minuten köcheln lassen. Dann das Fleisch wieder in die Kasserolle geben und weitere 20 Minuten garen.
• Die Butter in einer ofenfesten Kasserolle zerlassen, die Pasta dazugeben, mit einem hölzernen Kochlöffel umrühren und ca. eine Minute anschwitzen. Dann die Sauce mit dem Lammfleisch dazugießen, ein Glas warmes Wasser hinzufügen und zugedeckt im auf 180° vorgeheizten Rohr etwa 20 Minuten schmoren.
• Die Kasserolle aus dem Ofen nehmen, die gespickte Zwiebel entfernen, mit geriebenem Parmesan bestreuen und ohne Deckel noch 2 Minuten überbacken. Auf einer Platte anrichten und heiß servieren.

Farfalle mit Prager Schinken

Farfalle al prosciutto di Praga

ZUBEREITUNGSZEIT: 40 MINUTEN

Zutaten für 4 Personen:
300 g Farfalle;
100 g Prager Schinken (eine dicke Scheibe);
4 EL Olivenöl extravergine;
100 g ausgelöste Erbsen; 2 Eier;
1 kleine rote Paprikaschote; 1 Zitrone;
etwas Worcester-Sauce; Salz

• Die Zitrone auspressen und den Saft beiseite stellen.
• Die Paprikaschote von allen Seiten auf einem Rost über der Herdplatte oder im Backrohr anbraten, bis sie weich wird. Zum Abkühlen in eine Papiertüte geben, dann die Haut abziehen, auseinander schneiden, die Kerne und weißen Adern im Inneren entfernen, den Rest zügig waschen und in kleine Würfel schneiden.
• Auch den Schinken kleinwürfelig schneiden. Die Erbsen ca. 8 - 10 Minuten in Salzwasser kochen und zum Abtropfen in ein Sieb geben.
• Die Eier in einen kleinen Topf mit kaltem Wasser geben und 10 Minuten kochen, dann mit kaltem Wasser abschrecken und schälen. Eines davon grob hacken.
• Das andere hart gekochte Ei zusammen mit dem Olivenöl und einer Prise Salz im Mixer zerkleinern, bis eine homogene Sauce entsteht.
• Die Sauce in eine Schüssel geben, die Paprikawürfel, den Schinken, die Erbsen, den Zitronensaft und ein paar Tropfen Worcester-Sauce hinzufügen und alle Zutaten gut vermengen.
• In der Zwischenzeit in einem Topf reichlich Wasser zum Kochen bringen, salzen und die Farfalle darin garen. *Al dente* abgießen, mit der Sauce anrichten und mit dem gehackten Ei bestreuen. Nach Geschmack heiß oder lauwarm servieren.

Lasagne al forno mit Gemüse

Pasticcio di lasagne con verdure

ZUBEREITUNGSZEIT: 1 STUNDE 10 MINUTEN

Zutaten für 4 - 6 Personen:
Für den Teig:
200 g Mehl; 2 Eier;
1 EL Olivenöl extravergine; 1 Prise Salz
Für die Fülle:
4 mittelgroße Zucchini;
4 mittelgroße Karotten; 1 Bund Basilikum;
25 g Butter; 15 g Mehl; 2 dl Milch;
150 g Mozzarella; Salz, Pfeffer
Für die Tomatensauce:
800 g reife, feste Tomaten; 1 Bund Basilikum;
1 TL Zitronensaft; Salz, Pfeffer

• Zuerst den Nudelteig zubereiten. Das Mehl auf ein ausreichend großes Brett sieben, eine Mulde in der Mitte formen und die Eier, das Olivenöl sowie eine Prise Salz hineingeben. Alle Zutaten zu einem homogenen, elastischen Teig verkneten. In Frischhaltefolie einschlagen und an einem kühlen Ort 30 Minuten ruhen lassen.

Bild: Farfalle mit Prager Schinken

möglich mit höherem Rand, ein Viertel der Lasagne verteilen, dann ein Drittel der Gemüsescheiben dachziegelartig geschichtet darauflegen, mit etwas Basilikum bestreuen, salzen, pfeffern und so fortfahren, bis die Zutaten aufgebraucht sind. Mit einer Schicht Nudeln abschließen, mit den Mozzarellascheiben belegen und mit der Béchamelsauce gleichmäßig überziehen.

- Das Blech in das auf 180° vorgeheizte Backrohr schieben und 20 Minuten backen.
- In der Zwischenzeit die Tomatensauce zubereiten. Die Tomaten kurz in kochendem Wasser überbrühen, enthäuten, entkernen, abtropfen lassen und das Fruchtfleisch ebenfalls grob hacken. Mit dem gewaschenen, zerzupften Basilikum, dem Zitronensaft sowie einer Prise Salz und frisch gemahlenem Pfeffer im Mixer pürieren. Das Püree in einer kleinen Kasserolle erhitzen und kochen lassen, bis die Sauce eine cremige Konsistenz erreicht.
- Die Lasagne servieren und die heiße Tomatensauce separat dazu reichen.

- Den Teig zu einem gleichmäßig dünnen Blatt ausrollen und in Quadrate von 10 cm Seitenlänge schneiden. Die Teigquadrate in einem großen Topf mit reichlich kochendem Salzwasser garen, bis sie aufsteigen. Nicht zu viele auf einmal in den Topf geben und abschöpfen, sobald sie oben schwimmen. Zum Abtropfen auf einem sauberen Küchentuch ausbreiten.
- Nun die Fülle zubereiten. Die Zucchini und die Karotten von Spitze und Stängelansatz befreien und waschen. Die Karotten schälen und beides in Scheiben schneiden.
- Die Zucchini 2 Minuten, die Karotten 5 Minuten in Wasserdampf garen, dann abkühlen lassen.
- Das Basilikum sorgfältig waschen und in Streifen schneiden. Den Mozzarella in dünne Scheiben schneiden.
- 15 g der Butter in einer kleinen Kasserolle zerlassen, das Mehl dazugeben und unter Rühren mit einem hölzernen Kochlöffel leicht anrösten, dann nach und nach die Milch zugießen, aufkochen, mit Salz und einer Prise frisch gemahlenem Pfeffer würzen, 10 Minuten kochen lassen und ab und zu umrühren.
- Auf einem gebutterten Backblech, wenn

Bild: Lasagne al forno mit Gemüse. Die Zucchini und die Karotten in Scheiben schneiden (1), die Teigquadrate kurz vorkochen und auf einem Küchentuch ausbreiten (2), einen Teil der Lasagne auf ein gebuttertes Blech legen und die Gemüsescheiben darauf verteilen (3), dann wieder mit den Lasgne beginnen. Zum Schluss den Mozzarella und die Béchamelsauce auf den Lasagne verteilen (4).

Quarkröllchen mit Kräutern

Anellini di ricotta

ZUBEREITUNGSZEIT: 1 STUNDE + RUHEZEIT

Zutaten für 6 Personen:
2 Eier;
150 g Mehl;
2 dl Milch;
30 g Butter
Für die Fülle:
1 kg Blattspinat;
200 g magerer Frischquark;
3 EL geriebener Parmesan;
3 Eidotter;
1 Bund Schnittlauch;
1 Bund Petersilie;
3 EL Sahne;
10 g Butter;
Salz, Pfeffer
Zum Überbacken:
60 g Butter;
2 EL geriebener Parmesan
Spezielle Küchenutensilien:
1 eiserne oder antihaftbeschichtete Pfanne mit 16 cm Durchmesser;
1 Spritzbeutel mit glatter Tülle

• Zuerst die Crespelle zubereiten. Die Eier in eine Schüssel geben und mit einem hölzernen Kochlöffel oder einem Schneebesen ein wenig verrühren. Dann nach und nach das gesiebte Mehl unterrühren, die Milch langsam einfließen lassen. Sorgfältig rühren, bis ein glatter Teig entsteht. An einem kühlen Ort mindestens 1 Stunde ruhen lassen.

Bild: Quarkröllchen mit Kräutern. Die Crespelle füllen und einrollen (1), in Stücke schneiden (2) und die Röllchen aufrecht in eine feuerfeste Form setzen (3).

• In der Zwischenzeit den Spinat putzen, die Blätter entstielen, mehrmals in reichlich kaltem Wasser waschen, abtropfen lassen und 2 - 3 Minuten in einer leicht gebutterten Pfanne mit Antihaftbeschichtung garen. Gut ausdrücken und fein hacken. Den Spinat zusammen mit dem Quark und dem geriebenen Parmesankäse in eine Rührschüssel geben, alles gut mit einem hölzernen Kochlöffel vermengen, die Eidotter, die gewaschenen und gehackten Kräuter, die Sahne sowie eine Prise Salz und Pfeffer hinzufügen und verrühren, bis eine homogene Masse entsteht.

• Eine Pfanne erhitzen, mit wenig zerlassener Butter auspinseln und eine kleine Menge Teig eingießen, dabei die Pfanne drehen, sodass sich ein gleichmäßiger Film auf dem Pfannenboden bildet. Bei mäßiger Hitze auf einer Seite backen, wenden und auf der anderen Seite zu Ende backen. Die fertigen Pfannkuchen auf einem Teller übereinander stapeln.

• Die Quarkfülle in einen Spritzbeutel streichen und auf jeden Pfannkuchen ein wenig davon drücken. Die Crespelle einrollen und in ca. 2 cm lange Stücke schneiden. Die Röllchen eng nebeneinander aufrecht in eine feuerfeste, gebutterte Terrine setzen, mit der restlichen zerlassenen Butter übergießen und mit geriebenem Parmesan bestreuen.

• Die Quarkröllchen im auf 180° vorgeheizten Backrohr 8 - 10 Minuten überbacken. Heiß in der Terrine servieren.

Pappardelle mit Perlhuhn und Pilzen

Pappardelle con funghi e faraona

ZUBEREITUNGSZEIT: 1 STUNDE 10 MINUTEN

Zutaten für 4 Personen:
Für den Teig:
200 g Mehl;
2 Eier;
1 Prise Salz
Für die Sauce:
250 g Perlhuhnbrust, ausgelöst;
30 g getrocknete Pilze;
1 Zwiebel;
1 Lorbeerblatt;
1 Zweiglein Thymian;
1 Stängel Petersilie;
1 Knoblauchzehe;
200 g reife, feste Tomaten;
1/2 Glas trockener Weißwein;
3 EL Olivenöl extravergine; Salz, Pfeffer

• Zuerst den Nudelteig zubereiten. Das Mehl sieben, in der Mitte eine Mulde formen, die Eier und das Salz hineingeben. Alle Zutaten mit den Händen vermengen und kneten, bis der Teig elastisch und homogen wird. In Frischhaltefolie einschlagen und an einem kühlen Ort ca. 30 Minuten ruhen lassen.

• Die Perlhuhnbrust waschen, abtrocknen und in Streifen schneiden. Die Pilze in einer Tasse mit wenig lauwarmem Wasser etwas einweichen, abtropfen lassen, ausdrücken und grob hacken.

• Die Tomaten kurz in kochendem Wasser überbrühen, enthäuten, entkernen, abtropfen lassen und das Fruchtfleisch hacken. Die Zwiebel waschen, schälen und fein hacken, die Knoblauchzehe schälen und leicht andrücken.

• Das Öl in einer Kasserolle mit dem Lorbeerblatt, dem Thymian und der Petersilie erhitzen, die Zwiebel und den Knoblauch darin ein paar Minuten anschwitzen, die Pilze dazugeben und kurz miterhitzen, dabei ständig mit einem hölzernen Kochlöffel rühren. Schließlich die Geflügelstreifen hinzufügen und von allen Seiten goldbraun braten. Mit dem Weißwein ablöschen, die Flüssigkeit bei starker Hitze verdampfen lassen, die Tomaten und ein halbes Glas Wasser zugeben und bei mäßiger Hitze zugedeckt ca. 40 - 50 Minuten kochen lassen. Ab und zu umrühren. Zum Schluss das Lorbeerblatt entfernen.

• In der Zwischenzeit den Teig zu einem ca. 2 mm starken Blatt ausrollen und mit dem Teigrädchen 2 cm breite Streifen zuschneiden (oder das Teigblatt einrollen und die Streifen mit einem Messer mit Wellschliff abschneiden).

• In einem großen Topf reichlich Wasser zum Kochen bringen, salzen und die Pappardelle darin garen. *Al dente* abgießen, mit der Sauce anrichten und heiß servieren.

Bild: Pappardelle mit Perlhuhn und Pilzen

Quarkgnocchi mit Spinat und Kräutern

Gnocchi di spinaci con formaggio alle erbe aromatiche

ZUBEREITUNGSZEIT: 50 MINUTEN

Zutaten für 4 Personen:
700 g Blattspinat;
200 g magerer Frischquark;
100 g Frischkäse;
einige Zweiglein Majoran;
1 Zweiglein Thymian;
2 EL geriebener Parmesan;
4 EL Mehl;
2 Eier;
1 nussgroßes Stück Butter;
Salz, Pfeffer
Zum Überbacken:
10 g Butter;
50 g Frischkäse;
einige Zweiglein Majoran;
1 Zweiglein Thymian;
50 g Sahne

• Zuerst die Sauce zum Überbacken zubereiten. Die Majoran- und Thymianblättchen sorgfältig waschen und fein hacken. Den Frischkäse in eine Schüssel geben und mit einer Gabel sorgfältig mit den Kräutern vermengen, dann die Mischung beiseite stellen.
• Den Spinat putzen, die Blätter entstielen, mehrmals waschen und 1 - 2 Minuten ohne weitere Zugabe von Wasser mit der Butter in einer Pfanne mit Antihaftbeschichtung garen. Die austretende Flüssigkeit verdampfen lassen, den Spinat vom Feuer nehmen und fein hacken.
• Den Frischkäse, den Quark und den gewaschenen, fein gehackten Thymian und Majoran in eine Schüssel geben und alles mit einem hölzernen Kochlöffel gut vermengen, bis eine cremige Masse entsteht. Den Spinat, das Mehl, den geriebenen Parmesan sowie je eine Prise Salz und frisch gemahlenen Pfeffer hinzufügen, gut verrühren und die Masse ganz auskühlen lassen.
• Mit den bemehlten Händen Gnocchi formen und diese in einem ausreichend großen Topf in reichlich kochendem Salzwasser garen. Mit dem Schaumlöffel abschöpfen, sobald sie aufsteigen und an der Oberfläche schwimmen.
• Die Gnocchi in eine gebutterte, feuerfeste Terrine füllen, die zu Anfang zubereitete Frischkäsemischung darauf verteilen und im auf 200° vorgeheizten Rohr einige Minuten gratinieren. Sofort servieren.

Bild: Quarkgnocchi mit Spinat und Kräutern. Den Quark, den Spinat und die restlichen Zutaten in einer Schüssel vermischen (1), die Gnocchi zubereiten und in eine feuerfeste Form füllen (2).

Pappardelle mit feiner Fischsauce

Pappardelle con salsa di pesce

ZUBEREITUNGSZEIT: 50 MINUTEN

Zutaten für 4 Personen:
Für den Teig:
200 g Mehl; 2 Eier;
1 EL Olivenöl extravergine; Salz
Für die Sauce:
500 g Venusmuscheln;
300 g verschiedene Fischfilets;
300 g reife, feste Tomaten;
2 Knoblauchzehen; 1/2 Zwiebel;
1 Bund Petersilie;
1 Stückchen Chilischote *(peperoncino)*;
3 EL Olivenöl extravergine;
Salz, Pfeffer

• Das Mehl sieben, in der Mitte eine Mulde formen, die Eier, das Salz und das Olivenöl hineingeben. Alle Zutaten mit den Händen vermengen und kneten, bis der Teig elastisch wird, wenn nötig, etwas Wasser zugeben.

- Den Teig zu einem ca. 2 mm starken Blatt ausrollen. Die Oberfläche bemehlen, das Teigblatt einrollen und mit einem Messer mit Wellenschliff ca. 2 cm breite Streifen abschneiden oder die Pappardelle mit einem gezahnten Teigrädchen zuschneiden. Die Nudeln auf einem bemehlten Brett zum Trocknen ausbreiten.
- Die Tomaten eine Minute in kochendem Wasser überbrühen, enthäuten, entkernen, abtropfen lassen und das Fruchtfleisch hacken.
- Die Zwiebel und die Knoblauchzehe schälen, waschen und zusammen mit der Hälfte der gewaschenen Petersilie hacken. Die restliche Petersilie separat hacken und beiseite stellen.
- Die Muscheln sorgfältig waschen und mit wenig Wasser in eine Kasserolle geben. Zugedeckt erhitzen, sodass sich die Schalen öffnen. Herausnehmen, die Muscheln aus der Schale lösen, geschlossene Muscheln wegwerfen. Den Muschelsud durch ein Sieb gießen und beiseite stellen.
- Das Olivenöl in einer großen Kasserolle erhitzen, die Mischung aus Knoblauch, Zwiebel und Petersilie darin anschwitzen, die Fischstücke, die Chilischote und den Muschelsud dazugeben. Nach 10 Minuten Garzeit die ausgelösten Muscheln hinzufügen. Mit Salz und Pfeffer abschmecken.
- In der Zwischenzeit die Pappardelle in einem großen Topf mit reichlich Salzwasser kochen. *Al dente* abgießen, in die Kasserolle mit der Fischsauce geben und etwas ziehen lassen. Mit gehackter Petersilie bestreut servieren.

Bild: Pappardelle mit feiner Fischsauce. Die Muscheln bei starker Hitze garen, bis sich die Schalen geöffnet haben (1), die Tomaten und die Fischstücke in der Kasserolle mit dem Muschelsud aufgießen (2).

Spaghetti mit Speck und Eiern

Spaghetti al bacon e peperoncino

ZUBEREITUNGSZEIT: 25 MINUTEN

Zutaten für 4 Personen:
300 g Spaghetti;
3 EL Olivenöl extravergine;
3 Eier;
1 dl Milch;
70 g Bauchspeck in feinen Streifen;
2 EL geriebener Parmesan;
1 kleine Zwiebel;
1 Bund Petersilie;
1/2 Chilischote *(peperoncino)*;
Salz, frisch gemahlener Pfeffer

- In einem kleinen Topf Wasser zum Kochen bringen und die Speckstreifen darin überbrühen, bis sie das Fett abgegeben haben. Zum Abtropfen in ein Sieb geben.
- Die Zwiebel schälen und in feine Scheiben schneiden, die Petersilie waschen, mit einem Küchentuch trockentupfen und fein hacken.
- Die Eier in einer Schüssel mit dem geriebenen Käse, der Petersilie und der Milch verquirlen, bis alle Zutaten gut vermischt sind.
- Das Olivenöl in einer großen Pfanne erhitzen, die Zwiebel mit der Chilischote darin anschwitzen. Die Speckstreifen zugeben und kurz mitrösten.
- In einem großen Topf reichlich Wasser zum Kochen bringen, salzen und die Spaghetti darin garen. *Al dente* abgießen, in die Pfanne mit dem Speck und der Zwiebel geben, vom Feuer nehmen, die Eiermischung darüber gießen, mit frisch gemahlenem Pfeffer würzen und gut durchmischen. Auf einer vorgewärmten Platte anrichten und gleich servieren.

Bild: Spaghetti mit Speck und Eiern

Regionale Spezialitäten

Lasagne mit Fleischsauce

Vincisgrassi

ZUBEREITUNGSZEIT: 2 STUNDEN 50 MINUTEN

Zutaten für 4 Personen:
Für den Teig:
440 g Mehl;
200 g Hartweizengrieß;
40 g Butter; 5 Eier;
3 EL Marsala trocken (italienischer Dessertwein; ersatzweise halbtrockener Weißwein); Salz
Für die Fülle:
100 g Schinkenfett;
1 kleine Zwiebel; 60 g Olivenöl;
250 g Hühnerinnereien (Herz, Magen, Leber);
$^1/_{16}$ l trockener Weißwein;
250 g passierte Tomaten;
300 g Kalbsbries;
200 g geriebener Parmesan;
50 g Butter
Für die Béchamelsauce:
60 g Butter; 60 g Mehl;
$^1/_2$ l Milch; 1 Prise Muskatnuss;
Salz und Pfeffer

- Das Mehl und den Hartweizengrieß sorgfältig vermischen, ein wenig Salz hinzufügen und das Ganze auf das Nudelbrett häufen.
- Die Butter in einer kleinen Pfanne zerlassen; inzwischen beginnt man mit dem Teig, indem man in der Mitte des Mehls eine Mulde drückt, in welche die Eier sowie 3 EL Wein und die zerlassene Butter kommen. Das Ganze so lange kneten, bis sich eine homogene Masse bildet, die man zu einer Kugel formt. Anschließend den Nudelteig dünn ausrollen und in ca. 15 x 20 cm große Vierecke schneiden.
- Die Teigblätter in einen Topf mit reichlich kochendem Salzwasser geben und ca. 3 Minuten garen (bis sie an die Oberfläche kommen). Vorsichtig herausnehmen, abtropfen lassen und zum Trocknen auf ein Küchentuch legen.
- Das Schinkenfett sowie die Zwiebel klein hacken und in etwas Öl andünsten, die kleinwürfelig geschnittenen Hühnerinnereien dazugeben, leicht anbraten und den Weißwein angießen.
- Nicht zugedeckt köcheln lassen, bis der Wein völlig reduziert ist, die passierten Tomaten einrühren, mit Salz und Pfeffer würzen und zugedeckt weiterköcheln lassen.
- Das Kalbsbries in einem Topf mit kochendem Wasser kurz überbrühen und ca. 15 Minuten nach den Hühnerinnereien in die Pfanne zur Fleischsauce geben. Mit Salz abschmecken und weitere $1^1/_2$ Stunden bei kleiner Flamme zugedeckt köcheln lassen.
- Etwa 20 Minuten bevor die Sauce gar ist, können Sie mit der Zubereitung der Béchamelsauce beginnen. Dazu

1

2

3

4

Bild: Vincisgrassi. Die Eier mit dem Mehl und dem Hartweizengrieß vermengen (1); den Nudelteig dünn ausrollen (2); die Fülle für die Lasagne zubereiten (3); Béchamelsauce und Fleischsauce schichtweise in die Auflaufform geben (4).

lässt man in einem kleinen Topf die Butter schmelzen, rührt das Mehl sorgfältig ein und lässt es anschwitzen. Danach den Topf vom Herd nehmen, die Milch angießen und wieder auf die Herdplatte stellen. Unter ständigem Rühren aufkochen lassen und ein paar Minuten leicht köcheln. Mit Muskatnuss, Salz und Pfeffer abschmecken.

• Eine Auflaufform einfetten und mit Nudelblättern auslegen, eine dünne Schicht Béchamelsauce sowie einige EL Fleischsauce daraufgeben, Parmesan darüber streuen und einige Butterflocken daraufsetzen. Erneut Nudelblätter auflegen und den ganzen Vorgang solange wiederholen, bis die gesamten Zutaten aufgebraucht sind; mit einer Lage Nudelblätter abschließen, auf die reichlich Béchamelsauce und geriebener Parmesan kommt.

• Im Backofen bei 200° 30 - 40 Minuten backen und heiß servieren.

Häufig wird anstatt der traditionellen *pasta* mit den Zutaten Hartweizengrieß, Butter und Marsala ein herkömmlicher Eiernudelteig verwendet. In diesem Fall rechnet man ein Ei pro Person und so viel Mehl, wie die Eier aufnehmen können. Oft wird für die Zubereitung der Fleischsauce Butter verwendet, sodass völlig auf das Öl verzichtet werden kann. Die Sauce kann übrigens auch mit getrockneten oder frischen Pilzen zubereitet werden.

LOMBARDEI

Gnocchi mit Gorgonzolasauce

Gnocchi al gorgonzola

ZUBEREITUNGSZEIT: 1 STUNDE 20 MINUTEN

Zutaten für 4 Personen:
500 g mehlige Kartoffeln;
150 g Mehl;
1 Ei;
40 g Butter;
60 g Gorgonzola;
40 g geriebener Parmesan;
Salz

• Die Kartoffeln sorgfältig waschen, in einen großen Topf mit reichlich kaltem Wasser geben und nach dem Aufkochen ca. 40 Minuten garen lassen. Am besten wählt man ungefähr gleich große Kartoffeln, weil dadurch auch die Kochzeit dieselbe ist. Anschließend abtropfen lassen, noch in warmem Zustand schälen und durch die Kartoffelpresse drücken.

• Das Mehl auf die Arbeitsfläche häufen, in die Mitte eine Mulde drücken, in die man das Kartoffelpüree, eine Prise Salz sowie 1 Ei gibt; anschließend das Ganze zu einem glatten, homogenen Teig verkneten.

• Den Teig in mehrere Stücke aufteilen und daraus lange, etwa fingerdicke Röllchen formen, von denen man ca. 2 cm lange Stücke abschneidet; diese drückt man nun mit dem Daumen gegen die Innenseite einer Gabel. Die fertigen Gnocchi nicht zu nah beieinander auf die bemehlte Arbeitsplatte oder ein Tuch legen.

• In einem Topf reichlich Wasser zum Kochen bringen; währenddessen können Sie schon den Gorgonzola (ohne Rinde) zerkrümeln und in eine Kasserolle mit zerlassener Butter geben. Bei kleiner Flamme den Käse unter häufigem Rühren schmelzen lassen, bis sich eine sämige Sauce bildet.

• Das Kochwasser für die Gnocchi salzen und diese portionsweise in das kochende Wasser geben. Sobald die Gnocchi an der Oberfläche schwimmen, mit dem Schaumlöffel herausnehmen, gut abtropfen lassen und in einer vorgewärmten Schüssel anrichten. Sind alle Gnocchi fertig, die Gorgonzolasauce darüber gießen und mit geriebenem Parmesan bestreuen. Vorsichtig durchmischen und servieren.

Bild: Gnocchi mit Gorgonzolasauce

APULIEN

Makkaroni-Auflauf mit Tomaten und Kapern

Maccheroni al forno ai pomodori e capperi

ZUBEREITUNGSZEIT: 45 MINUTEN

Zutaten für 4 Personen:
350 g Makkaroni;
4 große reife Tomaten;
50 g Semmelbrösel;
2 Knoblauchzehen;
1 Prise Oregano; einige Basilikumblätter;
20 g Kapern in Salzlake;
3 EL Olivenöl extravergine; Salz

- Die Tomaten waschen, in größere Stücke schneiden und leicht ausdrücken, um die Kerne sowie einen Teil der Flüssigkeit zu entfernen.
- Die Knoblauchzehen schälen, die Basilikumblätter waschen, trockentupfen und zusammen mit dem Knoblauch und den gut abgetropften Kapern fein hacken.
- Eine Auflaufform mit ein wenig Öl einfetten und mit den Tomatenstücken auslegen. Darauf gibt man nun das Gemisch aus Knoblauch, Basilikum und Kapern, weiters die Semmelbrösel, etwas Oregano und eine Prise Salz.
- Ein wenig Öl darüber gießen und ca. 30 Minuten in dem auf 160° vorgewärmten Rohr backen.
- In einem großen Topf reichlich Salzwasser zum Kochen bringen und die Makkaroni *al dente* garen.
- In einem Sieb gut abtropfen lassen und dann in die Form mit den Tomaten geben. Das Ganze gut vermengen und die Form noch einmal für 5 Minuten in den Backofen geben. Nach Belieben mit geriebenem Pecorino oder Parmesan bestreuen.

Bild: Makkaroni-Auflauf mit Tomaten und Kapern

Dünne Bandnudeln mit Zwiebel, Knoblauch und Semmelbröseln

Vermicelli alla carrettiera

ZUBEREITUNGSZEIT: 30 MINUTEN

Zutaten für 4 Personen:
400 g *vermicelli* (dünne Bandnudeln);
1 Bund Petersilie; 1 Zwiebel; 2 Knoblauchzehen;
1 Prise Oregano; 2 EL Semmelbrösel;
5 EL Olivenöl extravergine; Salz; Pfeffer

- Zwiebel und Knoblauch schälen und beides zusammen mit der sorgfältig gewaschenen Petersilie fein hacken. Das Ganze in einer Pfanne mit 4 EL Öl andünsten, Oregano und eine Prise Pfeffer dazugeben, durchmischen und von der Herdplatte nehmen.
- In einem kleinen Topf (eventuell aus Ton) die Semmelbrösel mit etwas Salz im restlichen Öl kurz anrösten und gleich von der Platte nehmen.
- In einem anderen Topf reichlich Salzwasser zum Kochen bringen, die Nudeln hineingeben und *al dente* garen. Anschließend gut abtropfen lassen und in die Pfanne mit dem Zwiebel-Petersilie-Gemisch geben; das Ganze noch einmal einige Minuten durchziehen lassen, in einer Schüssel anrichten und mit den gerösteten Semmelbröseln bestreuen.

Bild: Dünne Bandnudeln mit Zwiebel, Knoblauch und Semmelbröseln

Bild: Tortelli mit Kürbisfülle

LOMBARDEI

Tortelli mit Kürbisfülle

Tortelli di zucca

ZUBEREITUNGSZEIT: 3 STUNDEN + RUHEZEIT FÜR DIE FÜLLE

Zutaten für 6 Personen:
Für den Teig:
400 g Weizenmehl; 4 Eier; 1 Prise Salz
Für die Fülle:
1,5 kg Kürbis; 100 g Senffrüchte, feingehackt; 100 g Steinpilze, fein zerrieben; 100 g Semmelbrösel; 100 g geriebener Parmesan; 2 Eidotter; geriebene Schale von 1/2 Zitrone; 1/2 TL geriebene Muskatnuss; Salz
Zum Anrichten:
60 g Butter; 60 g geriebener Parmesan

• Den Kürbis waschen, trocknen und in nicht zu dünne Scheiben schneiden; die Kerne entfernen, anschließend mit der Schale im Backofen bei 180° ca. 1 Stunde backen. Den Kürbis herausnehmen, schälen, das Fruchtfleisch in kleine Stücke schneiden und mit dem Passiergerät pürieren. In die Schüssel mit dem Püree gibt man die Senffrüchte, die Eidotter, die Steinpilze, den Käse, die Semmelbrösel, die Zitronenschale sowie Salz und Muskatnuss. Das Ganze gut durchmischen und an einem kühlen Ort für mindestens 3 Stunden, noch besser aber 1 oder 2 Tage ruhen lassen.

• Zur Zubereitung des Teigs in das Mehl die 4 Eier sowie eine Prise Salz einarbeiten, daraus eine Teigplatte von mittlerer Dicke ausrollen, in zwei gleich große viereckige Teile schneiden und in Abständen von ca. 6 cm etwa nussgroße Häufchen der Fülle auftragen. Das zweite Teigblatt darüber legen und mit den Fingerspitzen die Ränder der einzelnen Täschchen festdrücken. Mit dem Teigrädchen kann man nun die einzelnen *tortelli* ausschneiden.

• Nach einer kurzen Ruhezeit gibt man die Teigtäsch-

Der Kürbis

Einstmals recht weit verbreitet, wird der Kürbis in der heutigen Küche eher selten verwendet, wenngleich einzelne Restaurants ihn in letzter Zeit haben wieder aufleben lassen - was der Kürbis wohl vor allem seinem Ruf als Bestandteil der »guten alten Küche« verdankt. Wegen seines mehligen Fruchtfleisches, seiner Süße sowie der Eigenschaft, die Flüssigkeit einer Speise zu binden, ist der Kürbis in der Küche vielseitig einsetzbar - von gebundenen Suppen bis hin zu süßsauren Speisen. Darüber hinaus wird er in der Zuckerbäckerei in kandierter Form verwendet.

chen in einen Topf mit reichlich kochendem Salzwasser, rührt gelegentlich um, damit sie nicht aneinander kleben, und nimmt sie nach 7 - 8 Minuten aus dem Wasser. Gut abtropfen lassen, in eine Schüssel geben und dabei die einzelnen Täschchen mit zerlassener Butter übergießen und geriebenem Parmesan bestreuen.

• Die Schüssel zudecken und für ca. 10 Minuten in den vorgewärmten, aber abgeschalteten Backofen stellen, damit die Teigtäschchen noch einmal gut durchziehen können. Anschließend sogleich zu Tisch bringen.

BASILICATA

Spiralnudeln mit Walnusssauce

Pasta con le noci

ZUBEREITUNGSZEIT: 20 MINUTEN

Zutaten für 4 Personen:
400 g *fusilli* (Spiralnudeln);
700 g Walnüsse;
1 Stückchen Butter;
1 EL Semmelbrösel;
2 EL Olivenöl extravergine;
50 g geriebener Parmesan;
$^1/_2$ EL Zucker;
Zimt;
Salz; Pfeffer

• In einem Kochtopf reichlich Wasser zum Kochen bringen, salzen und die Nudeln *al dente* garen lassen. Währenddessen können Sie bereits die Nusskerne aus den Schalen nehmen, enthäuten und in einem Mörser (oder Mixer) fein zerkleinern.

• Öl und Butter in einer Kasserolle erhitzen und die zerkleinerten Nüsse dazugeben, verrühren und kurz durchziehen lassen; dazu gibt man $^1/_2$ EL Zucker, 1 Prise Zimt, 1 EL Semmelbrösel, 1 Prise Salz sowie Pfeffer nach Belieben und verdünnt das Ganze mit einigen EL des Nudelkochwassers. Mit dem Holzlöffel gut durchmischen und 5 - 10 Minuten kochen lassen.

• Sind die Nudeln *al dente*, also »bissfest«, gekocht, lässt man sie gut abtropfen und richtet sie in einer vorgewärmten Schüssel an. Darüber gießt man die Nusssauce und mischt gut durch. Mit dem geriebenen Parmesan bestreuen und sofort heiß servieren.

UMBRIEN

Bandnudeln mit Spargelsauce

Strangozzi agli asparagi selvatici

ZUBEREITUNGSZEIT: 1 STUNDE

Zutaten für 4 Personen:
Für den Teig:
500 g Weizenmehl;
1 Eiweiß;
Salz
Für die Sauce:
800 g grüner Spargel;
400 g passierte Tomaten;
10 EL Olivenöl extravergine;
1 Knoblauchzehe;
Salz;
Pfeffer

• Das Mehl auf das Nudelbrett häufen, in die Mitte eine Mulde drücken, etwas salzen, nach und nach etwa eine Tasse kaltes Wasser hineingießen und durchkneten. Das Eiweiß dazugeben und weiterkneten, wobei man - falls nötig - noch etwas Wasser hinzufügen kann.

• Den Teig mit dem Nudelholz nicht zu dünn ausrollen, mit Mehl bestreuen und locker zusammenrollen; anschließend mit einem scharfen Messer in ca. 2 mm breite Streifen schneiden. Die Streifen auf einem Küchentuch ausbreiten und trocknen lassen.

• Den Spargel waschen und die Spitzen von den Stangen trennen. In einer Pfanne mit Öl lässt man nun die zerkleinerte Knoblauchzehe andünsten, ehe man die Spargelspitzen dazugibt und einige Minuten durchschwitzen lässt. Dazu gibt man die Tomaten und lässt das Ganze eine Viertelstunde kochen. Mit einer Prise Salz und etwas frisch gemahlenem Pfeffer würzen.

• Unterdessen bringt man in einem großen Topf reichlich Salzwasser zum Kochen und lässt darin die Nudeln *al dente* garen. Anschließend abtropfen lassen und mit der Spargelsauce anrichten.

SIZILIEN

Bandnudeln mit Schweinefleisch und Tomatensauce

Lasagne di Castrogiovanni

ZUBEREITUNGSZEIT: 1 STUNDE 45 MINUTEN

Zutaten für 4 Personen:
400 g »gelockte« Lasagne (Bandnudeln);
300 g Schweinehackfleisch; 2 EL Tomatenmark;
1 Zwiebel; 1 EL Zucker; 1/8 l trockener Rotwein;
20 g Kochschokolade; 1 Prise Zimtpulver;
4 EL Olivenöl extravergine; Salz; Pfeffer

• Die Zwiebel schälen, kleinwürfelig schneiden und in einer Kasserolle mit etwas Öl andünsten; das Hackfleisch dazugeben, einige Minuten anbraten und nach und nach etwas Wein angießen, wobei man mit dem Zugießen stets wartet, bis die letzte Portion reduziert ist. Anschließend das Tomatenmark - mit einer Tasse warmem Wasser verdünnt - einrühren, mit Salz und Pfeffer abschmecken und auf sehr kleiner Flamme eine Stunde köcheln lassen. Zuletzt die geriebene Schokolade, Zucker und Zimt dazugeben.

• In einem großen Topf reichlich Salzwasser zum Kochen bringen, die Bandnudeln einlegen und *al dente* kochen. Gut abtropfen lassen und in eine vorgewärmte Schüssel füllen; schließlich die Sauce darüber gießen und heiß servieren.

Bild: Bandnudeln mit Schweinefleisch und Tomatensauce

EMILIA-ROMAGNA

Lasagne mit Rindsragout

Lasagne al forno alla ferrarese

ZUBEREITUNGSZEIT: 2 STUNDEN 45 MINUTEN

Zutaten für 6 Personen:
Für den Teig:
400 g Weizenmehl; 4 Eier;
150 g gekochter Spinat; Salz
Für das Ragout:
150 g Rinderhackfleisch;
150 g feingehackter Rohschinken; 50 g Butter;
80 g geriebener Parmesan;
1 EL Tomatenmark; 1/2 Glas trockener Weißwein;
1 Tasse Fleischbrühe; 1 Zwiebel; 1 Karotte;
1 Stange Sellerie;
1 Glas Milch; Salz; Pfeffer
Für die Béchamelsauce:
70 g Butter; 50 g Weizenmehl;
3/4 l Milch; 1 Prise Muskatnuss;
Salz und Pfeffer

Bild: Lasagne mit Rindsragout

• Zubereitung des Ragouts: Zwiebel, Karotte und Sellerie in feine Scheiben schneiden und zusammen mit dem Schinken in etwas Butter in eine Kasserolle aus Ton geben und einige Minuten bei mäßiger Hitze anschwitzen; das Fleisch dazugeben und unter Rühren anbraten, wobei man hin und wieder etwas Wein angießt. Das Ragout bei stärkerer Hitze bräunen lassen; anschließend das Tomatenmark - mit warmer Fleischbrühe verdünnt - dazugeben. 1 Glas Milch einrühren und auf kleiner Flamme noch 1 Stunde köcheln lassen, wobei man - wenn nötig - noch etwas Fleischbrühe angießt.

• Zubereitung des Teigs: Den Spinat in wenig Salzwasser kurz überbrühen, bis er zusammenfällt; anschließend auspressen und mit dem Mixer pürieren. Das Mehl auf ein Nudelbrett häufen, leicht salzen, den Spinat darunter mischen und in die Mulde in der Mitte 4 Eier geben. Kräftig durchkneten, bis man eine homogene, glatte Teigmasse erhält. Den Teig zu einer Kugel formen und in einer Schüssel eine halbe Stunde mit einem Tuch bedeckt ruhen lassen. Anschließend den Teig in zwei Hälften teilen und mit dem Nudelholz zu zwei nicht zu dünnen Platten ausrollen, die man zu Rechtecken schneidet, welche der Größe der feuerfesten Form entsprechen.

• In einem Topf reichlich Salzwasser zum Kochen bringen, die Lasagneblätter einlegen und nach 1 Minute wieder herausnehmen. Mit kaltem Wasser abspülen, abtropfen lassen und auf einem feuchten Küchentuch ausbreiten; mit einem zweiten Tuch zudecken.

• Zubereitung der Béchamelsauce: Die Butter in einer kleinen Kasserolle zerlassen, das Mehl hineinrühren und leicht anschwitzen lassen. Nach und nach die Milch angießen und unter ständigem Rühren etwa 15 Minuten kochen lassen. Schließlich mit Salz, Pfeffer und Muskatnuss würzen. Durch ständiges Rühren lässt sich verhindern, dass sich Klümpchen bilden.

• Zubereitung der Lasagne: Eine Auflaufform mit Butter einstreichen und ein Lasagneblatt einlegen; darauf streicht man eine Schicht des Ragouts, die man mit einem weiteren Lasagneblatt bedeckt; es folgt eine Schicht Béchamelsauce sowie etwas geriebener Parmesan. Diesen Vorgang wiederholt man so oft, bis die Zutaten aufgebraucht sind. Auf die letzte Lage Lasagne kommt noch etwas Béchamelsauce, einige Butterflöckchen sowie etwas geriebener Parmesan.

• Die Auflaufform in den vorgewärmten Backofen geben und 20 - 25 Minuten überbacken, bis sich eine goldbraune Kruste bildet. Die Lasagne schön warm, aber nicht zu heiß servieren.

LIGURIEN

Borretsch-Bandnudeln mit Fleischsauce

Tagliatelle di borragine

ZUBEREITUNGSZEIT: 3 STUNDEN 30 MINUTEN

Zutaten für 4 - 6 Personen:
Für den Teig:
350 g Mehl;
150 g Borretsch (ausschließlich Blätter);
3 Eier;
etwas Mehl für das Nudelbrett;
Salz
Für die Sauce:
300 g mageres Rinderhackfleisch;
50 g *pancetta* (ersatzweise durchwachsener Bauchspeck); 1 Zwiebel; 1 Karotte;
1 Stange Sellerie; 4 EL Olivenöl;
2 EL Tomatenmark;
1/2 Glas trockener Weißwein;
Salz; Pfeffer
Zum Anrichten:
40 g geriebener Parmesan

• Zubereitung des Teigs: Den Borretsch putzen und in fließendem Wasser waschen; anschließend in einer Kasserolle mit einem EL Wasser und einer Prise Salz 10 Minuten kochen. Den gekochten Borretsch ausdrücken und mit dem Passiergerät pürieren. Nun häuft man das Mehl auf das Nudelbrett und drückt in die Mitte eine Mulde, in die man eine Prise Salz, 3 Eier sowie das Borretschpüree gibt. Kräftig durchkneten, bis sich eine glatte, homogene Masse bildet.

• Den Teig mit dem Nudelholz sehr dünn ausrollen und - mit einem trockenen Tuch bedeckt - ca. 20 Minuten trocknen lassen. Nun teilt man den Teig auf dem bemehlten Brett in drei Teile und formt diese zu Rollen, die man in ca. 1 cm breite Streifen schneidet und anschließend auf einem Tuch ausbreitet, um sie ca. 1 Stunde trocknen zu lassen.

• Zubereitung der Sauce: Zwiebel, Sellerie, Karotte und Speck fein hacken, zusammen mit dem Öl in eine Pfanne geben und bei nicht zu großer Hitze unter ständigem Rühren andünsten, bis der Speck zerläuft. Das Rindfleisch dazugeben und unter Rühren anbraten, den Wein angießen und umrühren, bis der Wein reduziert ist.

• Das Tomatenmark mit etwas warmem Wasser verdünnen und in die Pfanne gießen. Mit Salz und Pfeffer würzen, zudecken und etwa 2 Stunden auf kleiner Flamme köcheln lassen.

• In einem Topf reichlich Salzwasser zum Kochen bringen, die *tagliatelle* einlegen und *al dente* kochen. Die fertigen Nudeln abtropfen lassen und in einer vorgewärmten Schüssel anrichten; die Sauce darüber gießen und mit dem Parmesan bestreuen, gut durchmischen und heiß zu Tisch bringen.

Bild: Borretsch-Bandnudeln mit Fleischsauce

1

2

3

LOMBARDEI

Teigtäschchen mit Kürbisfülle

Cappellacci con la zucca

ZUBEREITUNGSZEIT: 2 STUNDEN + RUHEZEIT FÜR DEN TEIG

Zutaten für 6 Personen:
Für den Teig:
500 g Mehl; 4 Eier; Salz
Für die Fülle:
1,2 kg Kürbis; 80 g geriebener Parmesan; 50 g Butter; 50 g Semmelbrösel; 2 Eier; die geriebene Schale von 1/2 Zitrone; Muskatnuss; Salz
Zum Anrichten:
60 g Butter;
60 g geriebener Parmesan

• Den Kürbis putzen, das Innere mit den Kernen entfernen und in nicht zu dünne Stücke schneiden; diese waschen, trocknen und in dem auf 180° vorgewärmten Backofen 1 Stunde backen. Anschließend die Schale entfernen und das Fruchtfleisch mit dem Passiergerät pürieren. In die Schüssel mit der Kürbismasse gibt man nun 2 Eier, die Butter, den Parmesan, die Semmelbrösel, die Zitronenschale sowie etwas Salz und Muskatnuss. Das Ganze mit dem Holzlöffel gut durchrühren und einige Stunden ruhen lassen.

• Mit dem Mehl, den Eiern sowie einer Prise Salz bereitet man nun den Teig zu, den man nicht zu dünn ausrollt, mit Mehl bestäubt und anschließend zu einer Rolle formt. Davon ca. 9 cm breite Stücke abschneiden, diese ausrollen, übereinander legen und in Quadrate schneiden. In die Mitte eines jeden Quadrates häuft man 1 EL der Fülle und faltet den Teig zusammen, wobei man die Ränder sorgfältig zusammendrückt.

• In einem Topf reichlich Salzwasser zum Kochen bringen, die *cappellacci* einlegen und 7 - 8 Minuten kochen. Herausnehmen, sobald sie an der Oberfläche schwimmen, in eine Schüssel füllen und die zerlassene Butter sowie den geriebenen Parmesan darübergeben.

Bild: Teigtäschchen mit Kürbisfülle. Zunächst bereitet man die Kürbisfülle zu (1); als nächster Schritt folgt der Teig (2), den man nach dem Ausrollen in Quadrate schneidet, um jeweils ein wenig von der Fülle darauf zu häufen (3).

Bild: Teigtäschchen mit Kalbfleischfülle

LIGURIEN

Teigtäschchen mit Kalbfleischfülle

Lasagne in zembo

ZUBEREITUNGSZEIT: 2 STUNDEN 15 MINUTEN

Zutaten für 6 Personen:
Für den Teig:
300 g Weizenmehl; 3 Eier; Salz
Für die Fülle:
4 - 5 Blatt Kochsalat;
1 Bund Borretsch;
250 g Kalbsschnitzel, gehackt;
150 g Kalbsbrust, gehackt;
100 g Kalbsbries (überbrüht und zerkleinert);
100 g Kalbshirn (überbrüht und zerkleinert);
70 g Wurst; 3 Eier;
ein altbackenes Brötchen ohne Kruste;
1/2 Tasse Fleischbrühe (eventuell Suppenwürfel);
30 g geriebener Parmesan;
1 Bund Majoran, gehackt;
50 g Butter; Salz
Zum Kochen der Teigtäschchen:
1,5 l Fleischbrühe
Zum Anrichten:
40 g geriebener Parmesan

- Zubereitung des Teigs: Das Mehl auf das Nudelbrett sieben, in die Mitte eine Mulde drücken, in die man die Eier und eine Prise Salz gibt. Ca. 15 Minuten kräftig kneten, bis man einen festen, glatten Teig erhält, den man anschließend mit dem Nudelholz dünn ausrollt. Den Teig mit einem Tuch bedecken und ruhen lassen.
- Inzwischen können Sie zur Zubereitung der Fülle schreiten, indem Sie zunächst in einem Topf reichlich Salzwasser zum Kochen bringen und darin die Salatblätter sowie den Borretsch 5 Minuten kochen. Das Gemüse abtropfen und abkühlen lassen, ausdrücken und zerkleinern. Anschließend in etwas Butter das Kalbsschnitzel anbraten; dazu gibt man nun die Kalbsbrust, das Bries sowie das Kalbshirn. Das Brötchen ohne Kruste in der Fleischbrühe einweichen, auspressen und zerkrümeln. Die Wurst enthäuten und zerdrücken.
- In eine große Schüssel die Eier, den geriebenen Parmesan sowie alle anderen bereits vorbehandelten Zutaten für die Fülle geben, das Ganze gut durchmischen, sodass man eine homogene Masse erhält.
- Die Fülle auf die Hälfte des Teigs geben, wobei man sie in viele kleine Häufchen aufteilt, die ca. 3,5 cm voneinander entfernt sein sollen. Die andere Hälfte des Teigs darüber breiten und auf diese Weise quadratische Täschchen formen, indem man die Ränder rund um die Fülle gut zusammendrückt. Anschließend mit dem Teigrädchen ausschneiden.
- Die Fleischbrühe in einem großen Topf zum Kochen bringen, die Teigtäschchen hineingeben, vorsichtig umrühren und einige Minuten kochen, bis sie *al dente* sind. Anschließend in eine Schüssel geben und servieren; dazu geriebenen Parmesan reichen.

Bild: Eierkuchen-Auflauf mit Fleischsauce. Die Tomaten in das Ragout einrühren (1); die Backform mit den scrippelle auskleiden (2); eine Schicht des Ragouts sowie Erbsen daraufgeben (3); mit einer Lage Eierkuchen abschließen (4).

ABRUZZEN

Eierkuchen-Auflauf mit Fleischsauce

Timballo di scrippelle

ZUBEREITUNGSZEIT: 3 STUNDEN 15 MINUTEN

Zutaten für 6 Personen:
Für die *scrippelle* (Eierkuchen):
3 Tassen Mehl; 3 Eier; 1/4 l Milch; Salz; 30 g Schmalz
Für das Ragout:
150 g Schweinehackfleisch; 150 g Kalbshackfleisch;
150 g Lammhackfleisch; 1 frische Wurst;
1 Dose geschälte Tomaten; 1/8 l trockener Weißwein;
1 Zwiebel; 1 Karotte; 4 - 5 EL Olivenöl;
1 zerdrückte Knoblauchzehe; Salz; Pfeffer
Zum Abrunden:
1 Dose Erbsen; 2 Stk. *scamorza*
(frischer Weichkäse; ersatzweise auch Mozzarella);
50 g geriebener Pecorino (ersatzweise Parmesan);
1 EL gehackte Petersilie; 1 Prise Muskatnuss;
1 Stück Butter zum Einfetten der feuerfesten Form

• Zubereitung des Ragouts: Das Öl in einer Form aus Ton erhitzen, die fein gehackte Zwiebel sowie den Knoblauch hineingeben und glasig andünsten. Die verschiedenen Fleischsorten sowie die enthäutete und gehackte

1

2

3

4

Wurst dazugeben und anbraten. Den Wein angießen, reduzieren lassen, die zerkleinerten Tomaten und die in Scheiben geschnittene Karotte dazugeben, mit etwas Salz und Pfeffer würzen und auf sehr kleiner Flamme zugedeckt 2 Stunden köcheln lassen; gelegentlich umrühren.

• Zubereitung der *scrippelle* (vergleichbar mit Crêpes): 3 Eier in eine Schüssel schlagen, verquirlen und mit dem Mehl und etwas Salz vermischen, wobei nach und nach 1/4 l kalte Milch hinzugegossen wird, bis sich eine homogene Masse bildet. Anschließend den Teig an einem kühlen Ort 1 Stunde ruhen lassen.

• Eine Pfannkuchenpfanne mit dem Schmalz einstreichen, 2 EL Teig hineingießen, dabei gleichmäßig verteilen, sodass der Boden mit einer dünnen Schicht bedeckt ist. Leicht goldbraun backen, wenden und die andere Seite ebenfalls nicht zu stark bräunen lassen. Auf diese Weise auch die anderen *scrippelle* zubereiten, bis der Teig aufgebraucht ist.

• Eine feuerfeste Form mit einem Stückchen Butter einstreichen, Boden und Ränder mit den *scrippelle* auslegen, sodass sie über den Rand hinausreichen. Darauf eine Schicht des Ragouts auftragen, ein wenig von den Erbsen sowie einen Teil des würfelig geschnittenen Weichkäses *(scamorza)* dazugeben und mit geriebenem Pecorino sowie der gehackten Petersilie und einer Prise Muskatnuss bestreuen.

• Diese erste Schicht der Fülle mit einer weiteren Lage *scrippelle* bedecken, leicht andrücken und wieder eine Schicht der Fülle auftragen. Den ganzen Vorgang wiederholen, bis die Zutaten aufgebraucht sind. Zuletzt die überstehenden Ränder der *scrippelle* nach innen schlagen und das Ganze mit noch 2 *scrippelle* bedecken, die an den Rändern verbunden werden.

• Den Backofen auf 180 - 190° vorwärmen und das Ganze ca. 1 Stunde backen.

Bild: Bandnudeln mit Ente

TOSKANA

Bandnudeln mit Ente

Pappardelle all'aretina

ZUBEREITUNGSZEIT: 2 STUNDEN

Zutaten für 4 Personen:

350 g fertige *pappardelle* (Bandnudeln);
1 Jungente von ca. 1 kg;
die Leber der Ente;
1 Bund Petersilie;
1 Stange Sellerie;
1 Karotte;
1 Zwiebel;
einige Salbeiblätter;
einige Basilikumblätter;
500 g geschälte und entkernte Tomaten;
5 EL Olivenöl;
30 g Butter;
1/8 l trockener Weißwein;
50 g gehackter Rohschinken;
50 g geriebener Pecorino (ersatzweise Parmesan);
1 Tasse Fleischbrühe (eventuell Suppenwürfel);
Salz;
Pfeffer

• Die Ente putzen und ausnehmen, wobei die Leber für später beiseite gelegt wird; anschließend waschen und in kleine Stücke schneiden.

• Das Gemüse putzen und waschen. Anschließend Zwiebel, Sellerie, Karotte, Petersilie, Salbei und Basilikum fein hacken und zusammen in einer Kasserolle mit 5 EL Olivenöl anschwitzen lassen; schließlich den Schinken dazugeben. Das Ganze 5 Minuten dünsten, dann die Entenstücke hineingeben, die von allen Seiten schön angebraten werden, wobei man nach und nach etwas Weißwein angießt. Ist das Fleisch gebräunt, würzt man mit Salz und Pfeffer und fügt die geschnittenen Tomaten hinzu. Bei mäßiger Hitze köcheln lassen und nach und nach die warme Fleischbrühe zugeben. Ist das Entenfleisch gar, nimmt man es aus der Kasserolle und stellt es warm.

• Die Sauce durch ein feines Sieb streichen, wieder in die Kasserolle geben und die fein gehackte Entenleber hinzufügen. Bei mäßiger Hitze einige Minuten unter Rühren kochen lassen.

• In einem Topf reichlich Salzwasser zum Kochen bringen und die Nudeln darin ca. 8 Minuten garen.

• Die *al dente* gekochten Bandnudeln in einem Sieb abtropfen lassen und in einer vorgewärmten Schüssel anrichten; die Entensauce darüber gießen, Butterflöckchen daraufsetzen und mit geriebenem Pecorino bestreuen. Das Ganze gut durchmischen, die Entenstückchen daraufsetzen und sofort servieren.

Kürbis-Gnocchi mit Tomatensauce

Gnocchi di zucca con sugo di pomodoro

ZUBEREITUNGSZEIT: 1 STUNDE 20 MINUTEN

Zutaten für 4 Personen:
Für die Gnocchi:
800 g Kürbis-Fruchtfleisch;
120 g Weizenmehl;
2 Eier; 1 Glas Milch; Salz
Für die Tomatensauce:
250 g Tomaten; 1 Karotte;
1/2 Zwiebel; 1 Stange Sellerie;
3 Basilikumblätter, feingehackt;
1 EL Petersilie, feingehackt;
3 EL Olivenöl;
Salz; Pfeffer
Zum Anrichten:
40 g geriebener Parmesan;
50 g frischer Pecorino (ersatzweise Parmesan), in dünne Scheibchen geschnitten

- Zubereitung der Gnocchi: Den Kürbis schälen, die Kerne entfernen und in Salzwasser kochen; abkühlen und gut abtropfen lassen und durch ein Sieb streichen. Die Kürbismasse in einer Schüssel mit Mehl, Salz, Eiern und Milch vermengen und zu einem elastischen Teig verarbeiten. Daraus auf dem bemehlten Nudelbrett ca. 2,5 cm dicke Rollen formen, die man in etwa 2 cm lange Stücke schneidet.
- Zubereitung der Tomatensauce: Die Tomaten zerkleinern und zusammen mit etwas Öl in eine Pfanne geben, in die gleichzeitig die Karotte, die Zwiebel sowie der Sellerie - jeweils in Scheiben geschnitten - kommen. Das Ganze mit Salz und Pfeffer würzen und zum Kochen bringen, dann die Hitze reduzieren und 10 Minuten köcheln lassen. Petersilie und Basilikum dazugeben, zudecken und weitere 30 Minuten bei mäßiger Hitze köcheln lassen.
- Die Sauce von der Herdplatte nehmen, passieren und die pürierte Masse wieder in die Pfanne geben; unter Rühren kurz aufkochen lassen.
- In einem Topf reichlich Salzwasser zum Kochen bringen, die Gnocchi portionsweise hineingeben und garen. Sobald sie an der Oberfläche schwimmen, kann man sie mit der Schöpfkelle herausnehmen. In einer Schüssel anrichten, mit dem Parmesan bestreuen und die Sauce darüber gießen; schließlich obenauf den Pecorino streuen und sogleich servieren.

Bild: Kürbis-Gnocchi mit Tomatensauce

SARDINIEN

Teigmuscheln mit Tomatensauce

Gnocchetti sardi

ZUBEREITUNGSZEIT: 2 STUNDEN

Zutaten für 4 Personen:
600 g reife Tomaten; 350 g Teigmuscheln;
4 EL geriebener Pecorino; 150 g Wurst; 1 Zwiebel;
1 Prise Safran; 1 EL Olivenöl extravergine; Salz

- Die Zwiebel schälen und fein hacken; die Wurst enthäuten und in einer Schüssel mit einer Gabel zerkleinern. Etwas Öl in eine Kasserolle geben und darin die Zwiebel sowie die Wurst bei mittlerer Flamme andünsten.
- Die Tomaten überbrühen, herausnehmen, die Haut abziehen, halbieren, Kerne entfernen. Ist die Zwiebel glasig angeschwitzt, die Tomaten dazugeben, und 10 Minuten kochen lassen. Mit Salz und Safran würzen und ca. 1 Stunde köcheln lassen. In einem Topf reichlich Salzwasser zum Kochen bringen und die Teigmuscheln *al dente* garen, abtropfen lassen und in eine Schüssel geben, die Tomatensauce darüber gießen und mit Pecorino bestreuen.

Bild: Teigmuscheln mit Tomatensauce

Safran

Der Safran ist eine schön geformte violette Krokusart, aus deren getrockneten braunroten Blütennarben das gleichnamige Gewürz gewonnen wird. Für 1 kg Safran benötigt man nicht weniger als 160.000 Blüten. Zusammen mit dem Umstand, dass die Blüten händisch geerntet werden, erklärt dies den hohen Preis des Gewürzes. Der Safran wird in großen Mengen in Italien angebaut, wobei die größten Anbaugebiete in den Abruzzen und auf Sardinien zu finden sind. Vor allem für Gerichte wie »Risotto alla milanese« sowie verschiedene Süßspeisen und Fischgerichte wird der Safran gerne verwendet.

Bild: Spaghetti mit Tomatensauce und Speck

UMBRIEN

Spaghetti mit Tomatensauce und Speck

Spaghetti con il rancetto

ZUBEREITUNGSZEIT: 50 MINUTEN

Zutaten für 4 Personen:
350 g Spaghetti;
400 g reife Tomaten;
200 g *pancetta* (ersatzweise durchwachsener Bauchspeck) in einem Stück; 1 Zwiebel;
1 Handvoll Majoranblätter;
3 EL Olivenöl extravergine; geriebener Pecorino (ersatzweise Parmesan); Salz; Pfeffer

• Die Tomaten in kochendem Wasser kurz überbrühen, mit einer Schöpfkelle herausnehmen, enthäuten, halbieren, die Kerne entfernen und in kleine Stückchen schneiden. Die Zwiebel schälen und fein hacken; den Speck kleinwürfelig schneiden.

• Etwas Öl in eine Pfanne geben und darin die Zwiebel sowie den Speck andünsten. Ist die Zwiebel glasig angeschwitzt und der Speck angebraten, gibt man die Tomaten dazu. Das Ganze gut durchmischen, mit Salz und Pfeffer abschmecken und ca. 20 Minuten kochen lassen.

• Die Majoranblätter waschen und etwa 3 Minuten, bevor die Sauce fertig gekocht ist, dazugeben.

• In einem großen Topf reichlich Salzwasser zum Kochen bringen, die Spaghetti einlegen und *al dente* garen. Gut abtropfen lassen und in einer Schüssel anrichten, die Sauce darüber gießen, nach Belieben mit geriebenem Pecorino bestreuen und heiß servieren.

Diese Zubereitungsart ist typisch für die Gegend um Spoleto. Für ein gutes Gelingen sollte man darauf achten, reichlich frischen Majoran zu verwenden.

LATIUM

Milch-Gnocchi

Gnocchi al latte

ZUBEREITUNGSZEIT: 1 STUNDE

Zutaten für 4 Personen:
7 Eier;
120 g Butter;
100 g Kartoffelstärke;
20 g Zucker;
1 Glas Milch;
1 Prise Muskatnuss;
1 Prise Zimt; etwas Weizenmehl;
etwas Semmelbrösel;
4 EL geriebener Parmesan;
Salz

• Den Dotter von 6 Eiern zusammen mit dem Zucker in eine Schüssel geben und schaumig schlagen. Danach die Kartoffelstärke mit der Milch gut verrühren und nach und nach zu der Eiermasse geben. Das Ganze gut vermengen, anschließend 40 g weiche Butter, eine Prise Muskatnuss, etwas Zimt sowie Salz hinzufügen und erneut gut durchmischen.

• Das Gemisch in eine Kasserolle geben und auf kleiner Flamme unter ständigem Rühren zum Kochen bringen; ca. 15 Minuten köcheln lassen.

• Sobald das Gemisch genügend gestockt ist, von der Herdplatte nehmen und die Masse auf einer Marmorplatte oder in einer großen, mit Butter ausgestrichenen Backform ca. 1 cm dick auftragen, glatt streichen und abkühlen lassen.

• Sobald die Masse sich gefestigt hat, diese mit einem Messer oder einer Ausstechform nach Belieben in quadratische oder rautenförmige Stücke schneiden.

• In einen Teller etwas Mehl geben, in einen zweiten Teller die Semmelbrösel und in eine Schüssel das restliche Ei schlagen. Danach die Gnocchi zuerst im Mehl, anschließend im Ei und zuletzt in den Semmelbröseln wenden.

• Die restliche Butter in eine Pfanne geben und die Gnocchi darin ausbacken; die goldbraun gebackenen Gnocchi herausnehmen, abtropfen lassen und auf einer dicken Lage Haushaltspapier abfetten lassen. Schließlich mit dem Parmesan bestreuen und sogleich heiß servieren.

Bild: Milch-Gnocchi

Bild: Pfefferminz-Gnocchi

FRIAUL-JULISCH VENETIEN

Pfefferminz-Gnocchi

Gnocchi alla menta

ZUBEREITUNGSZEIT: 1 STUNDE

Zutaten für 4 Personen:
850 g Spinat;
350 g frischer Quark;
200 g Mehl;
einige Pfefferminzblätter;
2 Eier; 40 g Butter;
4 EL geräucherter Ricotta, gerieben
(ersatzweise Parmesan); Salz

- Den Spinat sowie die Pfefferminzblätter putzen und waschen, wobei man einige Pfefferminzblätter für später beiseite legt. Beides in einen Topf mit wenig Wasser geben, salzen und 10 - 15 Minuten kochen. Abtropfen lassen, gut auspressen und abkühlen lassen. Anschließend fein hacken, in eine Schüssel geben und den zuvor mit einer Gabel zerdrückten Quark einrühren.
- 1 Ei sowie 1 Eidotter dazugeben, salzen, das Mehl einrühren und alles gut durchmischen, bis sich eine feste, elastische Masse bildet.
- Einen großen Topf mit reichlich Salzwasser zum Kochen bringen. Inzwischen können Sie bereits aus der Teigmasse fingerdicke Röllchen formen, die Sie in ca. 3 cm lange Stückchen schneiden. Diese ins kochende Wasser legen und nach wenigen Minuten - genau gesagt, sobald sie an der Oberfläche schwimmen - mit dem Schaumlöffel herausholen.
- In einer kleinen Pfanne etwas Butter schmelzen. Die Gnocchi in eine Schüssel geben, mit der zerlassenen Butter übergießen und den geriebenen Ricotta darüber streuen; mit Pfefferminzblättern garnieren und sogleich zu Tisch bringen.

SIZILIEN

Nudeln mit Quark

Pasta con la ricotta

ZUBEREITUNGSZEIT: 40 MINUTEN

Zutaten für 4 Personen:
400 g Nudeln;
150 g Quark;
40 g geriebener Pecorino (ersatzweise Parmesan);
Pfefferkörner;
Salz

- In einem großen Topf reichlich Salzwasser zum Kochen bringen und darin die Nudeln Ihrer Wahl kochen. Inzwischen den Quark in eine Schüssel geben, mit einem Holzlöffel oder einer Gabel cremig rühren, leicht salzen, etwas frisch gemahlenen Pfeffer hinzugeben und das Ganze gut durchmischen.
- Die Nudeln abtropfen lassen und einige EL des Nudelkochwassers beiseite geben, mit dem anschließend der Quark angerührt wird. Die Nudeln in einer Schüssel anrichten, den Pecorino darüber streuen, den angerührten Quark dazugeben, gut durchmischen und servieren.

Teighütchen nach romagnolischer Art

Cappelletti romagnoli di carne

ZUBEREITUNGSZEIT: 1 STUNDE 30 MINUTEN + RUHEZEIT FÜR DIE *CAPPELLETTI*

Zutaten für 4 Personen:
Für den Teig:
300 g Weizenmehl; 3 Eier; Salz
Für die Fülle:
30 g Butter; 30 g Quark;
20 g geriebener Parmesan; 2 Eier;
1 Kapaunbrust oder 200 g Truthahnbrust;
ca. 150 g mageres Schweinefleisch;
ein paar Salbeiblätter;
1 Zitrone; 1 Zweig Rosmarin; Muskatnuss;
Salz; frisch gemahlener Pfeffer

• Die Kapaun- bzw. Truthahnbrust sowie das Schweinefleisch in ganz kleine Stückchen schneiden. Anschließend den Salbei sowie den Rosmarin waschen und trocknen und in eine Kasserolle mit etwas Butter und den Fleischstückchen geben; salzen und pfeffern und ca. 20 Minuten braten, wobei man - falls nötig - ein klein wenig Fleischbrühe angießen kann. Das gut gebratene Fleisch herausnehmen und fein hacken oder durch den elektrischen Fleischwolf drehen.

• Das gehackte Fleisch in eine Schüssel geben, den Quark, den geriebenen Parmesan, 2 Eier und eine Prise Muskatnuss dazugeben. Die Zitrone waschen und trocknen und ein wenig von der Schale in die Schüssel reiben. Mit Salz und Pfeffer abschmecken und das Ganze gut vermengen.

• Das Mehl auf das Nudelbrett häufen, in die Mitte eine Vertiefung drücken und 3 Eier hineingeben. Etwas Salz hinzufügen und von innen nach außen vermengen. Die Teigmasse etwa 15 Minuten kräftig kneten. Wenn der Teig fest ist, eine Kugel formen und mit der Hand etwas flach drücken. Anschließend mit dem Nudelholz dünn ausrollen und mit dem Teigrädchen Quadrate von etwa 5 x 5 cm ausschneiden. In die Mitte eines jeden Quadrates geben Sie ein wenig von der Fülle und falten den Teig dann zu einem Dreieck. An den Rändern festdrücken, dann die Teigtäschchen um den Zeigefinger wickeln und die beiden Enden zu einem Ring zusammendrücken. Nun wird noch die Spitze der Dreiecke hochgeschlagen, was die *cappelletti* wie kleine Hütchen aussehen lässt. 30 Minuten ruhen lassen und dann in reichlich Salzwasser 10 - 15 Minuten kochen.

Diese Teighütchen werden zumeist mit einer Fleischsauce serviert, sie schmecken aber auch in Fleischbrühe ausgezeichnet. In diesem Fall reicht allerdings die Hälfte der angegebenen Menge aus.

Bild: Teighütchen nach romagnolischer Art

LATIUM

Ravioli mit Quarkfülle

Ravioli con la ricotta

ZUBEREITUNGSZEIT: 1 STUNDE + 30 MINUTEN RUHEZEIT

Zutaten für 4 Personen:
Für den Teig:
400 g Weizenmehl;
4 Eier,
Salz
Für die Fülle:
320 g ganz frischer Quark;
50 g geriebener Parmesan;
3 Eier;
Salz;
Pfeffer
Für die Sauce:
100 g Butter;
80 g geriebener Parmesan;
einige Salbeiblätter

- Das Mehl auf die Arbeitsfläche häufen, in der Mitte eine Mulde eindrücken und das Salz und die Eier hineingeben. Mit einer Gabel oder den Fingerspitzen von innen nach außen die Zutaten gut vermengen und anschließend ca. 15 Minuten kneten. Wenn der Teig glatt und fest ist, einmal in der Mitte durchschneiden und zwei Kugeln formen. Beide zu etwa gleich großen dünnen Teigplatten ausrollen.
- Für die Fülle die Eier in eine Schüssel schlagen und gut verquirlen. Den Quark durch ein Sieb drücken und zusammen mit dem Parmesan sowie etwas Salz und Pfeffer zu den Eiern geben. Das Ganze gut verrühren, bis sich eine homogene Masse bildet. Nun kleine Häufchen der Fülle in etwa 4 - 5 cm Abstand auf eine der Teigplatten geben und mit der zweiten bedecken. Rund um die Häufchen mit den Fingerspitzen gut festdrücken.
- Mit dem Teigrädchen jeweils rund um die Fülle Quadrate von etwa 4 - 5 cm ausschneiden. Anschließend die Ravioli auf dem bemehlten Nudelbrett oder einem bemehlten Tablett in einigem Abstand voneinander mit einem Tuch zugedeckt ca. 30 Minuten ruhen lassen.
- In der Zwischenzeit reichlich Salzwasser zum Kochen bringen sowie in einer kleinen Pfanne die Butter schmelzen lassen und die zerkleinerten Salbeiblätter leicht Farbe annehmen lassen.
- Wenn das Wasser kocht, die Ravioli portionsweise hineingeben, und sobald sie an der Oberfläche schwimmen, mit dem Schaumlöffel herausnehmen und gut abtropfen lassen. Einige Ravioli in eine tiefe vorgewärmte Schüssel geben, etwas Salbei-Butter-Sauce darüber gießen und mit Parmesan bestreuen. Eine weitere Schicht Ravioli auflegen usw., bis alle Zutaten verbraucht sind. Anschließend heiß servieren.

Bild: Ravioli mit Quarkfülle

Bild: Makkaroni-Paprika-Auflauf

KAMPANIEN

Makkaroni-Paprika-Auflauf

Maccheroni e peperoni al forno

ZUBEREITUNGSZEIT: 1 STUNDE 30 MINUTEN

Zutaten für 4 Personen:
500 g große gelbe Paprika; 300 g Makkaroni; 100 g Kapern in Salzlake; 70 g schwarze Oliven ohne Kern; 4 EL Semmelbrösel; 1 Knoblauchzehe; 1 Bund Petersilie; Oregano; 4 EL Olivenöl extravergine; etwas Butter; Salz; Pfeffer

• Die Paprika waschen, trocknen und im vorgewärmten Backofen bei 220° backen. Wenn die Haut braun wird, herausnehmen, die Paprika enthäuten und den Stiel abschneiden. Dann die Paprika in der Mitte durchschneiden und die Kerne und Trennwände herausnehmen. Anschließend in etwa zwei Finger breite Streifen schneiden.

• Die Knoblauchzehe schälen, fein hacken und in einer kleinen Pfanne mit Olivenöl anschwitzen. Die Kapern und die Petersilie waschen, klein hacken und ebenfalls in die Pfanne geben. Jetzt auch die Semmelbrösel, die Paprikastreifen und die Oliven dazugeben. Mit Salz und Pfeffer nach Belieben würzen und auf kleiner Flamme etwa 15 Minuten köcheln; immer wieder umrühren. Gegen Ende der Garzeit auch den Oregano einstreuen.

• In der Zwischenzeit reichlich Salzwasser zum Kochen bringen, die Makkaroni hineingeben, besonders bissfest *(al dente)* kochen. Gut abtropfen lassen, in eine Schüssel geben und mit einigen EL der Paprikasauce bedecken, damit die Makkaroni nicht zusammenkleben. Eine feuerfeste Form mit Butter ausstreichen, mit Semmelbröseln bestreuen und jeweils eine Schicht Makkaroni und eine Schicht Sauce hineingeben. Den Vorgang wiederholen, bis die Zutaten verbraucht sind. Die oberste Schicht sollte von der Paprikasauce gebildet werden. Nun das Ganze in den auf 160° vorgewärmten Backofen schieben und etwa 40 Minuten garen. Sogleich heiß servieren.

Dieser Nudelauflauf ist besonders im Sommer ein herrliches Gericht, da er auch kalt vorzüglich schmeckt.

1

2

Bild: Teigtäschchen mit Kalbfleischfülle. Das grob gehackte Kalbfleisch anbraten (1); die verschiedenen Zutaten in einer Schüssel vermengen (2); die Eier in das Mehl schlagen und den Teig zubereiten (3); die Teighälfte, auf die man die Fülle gehäuft hat, mit der anderen Teighälfte bedecken (4).

3

4

Teigtäschchen mit Kalbfleischfülle

Agnolotti toscani

ZUBEREITUNGSZEIT: 1 STUNDE 30 MINUTEN

Zutaten für 4 Personen:
Für die Fülle:
160 g Kalbsschnitzel; 120 g Kalbshirn;
70 g Mortadella im Ganzen;
70 g geriebener Parmesan;
50 g altbackenes Weißbrot ohne Rinde;
10 g Butter; 2 EL Olivenöl extravergine;
1 Ei; 1 Tasse Fleischbrühe;
1 Prise Muskatnuss, Salz
Für den Teig:
300 g Mehl, 3 Eier; Salz

- Das Kalbsschnitzel mit dem Wiegemesser grob hacken und in einer Pfanne mit der Butter und dem Olivenöl unter gelegentlichem Umrühren anbraten. Anschließend die Hitze reduzieren und bei kleiner Flamme etwa 15 Minuten köcheln lassen, wobei bei Bedarf etwas Fleischbrühe beigegeben werden kann. Das Weißbrot in der restlichen Fleischbrühe einweichen und anschließend gut ausdrücken.
- Die Mortadella mit dem Wiegemesser schneiden und das Kalbshirn für einige Minuten in kochendes Wasser geben, die Haut entfernen und fein hacken. Nun eine Schüssel vorbereiten und das Kalbfleisch, die Mortadella,

das klein geschnittene Kalbshirn, das ausgedrückte Weißbrot, den geriebenen Parmesan, das Ei und eine Prise Muskatnuss sowie etwas Salz hineingeben. Die Zutaten gut vermischen.

• Für den Teig das Mehl auf das Nudelbrett häufen, eine Mulde eindrücken und die Eier sowie eine Prise Salz hineingeben. Nun die Eier langsam mit dem Mehl vermengen und ca. 15 Minuten kneten, bis der Teig glatt und fest ist. Danach eine Kugel formen, diese mit der Hand etwas flach drücken und anschließend mit dem Nudelholz dünn ausrollen.

• Nun kleine Häufchen der Fülle in etwa 3 cm Abstand vom Rand und voneinander auf die eine Hälfte des Teiges auftragen und die andere Teighälfte darüber schlagen. Mit den Fingerspitzen rund um die Häufchen gut andrücken. Anschließend mit einem Teigrädchen jeweils rund um die Fülle Quadrate aus dem Teig schneiden. Die *agnolotti* auf ein sauberes Küchentuch legen und trocknen lassen. Diese Teigtäschchen können entweder in Fleischbrühe oder mit Sauce bzw. mit zerlassener Butter und Parmesan serviert werden. In jedem Fall sollte die Kochzeit für die *agnolotti* etwa 10 - 12 Minuten betragen.

Bild: Spaghetti mit Tomatensauce und Melanzani

SIZILIEN

Spaghetti mit Tomatensauce und Melanzani

Pasta alla Norma

ZUBEREITUNGSZEIT: 1 STUNDE 10 MINUTEN +1 STUNDE RUHEZEIT FÜR DIE MELANZANI

Zutaten für 4 - 6 Personen:
360 g Spaghetti;
300 g Melanzani;
300 g geschälte, entkernte Tomaten;
1 Knoblauchzehe;
einige Basilikumblätter, gehackt;
5 EL Olivenöl;
reichlich Öl zum Ausbacken;
50 g reifer Ricotta, gerieben (ersatzweise Parmesan);
Salz;
Pfeffer

• Die Melanzani waschen und mit einem Küchentuch trocknen; mit der Schale in dünne Scheiben schneiden. Nun die Melanzani-Scheiben auf beiden Seiten salzen, in ein Sieb legen und etwa 1 Stunde ruhen lassen, damit die bittere Flüssigkeit abtropfen kann. Danach die Melanzani gut abspülen, um das Salz zu entfernen.

• In einer Pfanne das Olivenöl erhitzen und die geschälte, fein gehackte Knoblauchzehe dazugeben. Sobald der Knoblauch leicht Farbe annimmt, die Tomaten hineingeben. Mit einer Prise Salz, dem Pfeffer und dem gehackten Basilikum würzen und auf kleiner Flamme ca. 15 Minuten kochen.

• In der Zwischenzeit reichlich Öl in die Fritteuse bzw. eine große Pfanne geben, stark erhitzen und die Melanzani darin rasch ausbacken. Danach gut abtropfen lassen, leicht salzen und warm stellen.

• In einem Topf reichlich Salzwasser zum Kochen bringen und die Spaghetti *al dente* garen. Die Zeit so einteilen, dass die Tomatensauce, die Melanzani und die Spaghetti etwa gleichzeitig fertig sind.

• Die Spaghetti abtropfen lassen und in eine tiefe Schüssel geben. Mit der Tomatensauce bedecken und die frittierten Melanzani-Scheiben darauflegen. Zum Abschluss mit geriebenem Ricotta (ersatzweise Parmesan) bestreuen und heiß zu Tisch bringen.

»Leichter« wird dieses Gericht, wenn man die Melanzani grillt, anstatt sie zu frittieren.

Kleine Pasta-Muscheln mit Sardellen

Cavatieddi all'acciuga

ZUBEREITUNGSZEIT: 1 STUNDE

Zutaten für 4 Personen:
Für die *cavatieddi*:
200 g Mehl; 100 g Hartweizengrieß; Salz
Für die Sauce:
3 Sardellen, in Salz eingelegt; 2 Knoblauchzehen; 3 EL Olivenöl extravergine

• Das Mehl und den Grieß auf das Nudelbrett häufen, miteinander vermengen, wobei man etwas lauwarmes Wasser und Salz dazugibt. Kräftig kneten, bis man einen glatten Teig erhält.

• Den Teig zu ca. 1 cm dicken und 20 - 30 cm langen Rollen formen. Während man eine Rolle formt, den restlichen Teig immer zugedeckt halten, damit er nicht austrocknet.

• Die Teigrollen in 3 - 4 cm lange Stücke schneiden und jedes dieser Stücke in der Mitte mit einer Messerspitze eindrücken und zu einer Art Muschel formen. Die *cavatieddi* auf der Arbeitsfläche auslegen und trocknen lassen.

• Das Öl in eine große antihaftbeschichtete Pfanne geben; die Sardellen in fließendem Wasser abspülen und anschließend zerkleinern. Die Knoblauchzehen schälen und zerdrücken; die Sardellen sowie den Knoblauch in die Pfanne geben und bei kleiner Flamme unter Rühren dünsten; die Sardellen mit dem Kochlöffel zerdrücken.

• In der Zwischenzeit einen Topf mit reichlich Wasser zum Kochen bringen, salzen und die *cavatieddi* hineingeben. *Al dente* kochen, abtropfen lassen und in die Pfanne mit den Sardellen geben; gut durchmischen, einige Minuten durchziehen lassen und heiß servieren.

Bild: Cavatieddi mit Sardellen. Den Teig aus Mehl und Hartweizengrieß zubereiten (1); anschließend daraus Teigrollen formen (2); diese in Stücke schneiden (3); die Sardellen in der Pfanne zerdrücken (4).

1

2

3

4

Bild: Bandnudeln mit Sardellen-Lauch-Sauce

PIEMONT

Bandnudeln mit Sardellen-Lauch-Sauce

Lasagne della Vigilia

ZUBEREITUNGSZEIT: 1 STUNDE 30 MINUTEN

Zutaten für 4 Personen:
Für den Teig:
400 g Mehl; 4 Eier; 1 Prise Salz
Für die Sauce:
8 Stangen Lauch;
5 Sardellen, in Salz eingelegt;
300 g passierte Tomaten;
30 g Butter; Salz

• Das Mehl auf das Nudelbrett häufen, salzen und in der Mitte eine Vertiefung drücken, in die man die Eier gibt; das Ganze vermengen und 15 Minuten kräftig durchkneten, bis man einen elastischen Teig erhält. Diesen zu einer Kugel formen, mit der Hand etwas flach drücken und mit dem Nudelholz dünn ausrollen; den Teig leicht mit Mehl bestreuen, locker zusammenrollen und zu 3 - 4 cm breiten Bandnudeln schneiden, die man anschließend ca. 30 Minuten ruhen läßt.

• Den Lauch waschen, die grünen Abschnitte sowie die Wurzeln entfernen, anschließend in dünne Scheiben schneiden; die Sardellen gut abspülen und entgräten. Anschließend Lauch und Sardellen in eine Pfanne mit etwas Butter geben und alles so lange dünsten, bis der Lauch glasig ist und die Sardellen sich mit dem Holzlöffel leicht zerteilen lassen. Die passierten Tomaten dazugeben, mit Salz abschmecken, zudecken und 20 Minuten auf kleiner Flamme köcheln lassen.

• In der Zwischenzeit die Bandnudeln in Salzwasser *al dente* kochen; gut abtropfen lassen, mit der Sauce anrichten und heiß servieren.

Bild: Öhrchennudeln mit Lammfleisch und Tomatensauce

BASILICATA

Öhrchennudeln mit Lammfleisch und Tomatensauce

Orecchiette alla materana

ZUBEREITUNGSZEIT: 50 MINUTEN

Zutaten für 4 Personen:
350 g *orecchiette* (Öhrchennudeln); 450 g reife Tomaten; 150 g Lammfleisch; 4 EL geriebener Pecorino (ersatzweise Parmesan); 1 Mozzarella; 4 EL Olivenöl extravergine; Salz

• Das Lammfleisch in kleine Stückchen schneiden, zusammen mit dem Olivenöl in eine Pfanne geben und von allen Seiten unter Rühren braten. Die Tomaten waschen, in kochendem Wasser überbrühen und nach wenigen Minuten wieder herausnehmen; anschließend schälen, die Kerne entfernen und in Stückchen schneiden. Sobald das Fleisch schön angebraten ist, die Tomaten dazugeben, zudecken und bei kleiner Flamme 20 - 25 Minuten köcheln lassen; gegen Ende mit etwas Salz würzen.

• Unterdessen in einem großen Topf reichlich Salzwasser zum Kochen bringen, die Öhrchennudeln darin *al dente* garen, abtropfen lassen und ein wenig von der Sauce sowie dem Pecorino darüber geben.

• Den Mozzarella in feine Scheiben schneiden. In eine Tonform, die für den Backofen geeignet ist, eine Lage der Öhrchennudeln geben, darauf etwas Sauce, Pecorino und Mozzarella schichten; diesen Vorgang so oft wiederholen, bis die Zutaten aufgebraucht sind. Die oberste Schicht sollte von der Sauce gebildet werden. Anschließend im Backofen bei 160 - 180° etwa 10 Minuten backen; sogleich servieren.

Nimmt man von den Zutaten jeweils größere Mengen, so lässt sich nach diesem Rezept auch ein hervorragendes Hauptgericht zubereiten.

UMBRIEN

Teighütchen mit Fleischfülle

Cappelletti all'eugubina

ZUBEREITUNGSZEIT: 1 STUNDE + 1 STUNDE RUHEZEIT

Zutaten für 4 Personen:
Für die Fülle:
150 g Kalbfleisch; 150 g Schweinefleisch;
150 g geriebener Parmesan;
1 Hühnerbrüstchen;
40 g Butter; 1 Ei; Muskatnuss;
Salz
Für den Teig:
300 g Mehl; 3 Eier; Salz

• Das Fleisch in kleine Stückchen schneiden, in einen Topf mit etwas Butter geben und bei kleiner Flamme ca. 20 Minuten zugedeckt braten; zwischendurch mit etwas Salz würzen. Danach abkühlen lassen und mehrmals durch den Fleischwolf drehen. Die Fleischmasse in eine Schüssel geben und den geriebenen Parmesan, etwas Muskatnuss sowie das Ei dazugeben und gut durchmischen.
• Das Mehl auf das Nudelbrett häufen, in die Mitte eine Mulde drücken, etwas Salz und die Eier hineingeben und nach und nach mit dem Mehl vermengen. Die Teigmasse etwa 15 Minuten kräftig kneten und eine Kugel formen; diese mit der Hand etwas flach drücken und anschließend mit dem Nudelholz dünn ausrollen. Den Teig in Quadrate schneiden, auf die jeweils ein wenig von der Fülle gehäuft wird. Die Teigstücke anschließend zu Täschchen bzw. Hütchen formen. Etwa 1 Stunde ruhen lassen und dann ca. 12 - 15 Minuten kochen.

Diese *cappelletti* können sowohl mit Sauce als auch in Fleischbrühe serviert werden, wobei in letzterem Fall die Menge verringert werden sollte.

Bild: Teighütchen mit Fleischfülle

Makkaronitorte

Timballo di maccheroni

ZUBEREITUNGSZEIT: 2 STUNDEN

Zutaten für 4 Personen:
400 g *paccheri* (große Makkaroni);
400 g reife Tomaten;
90 g Hühnerleber;
40 g Butter;
25 g getrocknete Pilze;
1 Schwarztrüffel;
1 Ei; Semmelbrösel;
1 Prise Zimt; Muskatnuss; Salz

• Die Pilze in lauwarmem Wasser einige Minuten quellen lassen. Eine Backform mit Butter einstreichen und mit Semmelbröseln bestreuen. 1 Ei verquirlen und in die Backform gießen, sodass die Semmelbrösel vollständig bedeckt sind; neuerlich mit Semmelbröseln bestreuen.

• In einer Pfanne bei mäßiger Hitze 30 g Butter schmelzen lassen und darin die gut ausgedrückten Pilze sowie die klein geschnittene Hühnerleber andünsten; nach einigen Minuten die geschälten, entkernten und klein geschnittenen Tomaten dazugeben, etwas Salz, Muskatnuss und Zimt einstreuen und mit einem Holzlöffel gut durchrühren.

• Die Makkaroni in reichlich kochendes Salzwasser einlegen und - wenn sie etwa zur Hälfte gegart sind - herausnehmen und gut abtropfen lassen. Die Sauce aus Hühnerleber und Pilzen darüber gießen und die Hälfte davon in die Backform geben. Die Trüffel in Scheiben schneiden und darauflegen; anschließend das Ganze mit der anderen Hälfte der Makkaroni mit Sauce bedecken.

• Ein Stück Backpapier mit Butter bestreichen und damit die Backform zudecken; anschließend die Form in den vorgeheizten Backofen geben und bei 160° ca. 1 Stunde backen. Danach einige Minuten abkühlen lassen und schließlich aus der Form auf eine vorgewärmte Platte stürzen. Sogleich heiß servieren.

Bild: Makkaronitorte

ben und das Ganze vorsichtig durchrühren. Die Sultaninen 10 Minuten in lauwarmem Wasser einweichen, ausdrücken und in die Schüssel mit den vermengten Zutaten geben. Das Eiweiß zu einem steifen Schnee schlagen und vorsichtig in die Masse einrühren. Zuletzt die Semmelbrösel dazugeben.

• Das Ganze muß nun etwa 1 Stunde - mit einem sauberen Tuch bedeckt - ruhen. Inzwischen den Teig wie folgt zubereiten: In eine Schüssel das Mehl mit einer Prise Salz geben und mit lauwarmem Wasser vermengen; solange kneten, bis man einen glatten, elastischen Teig erhält. Anschließend den Teig portionsweise mit dem Nudelholz ausrollen, wobei der Rest von einem Tuch bedeckt bleibt.

• Mit einem Glas oder einer Ausstechform Kreise von etwa 4 cm Durchmesser ausstechen und auf einem Tablett auslegen. Jede dieser Scheiben mit etwas Fülle belegen und zu Täschchen schließen, indem man sie in der Mitte zusammenfaltet; an den Rändern gut zusammendrücken. In einem Topf reichlich Salzwasser zum Kochen bringen und die Teigtaschen portionsweise hineingeben. Sobald sie an der Oberfläche schwimmen, mit dem Schaumlöffel herausnehmen und schichtweise auf ein Servierteller legen, wobei die Teigtaschen jeweils mit frischgeriebenem Räucherkäse bestreut werden. Weiters Zucker und Zimt darüber streuen und Butterflöckchen daraufsetzen. Vorsichtig vermengen und sogleich heiß zu Tisch bringen.

Bild: Cialzons (gefüllte Teigtaschen). Die Eidotter mit etwas Zucker schaumig rühren (1); den geriebenen Ricotta dazugeben (2); das zu Schnee geschlagene Eiweiß einrühren (3); das Mehl mit etwas lauwarmem Wasser verarbeiten (4).

FRIAUL-JULISCH VENETIEN

Gefüllte Teigtaschen

Cialzons

ZUBEREITUNGSZEIT: 1 STUNDE 20 MINUTEN

Zutaten für 4 Personen:
Für den Teig:
500 g Mehl; Salz
Für die Fülle:
100 g Räucherkäse;
100 g Semmelbrösel;
50 g Kochschokolade;
50 g Sultaninen; 2 Eier; 2 EL Zucker;
2 Stückchen Zitronat;
1 Prise Zimt
Zum Anrichten:
70 g Butter;
200 g Räucherkäse;
1 EL Zucker; Zimtpulver

• Die Eier aufschlagen, Eiweiß vom Eidotter trennen und letzteren in eine Schüssel geben, während man das Eiweiß für später beiseite gibt. 2 EL Zucker zu den Eidottern geben und mit einem Schneebesen schaumig schlagen. Den Ricotta sowie die Schokolade reiben und das Zitronat mit dem Messer zerkleinern. Anschließend diese Zutaten zusammen mit einer Prise Zimt dazuge-

1

2

3

4

ABRUZZEN

Lasagne mit Rindfleischragout und Kalbfleischklößchen

Lasagna abruzzese

ZUBEREITUNGSZEIT: 2 STUNDEN

Zutaten für 4 Personen:
Für den Teig:
300 g Mehl; 2 Eier; Salz
Für das Ragout:
350 g reife Tomaten; 300 g Kalbshackfleisch; 70 g Rinderhackfleisch; 70 g Schinkenfett; 40 g Tomatenmark; 4 Eier; 30 g Butter; 4 EL geriebener Pecorino (ersatzweise Parmesan); 4 EL trockener Weißwein; 1 *scamorza* (frischer Weichkäse; ersatzweise auch Mozzarella); 1 Stückchen Butter; Salz; Pfeffer

• Das Schinkenfett fein hacken und in einer Kasserolle einige Minuten glasig anschwitzen, anschließend das Rinderhackfleisch dazugeben und anbraten, bis es gut gebräunt ist; mit Salz und Pfeffer würzen, dann den Weißwein angießen und reduzieren lassen. Unterdessen die Tomaten waschen, in kochendem Wasser kurz überbrühen, schälen, entkernen und in Stückchen schneiden. Wenn der Wein reduziert ist, die frischen Tomaten sowie das Tomatenmark in die Kasserolle geben, zudecken und auf kleiner Flamme mindestens 1 Stunde köcheln lassen; gelegentlich umrühren. Falls nötig, auch ein klein wenig Fleischbrühe angießen.

• Das Kalbshackfleisch in eine Schüssel geben, salzen, pfeffern und einen EL Pecorino sowie 2 Eier dazugeben. Gut durchmischen, bis sich eine homogene Masse bildet; daraus etwa haselnussgroße Klößchen formen. In einer Pfanne etwas Butter zerlassen und die Fleischklößchen darin braten. Die beiden restlichen Eier in einen Topf mit kaltem Wasser geben und darin nach dem Aufkochen 7 Minuten kochen lassen. Mit kaltem Wasser abschrecken und schälen.

• Das Mehl salzen und auf das Nudelbrett häufen, wobei in der Mitte eine Vertiefung gedrückt wird, in die 2 Eier gegeben werden. Lauwarmes Wasser dazugeben, sodass sich ein fester, homogener Teig kneten lässt. Die Teigmasse ca. 15 Minuten mit den Händen bearbeiten, zu einer Kugel formen und mit dem Nudelbrett ausrollen. Anschließend leicht mit Mehl bestreuen, locker zusammenrollen und in ca. 15 cm breite Streifen schneiden, deren Länge der Länge der Backform entsprechen soll. In einem Topf reichlich Salzwasser zum Kochen bringen, die breiten Bandnudeln einlegen und 8 - 10 Minuten kochen. Anschließend gut abtropfen lassen und auf einem sauberen Tuch zum Trocknen auslegen. Den Weichkäse in kleine Stückchen schneiden und die hart gekochten Eier zerkleinern.

• Die Backform mit Butter einstreichen, eine Lage Bandnudeln einlegen und etwas Fleischsauce darauf schichten; darauf legt man noch einige Stückchen Weichkäse, einige Fleischklößchen, ein wenig von den zerkleinerten harten Eiern sowie von dem geriebenen Pecorino. Vorgang wiederholen, wobei die letzte Lage Nudeln mit etwas Ragout sowie Butterflöckchen bedeckt wird. Bei 180° im Ofen 20 Minuten backen und sogleich heiß servieren.

Bild: Lasagne mit Rindfleischragout und Kalbfleischklößchen

KAMPANIEN

Röhrennudeln mit Basilikum

Rigatoni al basilico

ZUBEREITUNGSZEIT: 40 MINUTEN

Zutaten für 4 Personen:
400 g Rigatoni;
4 EL geriebener Pecorino (ersatzweise Parmesan);
16 Basilikumblätter;
1 Knoblauchzehe,
5 EL Olivenöl extravergine;
Salz; Pfeffer

• In einem großen Topf reichlich Salzwasser zum Kochen bringen. Sobald das Wasser sprudelnd kocht, die Rigatoni hineingeben. Die Knoblauchzehe schälen und fein hacken. Die Basilikumblätter waschen und grob zerpflücken.
• Das Öl in eine Pfanne geben und auf kleiner Flamme erhitzen. Dann den Knoblauch und das Basilikum hineingeben, mit Salz und Pfeffer würzen und etwa 7 - 8 Minuten glasig anschwitzen.
• Wenn die Rigatoni bissfest gekocht sind, abtropfen und in die Pfanne zu dem Knoblauch-Basilikum-Gemisch geben. Vorsichtig vermischen, mit Pecorino bestreuen und das Ganze ca. 2 - 3 Minuten auf kleiner Flamme durchziehen lassen. Sogleich heiß servieren.

SIZILIEN

Gefüllte Nudelteigrollen

Cannelloni alla siciliana

ZUBEREITUNGSZEIT: 1 STUNDE

Zutaten für 4 Personen:
400 g Weizenmehl;
400 g gebratenes Rindfleisch;
200 g *caciocavallo* (Hartkäse; ersatzweise Pecorino);
4 Eier; 4 EL geriebener Pecorino
(ersatzweise Parmesan);
etwas Butter; Salz

• Das Weizenmehl auf das Nudelbrett häufen und eine Mulde eindrücken, in die man 2 Eier und eine Prise Salz gibt. Nun das Ganze zu einem eher festen Teig verarbeiten; wenn nötig, etwas Wasser hinzufügen. Wenn der Teig schön fest ist, mit dem Nudelholz dünn ausrollen und mit einem scharfen Messer Rechtecke von ca. 8 x 6 cm ausschneiden. Nun reichlich Salzwasser zum Kochen bringen und die Rechtecke bissfest garen. In der Zwischenzeit eine Schüssel mit kaltem Salzwasser vorbereiten, um die Teigstücke darin abzukühlen.
• Wenn die Nudeln fertig sind, herausnehmen, abtropfen und sofort in die Schüssel mit dem kalten Wasser legen. Ein sauberes Küchentuch auf die Arbeitsfläche legen und die abgetropften Nudeln darauf ausbreiten.
• Das Rindfleisch fein hacken und mit etwas Bratensaft in eine Pfanne geben, einkochen lassen und vom Feuer nehmen.
• Nun auf jedes der Rechtecke etwas Fleisch und in kleine Stücke geschnittenen *caciocavallo* auftragen und zusammenrollen, sodass man *cannelloni* erhält.
• Eine Auflaufform mit Butter ausstreichen und die *cannelloni* nebeneinander hineinlegen, mit dem restlichen Bratensaft übergießen und mit Pecorino bestreuen. Nun den Backofen auf 180° vorheizen und die Teigrollen ca. 20 Minuten überbacken.
• In eine tiefe Schüssel die restlichen beiden Eier schlagen, salzen und gut verquirlen. Etwa 5 - 10 Minuten, bevor die *cannelloni* fertig sind, die Eier darüber gießen. Wenn der Überguss gestockt ist und eine goldbraune Farbe angenommen hat, kann man die Cannelloni aus dem Backofen nehmen und sofort servieren.

Bild: Rigatoni mit Basilikum

UMBRIEN

Spaghetti mit Trüffelsauce

Spaghetti alla norcina

ZUBEREITUNGSZEIT: 1 STUNDE

Zutaten für 4 Personen:
400 g dünne Spaghetti;
120 g schwarze Trüffeln;
2 Sardellenfilets in Salzlake (ersatzweise Sardellenpaste);
1 Glas Olivenöl;
1 Knoblauchzehe;
Salz, Pfeffer

- In einem großen Topf reichlich Salzwasser zum Kochen bringen und die Spaghetti *al dente* kochen. In der Zwischenzeit kann man die Trüffeln mit lauwarmem Wasser vorsichtig putzen und anschließend fein reiben. Die Knoblauchzehe schälen und hacken, die Sardellenfilets gut abspülen, um sie vom Salz zu befreien und anschließend klein schneiden.
- In einer kleinen Pfanne das Olivenöl erhitzen, den Knoblauch andünsten und herausnehmen, sobald er goldbraun angeschwitzt ist. Sodann die Pfanne vom Feuer nehmen und die klein geschnittenen Sardellenfilets hineingeben, die man anschließend auf kleiner Flamme unter Rühren gart. Nun die geriebenen Trüffeln dazugeben, gut vermischen, mit Salz und Pfeffer würzen und das Ganze etwa 2 - 3 Minuten köcheln lassen. Dann vom Herd nehmen.
- Die Spaghetti abtropfen lassen und noch feucht in eine vorgewärmte Schüssel geben. Die Trüffelsauce darüber gießen und ohne Beigabe von Käse servieren.

Bild: Spaghetti mit Trüffelsauce

LIGURIEN

Ravioli mit Kalbfleischfülle

Ravioli di carne alla genovese

ZUBEREITUNGSZEIT: 2 STUNDEN 30 MINUTEN

Zutaten für 4 Personen:
Für die Fülle:
200 g mageres, knochenloses Kalbfleisch;
180 g Borretsch;
180 g Kochsalat;
20 g Kalbsrückenmark;
20 g Butter;
1/2 Kalbsbries;
1/2 Kalbshirn;
2 ganze Eier und 1 Eidotter;
ein wenig Weißbrot ohne Rinde;
ein paar EL Fleischbrühe;
etwas geriebener Parmesan;
Majoran; Zimt;
Muskatnuss; Salz
Für den Teig:
400 g Weizenmehl;
Salz
Zum Anrichten:
Rindfleischsauce;
geriebener Parmesan

- Zubereitung der Fülle: Den Borretsch sowie den Kochsalat putzen und waschen und in wenig Salzwasser 5 Minuten kochen; anschließend ausdrücken.
- In reichlich Salzwasser werden nun Kalbshirn, Kalbsbries und Rückenmark 10 Minuten gekocht; anschließend abtropfen lassen. Die Butter in einer Pfanne zerlassen und darin das Kalbfleisch braten. Das Gemüse sowie die verschiedenen Fleischsorten durch den Fleischwolf drehen, anschließend in eine Schüssel geben und die beiden Eier sowie den Eidotter hinzufügen; dazu gibt man 2 EL geriebenen Parmesan, ein wenig Weißbrot, das man zuvor in der Fleischbrühe eingeweicht hat, die verschiedenen Gewürze sowie etwas fein gehackten Majoran. Das Ganze salzen und mit dem Holzlöffel gut vermengen.
- Zubereitung des Teiges: Das Mehl auf das Nudelbrett häufen, in die Mitte eine Mulde eindrücken und etwas lauwarmes Wasser und eine Prise Salz hineingeben. Gut vermengen und zu einem glatten, homogenen Teig kneten; diesen in zwei Kugeln teilen, die beide dünn ausgerollt werden.
- Aus der Fülle Kügelchen formen, die man in einiger Entfernung voneinander auf der einen Hälfte des Teiges verteilt; mit der anderen Teighälfte bedecken und mit dem Teigrädchen die einzelnen Täschchen ausschneiden. Die Ravioli an den Rändern festdrücken und auf der mit einem trockenen Tuch bedeckten Arbeitsfläche auslegen; ca. 1 Stunde trocknen lassen.
- Die Ravioli in reichlich Salzwasser garen, mit der Schöpfkelle herausnehmen und in eine Schüssel füllen. Die Rindfleischsauce darüber gießen, mit geriebenem Parmesan bestreuen und sogleich servieren.

Bild: Ravioli mit Kalbfleischfülle

Makkaroni-Auflauf mit Fleischfülle

Maccheroni alla pesarese

ZUBEREITUNGSZEIT: 1 STUNDE 30 MINUTEN

Zutaten für 4 Personen:
300 g große Makkaroni; 200 g gekochter Schinken; 150 g Truthahnbrust; 150 g Hühnerleber; 60 g Butter; 100 g Gruyèrekäse, gerieben; 50 g mageres Kalbfleisch, zweimal durch den Wolf gedreht; 1 Schwarztrüffel; 1 Glas Sahne; 1 Zwiebel; Salz; Pfeffer

• 15 g Butter in einer Pfanne auf kleiner Flamme erhitzen, darin die geschälte und in feine Scheiben geschnittene Zwiebel sowie das Kalbshackfleisch andünsten; mit etwas Salz und frisch gemahlenem Pfeffer würzen, eine halbe Tasse warmes Wasser dazugießen und zugedeckt ca. 20 Minuten kochen, bis die Sauce eingedickt ist.

• Die Makkaroni in reichlich Salzwasser ca. 10 Minuten kochen, anschließend in einem Sieb abtropfen lassen. Die Truthahnbrust, die Hühnerleber, den gekochten Schinken sowie die Trüffel gemeinsam fein hacken und in einem Mörser sorgfältig zerstoßen. Das Ganze durch ein Sieb streichen und in eine Schüssel füllen. 2 EL Sahne untermischen und mit Salz und Pfeffer würzen.

• Eine feuerfeste Form mit Butter ausstreichen, die Makkaroni mit Hilfe eines Löffels mit der Fleischsauce füllen und in die Form legen. Wenn man auf diese Weise eine erste Schicht Makkaroni ausgelegt hat, gibt man etwas Sauce sowie einige fein geschnittene Butterstückchen darauf; den geriebenen Gruyère darüber streuen und eine zweite Schicht Makkaroni hineingeben. Darüber gießt man die restliche Sahne sowie den verbliebenen Gruyère. Anschließend die restliche Butter in einem kleinen Topf schmelzen lassen und über die zweite Schicht Makkaroni gießen.

• Die Form in den vorgewärmten Backofen geben und bei 200° ca. 15 Minuten backen; sogleich heiß servieren.

Bild: Makkaroni-Auflauf mit Fleischfülle

EMILIA-ROMAGNA

Gnocchi mit Parmesan

Gnocchi alla parmigiana

ZUBEREITUNGSZEIT: 1 STUNDE 30 MINUTEN

Zutaten für 4 Personen:
800 g Kartoffeln;
300 g Weizenmehl;
20 g Butter;
1 EL *grappa* (Trester);
400 g Tomatensauce;
4 EL geriebener Parmesan;
1 Ei;
Salz

• Die Kartoffeln sorgfältig waschen, in einen Topf mit reichlich kaltem Salzwasser geben und ca. 40 Minuten kochen, bis sie sich leicht mit der Gabel zerteilen lassen. Anschließend schälen und noch warm mit der Kartoffelpresse zerdrücken; die pürierte Masse auf das Nudelbrett häufen.

• Zur Kartoffelmasse gibt man das Mehl, 20 g Butter,

Bild: Gnocchi mit Parmesan

1 Ei, eine Prise Salz sowie den Grappa; das Ganze vermengen und so lange kneten, bis man einen glatten, festen Teig erhält.

• Nachdem man den Teig kräftig durchgeknetet hat, teilt man ihn in kleine Stücke, die man zu fingerdicken Röllchen formt; diese schneidet man in Stückchen von ca. 2 - 3 cm, welche man leicht gegen die Innenseite einer Gabel drückt. Die fertigen Gnocchi auf das bemehlte Nudelbrett legen - jedoch nicht zu dicht nebeneinander, damit sie nicht aneinander kleben.

• In einem Topf reichlich Salzwasser zum Kochen bringen und die Gnocchi hineingeben. Sobald sie an der Oberfläche schwimmen, mit dem Schaumlöffel herausnehmen und in eine vorgewärmte Schüssel füllen.

• Wenn alle Gnocchi gekocht sind, die erwärmte Tomatensauce darüber gießen und mit dem geriebenen Parmesan bestreuen; man kann die Gnocchi jedoch auch mit etwas Butter, geriebenem Parmesan und einigen Salbeiblättern anrichten.

In Guastalla wird jedes Jahr im Mai unter dem Namen »gnoccata« ein Volksfest veranstaltet, bei dem auf dem Hauptplatz riesige Mengen Gnocchi zubereitet und anschließend an die Besucher verteilt werden.

Makkaroni mit Sardinen

Maccheroncelli con le sarde

ZUBEREITUNGSZEIT: 45 MINUTEN

Zutaten für 4 Personen:
300 g Makkaroni;
30 g Rosinen;
10 frische Sardinen;
1 Knoblauchzehe;
1 EL Semmelbrösel;
1/2 Glas Olivenöl extravergine; Salz

• Die Rosinen in lauwarmem Wasser ca. 10 Minuten quellen lassen. Inzwischen entfernt man Kopf und Schwanz der Sardinen, öffnet sie und entfernt auch die Gräten. Anschließend sorgfältig waschen und mit leichtem Druck der Fingerspitzen die größeren Schuppen entfernen.
• Die Fische anschließend in eine Kasserolle geben, ein wenig kaltes Wasser dazugießen und nach dem Aufkochen ca. 7 Minuten kochen.
• In einem Topf reichlich Wasser zum Kochen bringen, salzen und die Makkaroni hineingeben; umrühren und garen lassen.
• In der Zwischenzeit etwa 1/2 Glas Olivenöl in einer Pfanne erhitzen und darin die geschälte und zerdrückte Knoblauchzehe andünsten. Sobald der Knoblauch Farbe annimmt, herausnehmen und die gut abgetropften Sardinen hineingeben. Leicht salzen und auf kleiner Flamme 5 Minuten braten. Dazu gibt man die Semmelbrösel sowie die gut abgetropften und mit Haushaltspapier abgetrockneten Rosinen. Das Ganze gut durchmischen.
• Die gegarten Makkaroni in eine vorgewärmte Schüssel geben, die Sauce mit den Sardinen dazugeben, das Ganze vermengen und sogleich servieren.

Bild: Makkaroni mit Sardinen

1

2

3

4

Bild: Öhrchennudeln mit Rindsrouladen. Die Rindschnitzel dünn klopfen (1) und jeweils mit Pancetta, Pecorino, Petersilie und Knoblauch belegen (2); die Fleischrollen von allen Seiten anbraten (3) und die passierten Tomaten dazugeben (4).

Öhrchennudeln mit Rindsrouladen

Orecchiette con braciolette

ZUBEREITUNGSZEIT: 1 STUNDE 15 MINUTEN

Zutaten für 4 Personen:
400 g Öhrchennudeln; 12 kleine Rindsschnitzel zu je 50 g; 350 g reife Tomaten; 120 g *pancetta* (ersatzweise durchwachsener Bauchspeck); 100 g Pecorino (ersatzweise Parmesan); 6 Knoblauchzehen; 2 EL Olivenöl extravergine; 1 Zwiebel; 1 Bund Petersilie; 1/8 l trockener Weiß- oder Rotwein; Salz; Pfeffer

• Das Rindfleisch mit dem Fleischklopfer dünner klopfen; den Pecorino in kleine Stückchen schneiden; die Petersilie putzen und waschen; die Knoblauchzehen schälen und vierteln. Auf jedes der Rindsschnitzel gibt man eine Scheibe Pancetta, ein wenig Pecorino, einige Blätter Petersilie, 2 Knoblauchstückchen sowie etwas Salz und Pfeffer. Anschließend zusammenrollen und mit Küchengarn zusammenbinden, sodass sich die Fleischrollen beim Kochen nicht öffnen können.

• Die Zwiebel schälen und in Scheiben schneiden; die Tomaten waschen und durch ein Sieb drücken. In einer großen, tiefen Pfanne erhitzt man das Olivenöl und lässt die Zwiebel darin andünsten. Sobald sie Farbe annimmt, die Fleischrollen dazugeben und von allen Seiten anbraten lassen, den Wein angießen und reduzieren lassen und schließlich die Tomaten dazugeben. Bei mäßiger Hitze kochen, bis sich die Sauce eingedickt hat und das Fleisch gar ist.

• Die Öhrchennudeln in reichlich Salzwasser *al dente* kochen, abtropfen lassen und mit der Fleischsauce (ohne Rouladen) anrichten; das Fleisch selbst wird als zweiter Gang serviert.

Teigtäschchen mit Kräuterfülle

Agnolotti con le erbe di Cercivento

ZUBEREITUNGSZEIT: 2 STUNDEN

Zutaten für 4 Personen:
600 g Kartoffeln;
350 g Mehl;
50 g Butter; 1 Kohlrabi;
einige Melissenblätter, einige Pfefferminzblätter;
1 Bund Petersilie;
2 EL geräucherter Ricotta, gerieben (Räucherkäse);
1 EL geriebener Parmesan;
1 EL Semmelbrösel;
1 EL Rosinen;
die Schale einer unbehandelten Zitrone;
einige feingehackte Feigen;
1 Zwiebel;
2 Prisen Zimt;
1 Gewürznelke; Salz; Pfeffer

- Die Kartoffeln waschen, in einen Topf mit kaltem Wasser legen und nach dem Aufkochen ca. 40 Minuten kochen. In einem anderen Topf Salzwasser zum Kochen bringen und den geputzten, gewaschenen Kohlrabi hineingeben und etwa 30 Minuten garen.
- Die Kräuter waschen und fein hacken, die Zwiebel schälen, hacken und mit etwas Butter anschwitzen lassen. Nun die Kartoffeln schälen und in eine Schüssel zusammen mit dem Kohlrabi und den Kräutern geben. Mit der Gabel zerdrücken und anschließend mit den Händen gut vermischen. Dabei den Parmesan, die Rosinen, die geriebene Zitronenschale sowie die gehackten Feigen einarbeiten. Mit Zimt und Gewürznelke würzen und schließlich auch die Zwiebel darunter mischen.
- Für den Teig das Mehl auf das Nudelbrett häufen und mit sehr warmem Wasser zu einem glatten Teig verarbeiten, den man anschließend mit dem Nudelholz dünn ausrollt. Nun Scheiben von etwa 6 cm Durchmesser ausstechen, etwas Fülle in die Mitte häufen und anschließend zusammenklappen, wobei man die Teigränder gut zusammendrückt.
- Nun die *agnolotti* portionsweise in reichlich Salzwasser kochen, abseihen und in eine vorgewärmte Schüssel schichten. Anschließend die restliche Butter in einer kleinen Pfanne schmelzen und sehr heiß über die Teigtäschchen gießen. Mit Zimt, Pfeffer und dem geräucherten Ricotta bestreuen, einmal kurz durchrühren und heiß zu Tisch bringen.

Bild: Teigtäschchen mit Kräuterfülle

Bild: Gnocchi mit Sellerie-Tomaten-Sauce

UMBRIEN

Gnocchi mit Sellerie-Tomaten-Sauce

Gnocchi alla mugnanese

ZUBEREITUNGSZEIT: 50 MINUTEN

Zutaten für 4 Personen:
Für die Gnocchi:
200 g Weizenmehl; 200 g Maismehl; Salz
Für die Sauce:
300 g passierte Tomaten;
30 g *pancetta*
(ersatzweise durchwachsener Bauchspeck);
1 Zwiebel; 1 Stange Sellerie;
4 EL geriebener Pecorino (ersatzweise Parmesan); Salz

- Zubereitung des Teiges: Weizenmehl und Maismehl mischen, eine Prise Salz hinzufügen und mit etwas Wasser zu einem weichen, glatten Teig verarbeiten. Aus dem Teig dünne Rollen formen, die man in kleine Stücke schneidet. Auf die Gnocchi nun mit der Gabel Rillen drücken. Anschließend reichlich Salzwasser zum Kochen bringen und die Gnocchi darin etwa 10 Minuten kochen.
- Inzwischen kann man die Zwiebel schälen und zusammen mit dem Sellerie und dem Pancetta hacken. Nun das Ganze in eine Pfanne geben und einige Minuten anschwitzen lassen. Danach die passierten Tomaten dazugeben, mit Salz würzen und auf kleiner Flamme zugedeckt etwa eine halbe Stunde köcheln lassen. Wenn die Gnocchi gar sind, gut abtropfen lassen und in eine Schüssel geben. Mit Pecorino bestreuen, die Sauce darüber gießen und heiß servieren.

EMILIA-ROMAGNA

Röhrennudeln mit Erbsen, Schinken und Sahne

Garganelli con piselli, prosciutto e panna

ZUBEREITUNGSZEIT: 2 STUNDEN

Zutaten für 4 Personen:
Für den Teig:
350 g Mehl; 3 Eier; 1 EL geriebener Parmesan;
1 Prise Muskatnuss; Salz
Für die Sauce:
200 g ausgelöste Erbsen oder 450 g Erbsen in der Schale; 100 g durchzogener Rohschinken, in Streifen geschnitten; 40 g geriebener Parmesan; 50 g Butter;
1 Glas Sahne; frisch gemahlener schwarzer Pfeffer; Salz
Hilfsmittel:
1 Kamm, um Rillen in die Röhrennudeln einzudrücken

Bild: Röhrennudeln mit Erbsen, Schinken und Sahne

• Für die Zubereitung des Teiges das Mehl auf das Nudelbrett häufen, in der Mitte ein Mulde eindrücken und die Eier, den Parmesan, eine Prise Salz sowie etwas geriebene Muskatnuss hineingeben. Das Ganze zu einem homogenen Teig verarbeiten und anschließend einige Minuten ruhen lassen. Danach den Teig mit dem Nudelholz nicht zu dünn ausrollen und in Quadrate schneiden.
Nun mit einem Kamm Rillen in die Quadrate drücken und diese anschließend nacheinander diagonal um einen Kochlöffelstiel wickeln, sodass man Röhrennudeln erhält.
• Für die Sauce die Butter in einer Pfanne zerlassen, die Erbsen dazugeben und etwa 10 - 15 Minuten anschwitzen.
Kurz vor Ende der Garzeit den Schinken sowie die Sahne hinzufügen, mit Salz und Pfeffer würzen und das Ganze auf sehr kleiner Flamme leicht durchziehen lassen, sodass sich eine sämige Sauce bildet.
• Die *garganelli* in reichlich Salzwasser garen, gut abtropfen und mit der Sauce übergießen. Schließlich den Parmesan darüber streuen und sofort heiß zu Tisch bringen.

Teigfleckchen mit Gänsefleischsauce

Maltagliati con il batù d'oca

ZUBEREITUNGSZEIT: 1 STUNDE

Zutaten für 4 Personen:
Für den Teig:
320 g Weizenmehl; 80 g Vollweizenmehl; 4 Eier; Salz
Für die Sauce:
150 g Walnusskerne; 120 g durchzogenes Gänsefleisch;
1 Bund Petersilie; 3 EL Milch;
4 EL geriebener Parmesan; Salz

- Das Weizenmehl mit dem Vollkornmehl vermischen, etwas salzen und auf das Nudelbrett häufen. Eine Mulde eindrücken und in die Mitte die Eier hineingeben. Etwa 10 Minuten kräftig kneten, wobei man nach und nach etwas lauwarmes Wasser beigibt, sodass sich ein homogener, nicht zu fester Teig bildet. Nun den Teig 2 mm dünn ausrollen, ca. 15 Minuten trocknen lassen und anschließend in drei Teile schneiden. Jeden der Teile locker zusammenrollen und in unregelmäßige Fleckchen schneiden. Nun reichlich Salzwasser zum Kochen bringen und die *maltagliati* bissfest kochen.
- Die Nusskerne grob hacken; das Gänsefleisch mitsamt dem Fett sehr fein würfeln und in einer Pfanne auf kleiner Flamme nicht zugedeckt anbraten. Nach 5 - 6 Minuten die Nüsse hinzufügen. Die Petersilie waschen, fein hacken und nach weiteren 5 - 6 Minuten ebenfalls in die Pfanne geben. Wenn das Ganze gut angedünstet ist, die Milch dazugießen, gut umrühren und mit Salz würzen. Nun die Teigfleckchen mit Parmesan bestreuen und die Fleischsauce darüber gießen. Anschließend gut durchrühren und heiß zu Tisch bringen.

Unter *batù d'oca* versteht man kleinwürfelig geschnittenes Gänsefleisch, das im eigenen Fett angebraten wird - eine Zubereitungsart, die man in ländlichen Gegenden immer noch sehr häufig antrifft.

1

2

3

Bild: Teigfleckchen mit Gänsefleischsauce. Die Nüsse mit dem Wiegemesser grob hacken (1), das Gänsefleisch in kleine Würfel schneiden (2) und die sorgfältig gewaschene Petersilie fein hacken (3).

Ravioli mit Quarkfülle und Fleischragout

Ravioli abruzzesi

ZUBEREITUNGSZEIT: 2 STUNDEN 30 MINUTEN

Zutaten für 4 Personen:
Für die Fülle:
500 g Quark; 20 g Zucker; 2 Eier; etwas Zimt
Für den Teig:
350 g Mehl, zusätzlich etwas Mehl zum Bestäuben der Ravioli; 3 Eier; Salz
Für das Ragout:
600 g Rindfleisch; 75 g Speck; 1 kleine Zwiebel; 1 Gewürznelke; $1/2$ Glas trockener Weißwein; 1 EL Tomatensauce; $1/2$ Tasse Fleischbrühe; 1 Knoblauchzehe; etwas geriebener Pecorino (ersatzweise Parmesan); Salz; Pfeffer

- Für die Zubereitung der Fülle eine Schüssel vorbereiten, in die man den Quark, den Zucker, eine Prise Zimt und die verquirlten Eier gibt. Anschließend die Zutaten gut vermengen und beiseite stellen.
- Zubereitung der Ravioli: Das Mehl auf das Nudelbrett häufen, eine Prise Salz hinzufügen und eine Mulde in die Mitte eindrücken, in die man die Eier gibt. Das Ganze gut vermischen, bis sich eine homogene Masse bildet. Diese in zwei etwa gleich große dünne Teigplatten ausrollen. Nun in gleichmäßigem Abstand jeweils kleine Häufchen der Fülle auftragen (die Ravioli sollten nicht zu groß werden) und mit der anderen Teigplatte bedecken. Nun mit den Fingerspitzen rund um die Fülle gut andrücken und mit einem Teigrädchen die einzelnen Ravioli ausschneiden. Diese anschließend mit Mehl bestäuben und trocknen lassen.
- Zubereitung des Ragouts: Die Knoblauchzehe schälen und zusammen mit einem Teil des Specks hacken. Nun das Rindfleisch mit dem Knoblauch-Speck-Gemisch spicken und anschließend mit Küchengarn zusammenbinden, damit es beim Braten seine Form behält. Nun den restlichen Speck schneiden und in eine Kasserolle zusammen mit dem Fleisch geben. Die Zwiebel schälen, hacken und zusammen mit der Gewürznelke dazugeben; das Ganze gut anbraten. Danach mit Wein ablöschen, salzen, pfeffern und den Wein reduzieren lassen, bevor man das mit Fleischbrühe verdünnte Tomatenmark dazugibt. Anschließend das Ganze auf kleiner Flamme ca. 2 Stunden köcheln lassen, wobei man bei Bedarf von Zeit zu Zeit etwas Fleischbrühe bzw. Wasser angießen kann. Am Ende der Kochzeit sollte reichlich sämige Sauce vorhanden sein.
- Die Ravioli in reichlich Salzwasser kochen, abtropfen lassen und das Ragout (ohne Fleisch) darüber gießen. Mit Pecorino bestreuen und heiß servieren.

Das in Scheiben geschnittene Fleisch kann - zusammen mit der restlichen Sauce - als zweiter Gang serviert werden.

1

2

3

Bild: Ravioli mit Quarkfülle und Fleischragout. Die Eier zum Mehl geben (1); mit dem Nudelholz zwei etwa gleich große Teigplatten ausrollen (2), sodann auf einer der Teigplatten in regelmäßigen Abständen kleine Häufchen der Fülle auftragen (3).

Lasagne mit Schweinslendchen und Quark

Lasagne di carnevale alla napoletana

ZUBEREITUNGSZEIT: 4 STUNDEN

Zutaten für 4 Personen:
350 g Lasagne-Blätter; 200 g frischer Quark; 200 g Mozzarella; 200 g Schweinslendchen; 150 g italienische Wurst (Bratwurst); 60 g Schmalz; 40 g geriebener Parmesan; 30 g Schinkenfett; 2 Eier; 2 EL Tomatenmark; 1 Zwiebel; 1 Karotte; 1 Stange Sellerie; Semmelbrösel; Olivenöl extravergine; Öl zum Ausbacken; 1/2 Glas Rotwein; Salz; Pfeffer

• Die Zwiebel schälen und zusammen mit dem Schinkenfett sowie der geputzen und gewaschenen Karotte und dem Sellerie fein hacken; das Ganze mit 3 EL Olivenöl, 30 g Schmalz und dem Schweinslendchen anbraten. Nach einigen Minuten den Rotwein angießen und das Tomatenmark unterrühren; nach Belieben salzen und pfeffern und etwa 3 Stunden auf kleiner Flamme zugedeckt köcheln lassen. Bei Bedarf etwas warmes Wasser angießen; ab und zu umrühren.

• Inzwischen den Mozzarella in dünne Scheiben schneiden. Die Wurst mit etwas Schmalz anbraten, danach die Haut abziehen und ebenfalls in Scheiben schneiden. Den Quark durch ein Sieb drücken und in eine Schüssel geben; ein Ei und 3 EL Parmesan dazufügen, mit Salz und Pfeffer würzen und das Ganze mit einem Kochlöffel gut vermischen.

• Nach zweistündiger Kochzeit des Ragouts das Schweinslendchen herausnehmen und fein hacken; eine Hälfte wieder zum Ragout geben und weiterköcheln lassen, während die andere Hälfte in eine Schüssel kommt, in welche auch die restlichen Eier, 2 EL Semmelbrösel und 2 EL Parmesan gegeben werden. Vorsichtig vermengen und daraus sehr kleine Bällchen formen, die anschließend in reichlich heißem Öl ausgebacken werden.

• Die Lasagne-Blätter in reichlich Salzwasser *al dente* kochen und nach dem Abtropfen sofort in eine Schüssel mit kaltem Salzwasser zum Abkühlen geben. Neuerlich abtropfen lassen und vorsichtig nebeneinander auf ein trockenes Küchentuch legen.

• Mit dem Schmalz eine feuerfeste Form ausstreichen und mit einer Lage Lasagne-Blätter auslegen. Darauf etwas Quark verteilen und etwas Ragout darüber gießen. Anschließend einige Mozzarellascheiben, etwas von der Wurst und einige gebratene Bällchen daraufschichten. Diesen Vorgang wiederholen, bis alle Zutaten verbraucht sind. Die oberste Schicht sollte aus dem restlichen Parmesan, etwas Mozzarella und dem Ragout bestehen. Die Lasagne nun bei 180° in den Backofen schieben und ca. 20 Minuten gratinieren. Anschließend heiß servieren.

Bild: Lasagne mit Schweinslendchen und Quark

Überbackene Spiralnudeln

Fusilli alla napoletana

ZUBEREITUNGSZEIT: 40 MINUTEN

Zutaten für 4 Personen:
400 g *fusilli* (Spiralnudeln);
400 g reife Tomaten;
120 g Mozzarella (wenn möglich aus Büffelmilch);
40 g geriebener Pecorino (ersatzweise Parmesan);
4 EL Olivenöl extravergine;
1 Prise Oregano; Salz; Pfeffer

- Die Tomaten in kochendem Wasser einige Minuten überbrühen, häuten und die Kerne entfernen. Sodann in kleine Stücke schneiden oder mit einem Passiergerät pürieren. Anschließend den Mozzarella in dünne Scheiben schneiden.
- Das Olivenöl in eine Pfanne gießen und die passierten Tomaten, die Mozzarellascheiben, den Pecorino und etwas Oregano dazugeben. Mit Salz und Pfeffer nach Belieben würzen und umrühren. Nun zugedeckt auf kleiner Flamme kochen lassen, bis die Sauce eine sämige Konsistenz erhält.
- In der Zwischenzeit in einem großen Topf reichlich Wasser zum Kochen bringen, nach dem Aufkochen salzen und die Spiralnudeln *al dente* kochen. Danach gut abtropfen lassen, in eine Auflaufform geben und mit der Sauce übergießen. Nun im Backofen bei 200° einige Minuten überbacken. Das Gericht gleich in der feuerfesten Form zu Tisch bringen.

Bild: Überbackene Spiralnudeln

Bild: Makkaroni mit Steinpilzen

DIE MARKEN

Makkaroni mit Steinpilzen

Maccheroni ai funghi porcini

ZUBEREITUNGSZEIT: 50 MINUTEN

Zutaten für 4 Personen:
350 g Makkaroni;
2 reife Tomaten;
2 Steinpilze;
4 EL geriebener Parmesan;
1 Zwiebel; 1 Tasse Fleischbrühe; 20 g Butter;
3 EL Olivenöl extravergine;
1 Bund Petersilie; Salz; Pfeffer

- Die Zwiebel schälen und in feine Scheiben schneiden; in eine Kasserolle mit etwas Öl und Butter geben und andünsten lassen.
- Die Pilze putzen und waschen und in feine Scheiben schneiden; diese zu der glasig angeschwitzten Zwiebel geben, mit etwas Salz würzen. Die Tomaten einige Minuten in kochendem Wasser überbrühen, abtropfen lassen, schälen, die Kerne entfernen und schließlich in kleine Stücke schneiden.
- Die Pilze ca. 10 Minuten dünsten lassen, dann die Tomaten dazugeben und das Ganze ca. 30 Minuten auf kleiner Flamme zugedeckt kochen lassen; nach und nach die Fleischbrühe dazugießen. Gegen Ende der Kochzeit mit Salz und Pfeffer abschmecken.
- Währenddessen die Makkaroni in reichlich Salzwasser *al dente* garen. Die Petersilie putzen, waschen, fein hacken und ca. 5 Minuten, bevor die Sauce fertig ist, dazugeben. Die gar gekochten Nudeln abtropfen lassen, in eine Schüssel geben und die Sauce darüber gießen. Schließlich das Ganze mit geriebenem Parmesan bestreuen und heiß servieren.

Bild: Cappelletti mit Käsefülle

EMILIA-ROMAGNA

Teighütchen mit Käsefülle

Cappelletti romagnoli di magro

ZUBEREITUNGSZEIT: 1 STUNDE

Zutaten für 4 Personen:
Für die Fülle:
140 g milder Weichkäse;
140 g Quark;
30 g geriebener Parmesan;
2 Eier;
1 Prise Muskatnuss; Salz
Für den Teig:
400 g Mehl; 4 Eier; Salz

• Alle Zutaten für die Fülle in eine Schüssel geben, gut durchrühren und ruhen lassen, während man den Teig zubereitet.

• Das Mehl auf das Nudelbrett häufen, in der Mitte eine Mulde eindrücken und die 4 Eier sowie eine Prise Salz hineingeben; gut miteinander vermengen und ca. 15 Minuten kräftig kneten, bis man einen festen Teig erhält. Diesen zu einer Kugel formen, die man mit der Hand etwas flach drückt; anschließend den Teig mit dem Nudelholz dünn ausrollen und mit dem Teigrädchen in Quadrate von ca. 5 x 5 cm schneiden.

• In die Mitte eines jeden Quadrates einen kleinen Löffel Fülle geben und die Teigtaschen zu Dreiecken zusammenfalten; an den Rändern sorgfältig zusammendrücken. Anschließend die Teigtaschen um den Zeigefinger wickeln und die beiden Enden zu einem Teigring aneinander drücken. Zuletzt die Spitze hochschlagen, sodass die Teigtaschen an kleine Hütchen erinnern. Die fertig geformten *cappelletti* in Fleischbrühe garen und nach Belieben würzen.

Diese *cappelletti* können mit einem klassischen Fleischragout, aber auch in einer Fleischbrühe serviert werden, wobei die Teigtaschen dann etwas kleiner sein sollten. Wichtig ist jedoch, dass *cappelletti* vorzugsweise in Fleischbrühe gekocht werden sollten - auch dann, wenn sie beispielsweise mit einer Sauce zubereitet werden.

KAMPANIEN

Spaghetti mit Miesmuscheln

Spaghetti con le cozziche

ZUBEREITUNGSZEIT: 45 MINUTEN

Zutaten für 4 Personen:
1,2 kg Miesmuscheln; 400 g Spaghetti;
1 Bund Petersilie; 2 Knoblauchzehen;
1/2 Glas Olivenöl extravergine; Salz; Pfeffer

• Die Muscheln in fließendem Wasser gründlich abbürsten und waschen. Anschließend die Muscheln in einer Pfanne mit ein wenig Olivenöl oder Weißwein garen, bis sie sich geöffnet haben. Die Muscheln in lauwarmem Wasser waschen, auf einem Sieb über einer Schüssel abtropfen lassen und aus den Schalen lösen. Jene Muscheln, die sich nicht geöffnet haben, werden weggeworfen. Anschließend den Knoblauch schälen und zusammen mit der geputzten und gewaschenen Petersilie fein hacken.

• In einem Topf reichlich Salzwasser zum Kochen bringen, die Spaghetti einlegen und *al dente* garen. Inzwischen in einer Pfanne etwas Öl erhitzen, Knoblauch und Petersilie sowie die Muscheln dazugeben, umrühren, mit Salz und Pfeffer würzen und den durchgesiebten Muschelsud angießen; gut durchmischen und 5 Minuten kochen lassen. Die *al dente* gekochten Spaghetti abtropfen lassen und in eine große Schüssel geben. Die Muscheln mitsamt der Sauce darübergießen und heiß zu Tisch bringen.

SIZILIEN

Makkaroni mit Minze

Maccheroni alla menta

ZUBEREITUNGSZEIT: 40 MINUTEN

Zutaten für 4 Personen:
400 g Makkaroni;
300 g reife Tomaten;
1 Handvoll frische Minzeblätter;
4 EL geriebener Parmesan;
4 EL Olivenöl extravergine; Salz

• Die Tomaten häuten, die Kerne entfernen, in kleine Stücke schneiden und in eine Kasserolle mit dem Öl geben; salzen und auf kleiner Flamme ca. 20 Minuten zugedeckt kochen lassen.

• Inzwischen die Makkaroni kochen, abtropfen lassen und in eine Schüssel geben; die gewaschenen und zerkleinerten Minzeblätter dazugeben, durchmischen und etwas geriebenen Parmesan darüber streuen. Die Sauce darüber gießen, erneut gut durchmischen, einige Minuten durchziehen lassen und zu Tisch bringen.

Bild: Makkaroni mit Minze

ABRUZZEN

Bucatini mit Lammfleischsauce

Bucatini con sugo d'agnello

ZUBEREITUNGSZEIT: 1 STUNDE 30 MINUTEN

Zutaten für 4 Personen:
400 g *bucatini* (Röhrchennudeln); 600 g passierte Tomaten; 250 g Lammhackfleisch; 1 Knoblauchzehe; 1 Zweig Rosmarin; 2 Lorbeerblätter; ½ Glas trockener Rotwein; 4 EL geriebener Parmesan; 4 EL Olivenöl extravergine; Salz; Pfeffer

• Die Knoblauchzehe schälen und zerdrücken, den Rosmarin sowie die Lorbeerblätter waschen und trockentupfen und alles in einer Pfanne mit dem Olivenöl andünsten.

• Sobald der Knoblauch glasig angeschwitzt ist, das Fleisch dazugeben und anbraten, mit Salz und Pfeffer würzen und den Wein angießen. Bei mittlerer Hitze nicht zugedeckt kochen, bis der Wein reduziert ist, anschließend die passierten Tomaten dazugeben und bei sehr geringer Hitze ca. 1 Stunde zugedeckt köcheln lassen.

• Kurz bevor die Sauce fertig ist, kocht man die Bucatini in reichlich Salzwasser *al dente*. In eine Schüssel geben, mit dem geriebenen Parmesan bestreuen und die Sauce darüber gießen. Heiß zu Tisch bringen.

Bild: Bucatini mit Lammfleischsauce

Bild: Tagliolini mit Bratensauce

PIEMONT

Tagliolini mit Bratensauce

Tagliolini al sugo d'arrosto

ZUBEREITUNGSZEIT: 2 STUNDEN 10 MINUTEN

Zutaten für 4 Personen:
800 g mageres Kalbfleisch im Ganzen (mit Küchengarn zusammengebunden),
400 g *tagliolini* (schmale Bandnudeln);
30 g *pancetta* (ersatzweise durchwachsener Bauchspeck); 30 g Butter; 4 EL geriebener Parmesan;
1 Karotte; 1 Selleriestange; 1 Knoblauchzehe;
1 Zweig Rosmarin;
1 Tasse Fleischbrühe;
2 EL Tomatensauce; Salz; Pfeffer

• Den Knoblauch schälen; anschließend den Rosmarin waschen und trocknen und die Blättchen von den unbrauchbaren holzigen Teilen trennen. Knoblauch und Rosmarin gemeinsam fein hacken und damit das Kalbfleisch spicken. Den Pancetta fein hacken und in einer Kasserolle in Butter bei mittlerer Hitze anbraten. Das Kalbfleisch dazugeben und von allen Seiten gut anbraten; mit Salz und Pfeffer abschmecken und anschließend die Karotte sowie den Sellerie (beide gewaschen und in Scheiben geschnitten) dazugeben. Schließlich fügt man noch die Tomatensauce, mit warmer Fleischbrühe verdünnt, hinzu. Lassen Sie nun das Ganze auf kleiner Flamme ca. 1 Stunde und 45 Minuten zugedeckt kochen, wobei Sie, wenn nötig, etwas Fleischbrühe nachgießen; am Ende soll reichlich Bratensauce übrigbleiben.

• Nach der angegebenen Kochzeit nimmt man das Fleisch aus der Kasserolle, um es später als zweiten Gang zu servieren. Anschließend die Bratensauce durchseihen und über die *tagliolini* gießen, die man zuvor in reichlich Salzwasser *al dente* gekocht hat. Sogleich zu Tisch bringen; den Parmesan extra reichen.

Gefüllte Ravioli »Val Camonica«

Casonsei della Val Camonica

ZUBEREITUNGSZEIT: 2 STUNDEN + 6 STUNDEN RUHEZEIT FÜR DIE FÜLLE

Zutaten für 4 Personen:
Für die Fülle:
400 g Spinat; 400 g Kartoffeln,
150 g italienische Wurst (Bratwurst);
100 g Semmelbrösel;
50 g Mortadella; 30 g Butter; 1 Zwiebel;
1 Bund Petersilie; 1 Knoblauchzehe;
2 Eier; Salz; Pfeffer
Für den Teig:
400 g Mehl; 4 Eier; Salz
Zum Anrichten:
30 g Butter; 4 EL geriebener Parmesan

• Zubereitung der Fülle: Zunächst wäscht man die Kartoffeln, gibt sie in einen Topf mit kaltem Wasser und lässt sie nach dem Aufkochen ca. 40 Minuten garen; anschließend die weich gekochten Kartoffeln abtropfen lassen, noch in warmem Zustand schälen, mit der Kartoffelpresse zerdrücken und in eine Schüssel geben. In der Zwischenzeit lässt man den gewaschenen Spinat in wenig Salzwasser ca. 15 Minuten kochen.

• Den Knoblauch und die Zwiebel schälen, beides zusammen mit der geputzten und gewaschenen Petersilie fein hacken und das Ganze in einer Kasserolle mit der Butter andünsten. Den gut ausgedrückten grob gehackten Spinat dazugeben, mit Salz und Pfeffer abschmecken und das Ganze einige Minuten durchziehen lassen. Anschließend die zerkleinerte Wurst hinzufügen, nachdem man vorher die Haut entfernt hat, ebenso die gehackte Mortadella, die Kartoffelmasse sowie die Semmelbrösel. Das Ganze gut durchmischen, mit Salz und Pfeffer abschmecken und zum Schluß die Eier mit dem Gemisch vermengen. Anschließend ca. 6 Stunden im Kühlschrank ruhen lassen.

• Zubereitung der Pasta: Das Mehl auf das Nudelbrett häufen, in der Mitte eine kleine Mulde eindrücken und eine Prise Salz sowie die 4 Eier hineingeben. Gut vermengen und ca. 15 Minuten kräftig durchkneten. Den Teig zu einer Kugel formen, mit der Hand etwas flach drücken und mit dem Nudelholz ausrollen. Anschließend zu Rechtecken von ca. 12 x 8 cm schneiden und jeweils in die Mitte ein Häufchen Fülle geben. Die Teigstücke so zusammenfalten, dass die langen Seiten zusammentreffen, an den Rändern festdrücken und die Rechtecke leicht krümmen.

• Die *casonsei* in reichlich kochendes Salzwasser geben und 4 - 5 Minuten garen; gut abtropfen lassen, mit etwas geriebenem Parmesan sowie zerlassener Butter anrichten und sogleich servieren.

1

2

3

4

Bild: Casonsei della Val Camonica. Das Kartoffelpüree zum Spinat geben (1); etwas Fülle auf die Teigstücke legen (2); die Pasta so falten, dass die langen Seiten zusammentreffen (3) und anschließend die Rechtecke ein wenig krümmen (4).

VENETIEN

Kartoffel-Sellerie-Gnocchi

Gnocchi di patate e sedano

ZUBEREITUNGSZEIT: 1 STUNDE 30 MINUTEN

Zutaten für 4 Personen:
800 g Kartoffeln; 300 g Weizenmehl;
300 g Sellerieknollen; 50 g Butter;
4 EL geriebener Parmesan;
1 Ei; 1 EL Olivenöl extravergine; Salz

• Die Kartoffeln waschen und in eine Kasserolle mit kaltem Wasser geben, wo man sie 40 Minuten kochen lässt; anschließend abtropfen lassen, schälen, mit der Kartoffelpresse pürieren und in eine große Schüssel geben.
• In der Zwischenzeit bringt man etwas Salzwasser in einem Topf zum Kochen und gibt den geputzten und gewaschenen Sellerie hinein, der 20 - 25 Minuten garen soll. Den Sellerie anschließend abtropfen lassen, mit dem Passiergerät pürieren und mit dem Kartoffelpüree vermengen.
• Dieses Püree aus Kartoffeln und Sellerie auf das Nudelbrett häufen, in der Mitte eine Vertiefung drücken und das Ei sowie das Olivenöl hineingeben. Man beginnt nun das Ganze zu vermengen, wobei man nach und nach Mehl zugibt. Wenn sich eine homogene Masse gebildet hat, formt man daraus fingerdicke Röllchen, die man in Stückchen von ca. 1 cm schneidet.
• In einem Topf reichlich Salzwasser zum Kochen bringen und die Gnocchi vorsichtig einlegen. Sobald sie an die Oberfläche kommen, nimmt man sie aus dem Wasser, lässt sie abtropfen und gibt sie in eine vorgewärmte Schüssel.
• Die Butter in einer kleinen Pfanne schmelzen lassen und über die Gnocchi gießen; etwas Parmesan darüber streuen, gut durchmischen und die Gnocchi am besten noch heiß servieren.

SIZILIEN

Röhrennudeln, überbacken mit Hartkäse

Pasta gratinata al caciocavallo

ZUBEREITUNGSZEIT: 40 MINUTEN

Zutaten für 4 Personen:
400 g *rigatoni* (gerillte Röhrennudeln); 120 g würziger Pecorino, gerieben (ersatzweise Parmesan);
100 g *caciocavallo* (Hartkäse; ersatzweise Pecorino);
60 g Butter; 1/2 l Milch; 1 EL Mehl;
Muskatnuss; Salz; Pfeffer

• In einem großen Topf reichlich Salzwasser zum Kochen bringen, die *rigatoni* hineingeben und *al dente* kochen.
• Währenddessen bereitet man die Béchamelsauce zu, indem man zunächst in einer kleinen Pfanne 40 g Butter zerlässt, anschließend etwas Mehl hinzugibt, wobei man durch ständiges Rühren verhindert, dass sich Klümpchen bilden; schließlich gießt man die Milch dazu, lässt das Ganze aufkochen und einige Minuten leicht köcheln.
Man kann nachträglich noch etwas Milch hinzufügen, falls die Sauce sich zu sehr eindicken sollte. Zuletzt würzt man mit etwas Muskatnuss, Salz und Pfeffer und nimmt die Sauce dann vom Herd.
• Die fertig gekochten *rigatoni* gut abtropfen lassen, in eine Schüssel geben und die Béchamelsauce sowie den Pecorino dazugeben. Anschließend eine Auflaufform mit der restlichen Butter einfetten, die *pasta* einlegen und mit dem in feine Scheiben geschnittenen Hartkäse belegen.
• Die *rigatoni* in den 200° heißen Backofen geben und 10 - 12 Minuten überbacken. Sobald sich eine goldgelbe Kruste gebildet hat, aus dem Ofen nehmen und gleich in der Auflaufform heiß zu Tisch bringen.

Bild: Röhrennudeln, überbacken mit Hartkäse

LIGURIEN

Bandnudeln mit Pesto

Picagge bianche al pesto

ZUBEREITUNGSZEIT: 40 MINUTEN + 1 STUNDE 40 MINUTEN RUHEZEIT FÜR DIE PASTA

Zutaten für 4 Personen:
Für die Bandnudeln:
400 g Mehl; 2 Eier; Salz
Für die Basilikumsauce (Pesto):
40 Basilikumblätter; 1 EL Pinienkerne;
1 EL gereifter Pecorino, gerieben (ersatzweise Parmesan); 1 EL geriebener Parmesan;
1 Knoblauchzehe; 8 EL Olivenöl extravergine; Salz

• Zubereitung der Bandnudeln: Das Mehl auf das Nudelbrett häufen, in die Mitte eine Mulde eindrücken und eine Prise Salz sowie die Eier hineingeben; gut vermengen, dabei nach und nach etwas lauwarmes Wasser zugießen. Anschließend den Teig gut 10 Minuten kräftig durchkneten, danach dünn ausrollen und ca. 30 Minuten ruhen lassen. Danach den Teig in ca. 1.5 cm dicke Streifen schneiden und eine weitere Stunde nicht zugedeckt trocknen lassen.

• Zubereitung der Basilikumsauce *(Pesto)*: Die Basilikumblätter waschen und trockentupfen, die Pinienkerne im Backofen rösten, schließlich den Knoblauch schälen; anschließend diese drei Zutaten zusammen mit dem Pecorino und dem Parmesan in den Mixer geben und das Ganze durchmixen. Das Gemisch in eine Schüssel geben, salzen und das Olivenöl untermischen.

• Die Bandnudeln in reichlich kochendem Salzwasser bei nicht zu kleiner Hitze garen; anschließend abtropfen lassen, wobei man einige Esslöffel des Kochwassers beiseite stellt. Die Nudeln schließlich in eine Schüssel füllen. Mit dem bereitgestellten Nudelkochwasser verdünnt man nun die Basilikumsauce, die man anschließend über die Bandnudeln gießt. Danach sogleich zu Tisch bringen.

Bild: Bandnudeln mit Pesto

Makkaroni mit Rindfleisch-Tomaten-Sauce

Maccheroni alla napoletana

ZUBEREITUNGSZEIT: 4 STUNDEN 30 MINUTEN

Zutaten für 4 Personen:
800 g Rindfleisch im Ganzen; 400 g Makkaroni; 400 g passierte Tomaten; 40 g *pancetta* (ersatzweise durchwachsener Bauchspeck); 3 Zwiebeln; 1 Stange Sellerie; 1 Karotte; 2 Knoblauchzehen; 5 - 6 Basilikumblätter; 5 EL geriebener *caciocavallo* (Hartkäse; ersatzweise Pecorino); 1/8 l trockener Weißwein; 6 EL Olivenöl extravergine; Salz; Pfeffer

- Zwiebeln und Knoblauch schälen; die Karotte sowie den Sellerie putzen, waschen und fein hacken; anschließend all diese Zutaten in eine Kasserolle mit 2 EL Öl sowie dem klein gehackten Speck geben. Das Rindfleisch mit Küchengarn zusammenbinden, damit es beim Kochen seine Form behält, und ebenfalls in die Kasserolle geben.
- Das Ganze auf kleiner Flamme zugedeckt dünsten lassen, bis die Zwiebel goldgelb wird und das Fleisch schön angebraten ist; anschließend nach und nach den Wein angießen und, sobald er reduziert ist, eine Prise Salz und Pfeffer sowie die Tomaten hinzufügen. Etwas Wasser hineingießen und das Ganze auf ganz kleiner Flamme ca. 4 Stunden zugedeckt köcheln lassen, wobei man nach etwa der Hälfte der Kochzeit das restliche Öl dazugibt und am Schluss noch die Basilikumblätter beimengt.
- Wenn das *sugo* so gut wie fertig ist, bricht man die Makkaroni in zwei oder drei Teile und kocht sie in Salzwasser gar; anschließend gut abtropfen lassen und mit dem Hartkäse bestreuen. Das Fleisch aus der Kasserolle nehmen, um es später als zweiten Gang zu servieren; die Basilikumblätter entfernen, das *sugo* über die *pasta* gießen und sogleich zu Tisch bringen.

Bild: Makkaroni mit Rindfleisch-Tomaten-Sauce

Garganelli

Garganelli

ZUBEREITUNGSZEIT: 40 MINUTEN

Zutaten für 4 Personen:
400 g Mehl;
4 Eier;
4 EL geriebener Parmesan;
Muskatnuss; Salz
Hilfsmittel:
1 Kamm,
um Rillen in die Röhrennudeln
einzudrücken

- Das Mehl auf das Nudelbrett geben, in der Mitte eine Vertiefung drücken, in die man die Eier sowie eine Prise Salz gibt. Das Ganze von der Mitte aus mit einer Gabel vermengen und 10 Minuten kräftig durchkneten. Anschließend den Parmesan sowie etwas Muskatnuss beigeben und die Teigmasse weitere 10 Minuten kneten; schließlich formt man aus dem Teig eine Kugel, die man mit der Hand etwas flach drückt.
- Die *pasta* mit dem Nudelholz dünn ausrollen und zu Quadraten von ca. 7 x 7 cm schneiden; ein Quadrat nach dem anderen diagonal um einen Kochlöffelstiel wickeln und über einen Kamm ziehen, sodass man gerillte Röhrennudeln erhält. Die *garganelli* in reichlich Salzwasser kochen und mit Sauce oder Fleischbrühe servieren.

Weit verbreitet sind auch die *grünen garganelli*, bei denen in den Teig Spinat eingearbeitet wird, der zuvor gekocht, ausgedrückt und fein gehackt wird.

Bild: Garganelli

BASILICATA

Fusilli mit Wurst und Tomatensauce

Fusilli alle salsicce

ZUBEREITUNGSZEIT: 40 MINUTEN

Zutaten für 4 Personen:
360 g *fusilli* (Spiralnudeln); 400 g passierte Tomaten; 300 g italienische Wurst (Bratwurst); 4 EL geriebener Ricotta (ersatzweise Parmesan); eine Prise gemahlener *peperoncino* (scharfe rote Chilischote; ersatzweise Cayennepfeffer); 4 EL Olivenöl extravergine; Salz

• Das Öl, die Tomaten sowie die Wurst in eine Kasserolle geben und das Ganze auf kleiner Flamme zugedeckt 25 - 30 Minuten köcheln lassen; zuletzt salzen.
• Inzwischen werden die *fusilli* in reichlich Salzwasser gekocht, anschließend abgetropft und in eine Schüssel gegeben, wo sie mit dem *peperoncino* (oder Cayennepfeffer) und dem geriebenen Ricotta bestreut werden. Darüber gießt man das *sugo*, aus dem man zuvor die Wurst entfernt, und mischt das Ganze gut durch. Das Gericht wird sogleich heiß serviert.

Die Wurst kann auch als zweiter Gang auf den Tisch kommen.

Bild: Fusilli mit Wurst und Tomatensauce

TOSKANA

Bandnudeln mit Zucchini und Pilzen

Pappardelle dell'Amiata

ZUBEREITUNGSZEIT: 1 STUNDE

Zutaten für 4 Personen:
400 g *pappardelle* (breite Bandnudeln);
400 g passierte Tomaten;
400 g Steinpilze oder gemischte Waldpilze;
4 Zucchini; 1 Knoblauchzehe;
1 Bund Petersilie; einige Minzeblätter;
Öl zum Ausbacken;
4 EL geriebener Parmesan;
4 EL Olivenöl extravergine; Salz; Pfeffer

- Die Pilze unter fließendem Wasser waschen und gut trocknen; die Zucchini waschen und in Scheiben schneiden.
- In einem Frittiertopf oder einer Fritteuse reichlich Öl erhitzen und Pilze sowie Zucchini hineingeben, um sie von allen Seiten goldbraun auszubacken; anschließend mit einer Schöpfkelle herausnehmen, auf einem mit einer Lage Haushaltspapier bedeckten Teller ausbreiten und abfetten lassen.
- Den Knoblauch schälen und zerdrücken; Minzeblätter und Petersilie waschen und fein hacken. Anschließend das Ganze in eine Kasserolle mit dem Olivenöl geben und, sobald der Knoblauch glasig angedünstet ist, die Tomaten dazugeben; mit Salz und Pfeffer würzen und 5 - 6 Minuten auf kleiner Flamme zugedeckt kochen lassen. Anschließend die Zucchini sowie die Pilze dazugeben und weitere 30 Minuten auf kleiner Flamme zugedeckt köcheln lassen.
- Inzwischen kocht man die *pappardelle* und gibt sie, gut abgetropft, in eine Schüssel. Die Sauce darüber gießen, mit Parmesan bestreuen und sogleich zu Tisch bringen.

Bild: Bandnudeln mit Zucchini und Pilzen

EMILIA-ROMAGNA

Röhrennudeln mit Mandel-Nuss-Sauce

Pasta alla ferrarese

ZUBEREITUNGSZEIT: 30 MINUTEN

Zutaten für 4 Personen:
400 g *penne* (Röhrennudeln);
40 g Walnusskerne; 40 g geschälte Mandelkerne;
1 Prise Zimt; 1 Prise Muskatnuss, gerieben; 6 EL Milch;
6 EL Olivenöl extravergine; Salz

• Die *penne* in Salzwasser *al dente* kochen. Inzwischen die Mandeln und Nüsse für einige Minuten in warmes Wasser legen, die Haut abziehen, gut trocknen und in dem auf 180° vorgewärmten Backofen etwa 5 - 6 Minuten rösten. Die Mandeln und Nüsse anschließend fein hacken, danach in eine Schüssel geben und unter ständigem Rühren zuerst das Öl, dann die Milch, die Muskatnuss, den Zimt sowie eine Prise Salz dazugeben.
• Sind die *penne* gar gekocht, lässt man sie gut abtropfen, wobei man 4 - 5 Esslöffel des Nudelkochwassers in eine Schüssel beiseite gibt, um damit die Sauce aus Mandeln und Nüssen anzurühren, die anschließend über die *penne* gegossen wird; das Ganze gut vermengen und heiß servieren.

Bild: Röhrennudeln mit Mandel-Nuss-Sauce

Bild: Öhrchennudeln mit Kartoffeln

APULIEN

Öhrchennudeln mit Kartoffeln

Orecchiette con patate

ZUBEREITUNGSZEIT: 1 STUNDE

Zutaten für 4 Personen:
360 g Öhrchennudeln;
200 g passierte Tomaten;
3 Kartoffeln; 2 Knoblauchzehen;
2 Zweige Raute; einige Basilikumblätter;
4 EL geriebener Pecorino (ersatzweise Parmesan);
4 EL Olivenöl extravergine;
Salz; Pfeffer

- Die Kartoffeln waschen und schälen, anschließend in einen Topf mit reichlich kaltem Salzwasser geben und nach dem Aufkochen ca. 40 Minuten kochen.
- In der Zwischenzeit bereitet man die Sauce zu, indem man zunächst in eine Kasserolle die passierten Tomaten und die geschälten und zerdrückten Knoblauchzehen sowie die gewaschenen und getrockneten Basilikumblätter gibt; das Ganze mit Salz und Pfeffer würzen und auf kleiner Flamme zugedeckt 25 - 30 Minuten köcheln lassen. Danach die Sauce durch ein Sieb drücken, wieder in die Kasserolle geben, das Olivenöl zugießen und weitere 5 - 6 Minuten kochen.
- Die Raute putzen und waschen und etwa 15 Minuten, bevor die Kartoffeln gar gekocht sind, zusammen mit den Öhrchennudeln zu den Kartoffeln geben und gut umrühren. Nach Ende der Kochzeit das Ganze gut abtropfen lassen und ohne die Raute in eine vorgewärmte Schüssel füllen. Die Kartoffeln herausnehmen, in Stücke schneiden und wieder mit den Nudeln vermengen; das Ganze mit Pecorino bzw. Parmesan bestreuen, die Sauce darüber gießen und heiß servieren.

Ravioli mit Quarkfülle und Schweinefleischragout

Ravioli con la ricotta alla potentina

ZUBEREITUNGSZEIT: 2 STUNDEN 15 MINUTEN

Zutaten für 4 Personen:
Für den Teig:
500 g Mehl; 3 Eier; Salz
Für die Fülle:
240 g Quark; 1 Bund Petersilie; 3 Eier; 1 EL geriebener Pecorino (ersatzweise Parmesan); Salz; Pfeffer
Für das Ragout:
1 Stück Schweinefleisch (ca. 500 g); 400 g passierte Tomaten; 50 g fein geschnittener *pancetta* (ersatzweise durchwachsener Bauchspeck); 20 g Pecorino in dünnen Scheibchen; 1 Knoblauchzehe; 1 Bund Petersilie; 1 Prise scharfer *peperoncino*; 1 Prise geriebene Muskatnuss; 1/8 l trockener Weißwein; 4 EL geriebener Pecorino (ersatzweise Parmesan); 4 EL Olivenöl extravergine; Salz

• Zubereitung des Ragouts: Den Knoblauch schälen, die Petersilie putzen, waschen und anschließend beides zusammen fein hacken; das Ganze in eine Schüssel geben, den geriebenen Pecorino, die Muskatnuss sowie eine Prise Peperoncino hinzufügen, gut durchmischen und mit Salz abschmecken. Das Schweinefleisch zuerst mit dem Speck bedecken und dann das Gemisch aus Knoblauch, Petersilie und Käse darüber geben, zusammenrollen, mit Küchengarn zusammenbinden und in eine Kasserolle mit etwas Öl geben. Das Fleisch kurz anbraten, mit Wein ablöschen und reduzieren lassen; anschließend salzen, die Tomaten dazugeben und das Ganze auf sehr kleiner Flamme ca. 1 1/2 Stunden zugedeckt köcheln lassen, wobei, wenn nötig, gelegentlich etwas Wasser zugegeben wird. Das gar gekochte Fleisch herausnehmen, um es später als zweiten Gang zu servieren, und den restlichen Pecorino in das Ragout untermischen.

• Zubereitung der *pasta*: Das Mehl auf das Nudelbrett häufen, in der Mitte eine Vertiefung eindrücken und eine Prise Salz sowie die Eier hineingeben. Gut vermengen und 15 Minuten kräftig kneten, wobei immer wieder etwas lauwarmes Wasser dazugegossen wird, sodass man eine glatte Teigmasse erhält. Sobald der Teig fest und glatt ist, kann man ihn zu einer Kugel formen, etwas flach drücken und dünn ausrollen. Die Ravioli mit der Fülle wie bereits früher beschrieben zubereiten.

Bild: Ravioli mit Quarkfülle und Schweinefleischragout

EMILIA-ROMAGNA

Mangold-Käse-Gnocchi

Malfatti di Borgotaro

ZUBEREITUNGSZEIT: 50 MINUTEN + ABKÜHLZEIT FÜR DEN MANGOLD

Zutaten für 4 Personen:
Für die Gnocchi:
1,5 kg Mangold;
250 g Quark;
120 g geriebener Parmesan;
2 Eier; Mehl;
Muskatnuss; Salz
Zum Anrichten:
40 g Butter; 4 EL geriebener Parmesan

- Den Mangold sorgfältig putzen und die Stiele entfernen; sorgfältig waschen und tropfnass in einem Topf ohne Wasser, aber mit etwas Salz, ca. 10 Minuten dünsten. Anschließend abtropfen und abkühlen lassen. Gut auspressen, damit die Blätter ihr gesamtes Wasser verlieren, danach fein hacken und in eine Schüssel geben.
- Die Mischung sollte eher trocken werden, sodass Sie den Quark - sollte er zu feucht sein - am besten in einem Gazetuch ausdrücken; anschließend cremig rühren und zusammen mit dem Parmesan dem Mangold beimengen. Außerdem 2 Eier, etwas Muskatnuss und Salz dazugeben und gut durchmischen. Aus der so entstandenen Masse formt man nun ca. 5 cm lange und 3 cm dicke Gnocchi, die nacheinander sorgfältig im Mehl gewendet und auf ein bemehltes Brett gelegt werden.
- In einem Topf reichlich Salzwasser zum Kochen bringen, die *malfatti* vorsichtig einlegen und garen. Sobald sie an die Oberfläche kommen, mit einer Schöpfkelle herausnehmen und in einer vorgewärmten Schüssel mit Butterflöckchen und Parmesan anrichten.

***Bild:** Mangold-Käse-Gnocchi. Den Quark gut ausdrücken (1); den Parmesan in die Schüssel mit den anderen Zutaten geben (2); Gnocchi von 5 cm Länge und 3 cm Dicke formen (3).*

1

2

3

SIZILIEN

Röhrennudeln mit Kalbfleisch und Tomatensauce

Rigatoni dei paladini

ZUBEREITUNGSZEIT: 30 MINUTEN

Zutaten für 4 Personen:
360 g *rigatoni* (Röhrennudeln); 400 g Tomatenmark bzw. passierte Tomaten; 80 g Kalbfleisch in feinen Scheiben; 1 EL Oregano; 2 Knoblauchzehen; 1 Gläschen Marsala (italienischer Dessertwein; ersatzweise halbtrockener Weißwein); 4 EL geriebener Pecorino (ersatzweise Parmesan); 4 EL Olivenöl extravergine; Salz

• In einem Topf reichlich Salzwasser zum Kochen bringen, die *rigatoni* hineingeben und *al dente* garen.
• Inzwischen kann man bereits die Sauce zubereiten; dazu wird zunächst das Fleisch in Streifen geschnitten und anschließend der Knoblauch geschält und zerdrückt. Anschließend beides zusammen mit Öl und Oregano in eine Kasserolle geben und andünsten, bis das Fleisch gut angebraten ist; danach die Tomaten und etwas Salz dazugeben und das Ganze ca. 20 Minuten auf kleiner Flamme zugedeckt köcheln lassen.
• Die *rigatoni* abtropfen lassen und in eine Schüssel geben, den Marsala darüber gießen, mit Pecorino bestreuen und schließlich die Sauce dazugeben; das Ganze gut durchmischen und heiß zu Tisch bringen.

In diesem Rezept begegnet uns ein wichtiger Bestandteil der traditionellen sizilianischen Küche: der Marsalawein, der außer als Dessertwein häufig auch zur Zubereitung von Pasta-, Fleisch- und Gemüsegerichten Verwendung findet.

Bild: Röhrennudeln mit Kalbfleisch und Tomatensauce

SIZILIEN

Teigrollen mit Rindfleischfülle

»Rosette« alla siciliana

ZUBEREITUNGSZEIT: 2 STUNDEN

Zutaten für 4 Personen:
Für den Teig:
400 g Mehl;
4 Eier; 1 Prise Salz
Für Sauce und Fülle:
400 g Rindfleisch, grobgehackt;
400 g passierte Tomaten; 300 g Zucchini;
40 g Butter;
8 EL geriebener *caciocavallo*
(Hartkäsesorte; ersatzweise Pecorino);
1 Zwiebel; 1 Stange Sellerie;
1 Bund Petersilie;
8 EL Olivenöl extravergine;
Öl zum Ausbacken; Salz; Pfeffer

• Das Mehl auf das Nudelbrett häufen, in die Mitte eine Vertiefung drücken und die Eier sowie eine Prise Salz hineingeben. Die Zutaten gut vermengen und ca. 15 Minuten kneten. Den Teig anschließend dünn ausrollen und in Quadrate von ca. 6 x 6 cm schneiden; die Teigblättchen ruhen lassen, während man die Fülle zubereitet.

• Die Zwiebel schälen, den Sellerie sowie die Petersilie putzen und waschen und alles zusammen fein hacken; danach mit 4 EL Olivenöl und dem Rindfleisch in eine Kasserolle geben und das Ganze bei mittlerer Hitze unter Rühren andünsten. Sobald das Fleisch schön angebraten ist, mit Salz und Pfeffer würzen, die passierten Tomaten dazugeben und auf kleiner Flamme 30 Minuten köcheln lassen; gelegentlich umrühren.

• Inzwischen die Zucchini waschen und in dünne Scheiben schneiden. In einem Frittiertopf oder einer Fritteuse reichlich Öl erhitzen, die Zucchini hineingeben und goldbraun ausbacken; mit einer Schöpfkelle herausnehmen und auf einer dicken Lage Haushaltspapier abfetten lassen. Anschließend die Zucchini in eine Schüssel geben und das - gut abgetropfte - Rindfleisch aus der Kasserolle nehmen und zu den Zucchini geben; gut durchmischen.

• Die Teigblätter in reichlich Salzwasser wenige Minuten kochen, abtropfen lassen und auf einem Tuch auslegen; anschließend auf jedes der Quadrate ein wenig von der Fülle häufen, mit dem Hartkäse bestreuen, ein wenig zerlassene Butter darüber gießen und zusammenrollen.

• Mit dem restlichen Olivenöl eine feuerfeste Form ausstreichen, die »rosette« hineingeben, die Tomaten-Fleisch-Sauce darüber gießen und bei 180° ca. 20 Minuten backen. Warm zu Tisch bringen.

Bild: Teigrollen mit Rindfleischfülle

KAMPANIEN

Gefüllte Pfannkuchenrollen

Crespelle ripiene

ZUBEREITUNGSZEIT: 1 STUNDE 15 MINUTEN

Zutaten für 4 Personen:
400 g passierte Tomaten;
130 g Quark;
80 g Mehl;
4 Eier; 1 Mozzarella; 1 Glas Milch;
3 EL geriebener Parmesan;
1 Bund Petersilie;
4 EL Olivenöl extravergine;
30 g Butter;
Salz; Pfeffer

- Das Mehl in eine Schüssel geben, eine Prise Salz dazugeben und die Milch unter Rühren zugießen. Anschließend 2 EL geriebenen Parmesan, 4 Eier und eine Prise Pfeffer hinzufügen und das Ganze mit einer Gabel einige Minuten kräftig rühren, bis sich eine glatte Masse bildet.
- Eine kleine antihaftbeschichtete Pfanne mit ganz wenig Öl einfetten, erhitzen und einige EL der Teigmasse hineingeben. Die Pfannkuchen von beiden Seiten backen und aus der Pfanne nehmen; auf diese Weise weitere Pfannkuchen zubereiten, bis der Teig aufgebraucht ist.
- Den Quark in eine Schüssel geben und mit einer Gabel cremig rühren, den kleinwürfelig geschnittenen Mozzarella, den restlichen Parmesan sowie die gewaschene und fein gehackte Petersilie dazugeben und mit dem Quark vermengen. Ein wenig von der Fülle auf die Pfannkuchen häufen und diese zusammenrollen, wobei man darauf achten sollte, dass die Fülle nicht herausgedrückt wird.
- Eine feuerfeste Form mit der Hälfte der Butter ausstreichen, die Pfannkuchenrollen dicht nebeneinander einlegen und die leicht gesalzenen passierten Tomaten darüber gießen; obenauf ein paar Butterflöckchen setzen. Bei 180° ca. 20 Minuten im Ofen backen und in der Auflaufform servieren.

Bild: Gefüllte Pfannkuchenrollen

Bild: Spaghetti mit rohen Tomaten

SIZILIEN

Spaghetti mit rohen Tomaten

Spaghetti al pomodoro crudo

ZUBEREITUNGSZEIT: 30 MINUTEN

Zutaten für 4 Personen:
380 g Spaghetti; 100 g geriebener Pecorino (ersatzweise Parmesan); 2 - 3 reife Tomaten; 2 Knoblauchzehen; einige Basilikumblätter; 1 Stange Sellerie; 1 Bund Petersilie; 1 *peperoncino* (scharfe rote Chilischote); 8 EL Olivenöl extravergine; Salz

• Die Petersilie, die Basilikumblätter sowie den Sellerie putzen und waschen, den Knoblauch schälen und das alles zusammen mit dem Peperoncino fein hacken. Anschließend die Tomaten waschen, in kleine Stücke schneiden und in die Schüssel geben, in der später die Spaghetti angerichtet werden. Das fein gehackte Gemüse dazugeben, Olivenöl darüber gießen und salzen.

• In einem Topf reichlich Salzwasser zum Kochen bringen, die Spaghetti einlegen und *al dente* garen. Gut abtropfen lassen und in die Schüssel mit den Tomaten füllen; gut vermengen und einige Minuten durchziehen lassen, ehe man sie zu Tisch bringt; den Pecorino extra servieren.

TRENTINO

Roggen-Ravioli mit Spinatfülle

Ravioli della Val Pusteria

ZUBEREITUNGSZEIT: 40 MINUTEN

Zutaten für 4 Personen:
Für die Fülle:
600 g Spinat; ein wenig Kümmel; Salz
Für den Teig:
400 g Roggenmehl; 1 Ei; 1 Stückchen Butter; Milch; Salz
Zum Ausbacken:
Olivenöl

• Den Spinat putzen und sorgfältig unter fließendem Wasser waschen; anschließend in wenig Salzwasser ca. 15 Minuten kochen, abtropfen lassen, auspressen und fein hacken. Etwas Kümmel beimischen.
• Das Mehl auf das Nudelbrett häufen, in der Mitte eine Mulde eindrücken und eine Prise Salz, etwas Butter und 1 Ei hineingeben; das Ganze vermengen und durchkneten, dabei nach und nach so viel Milch zugießen, dass der Teig die richtige Konsistenz erhält. Anschließend den Teig dünn ausrollen und in Quadrate von ca. 4 x 4 cm schneiden. Auf die Hälfte der Quadrate jeweils ein wenig Fülle häufen, mit den restlichen Quadraten bedecken und an den Rändern gut zusammendrücken.
• In einem Frittiertopf oder einer Fritteuse reichlich Öl erhitzen, die Ravioli hineingeben und auf beiden Seiten goldgelb ausbacken. Mit einem Schaumlöffel herausnehmen, auf einer dicken Lage Haushaltspapier kurz abfetten lassen und sofort warm zu Tisch bringen.

Bild: Roggen-Ravioli mit Spinatfülle

1

2

3

4

Teigtäschchen mit Spinat-Käse-Fülle

Agnolotti all'arancia

ZUBEREITUNGSZEIT: 2 STUNDEN

Zutaten für 4 Personen:
Für den Teig:
350 g feiner Grieß; 2 Eier; Salz
Für die Fülle:
350 g frischer Pecorino, gerieben (ersatzweise frischer Parmesan); 350 g Spinat; 1 Ei; die geriebene Schale einer Apfelsine; 1 gestrichener EL Zucker; Muskatnuss; 1 EL Olivenöl extravergine; 1 kleine Zwiebel
Zum Anrichten:
1 Tasse Tomatensauce;
4 EL reifer Pecorino, gerieben (ersatzweise Parmesan)

- Den Grieß auf das Nudelbrett häufen, in die Mitte eine Mulde eindrücken und die Eier sowie eine Prise Salz hineingeben; gut vermengen, dabei so viel lauwarmes Wasser hinzufügen, dass man einen glatten, festen Teig erhält, den man anschließend ruhen lässt, während man die Fülle zubereitet.
- Den Spinat putzen, waschen und in wenig Wasser 15 Minuten kochen; anschließend abtropfen lassen, auspressen, klein hacken und in einer Pfanne mit etwas Olivenöl und der in Scheiben geschnittenen Zwiebel einige Minuten andünsten. Danach den frischen Pecorino in eine Schüssel geben, den Spinat, das Ei, die geriebene Apfelsinenschale, eine Prise geriebene Muskatnuss sowie den Zucker dazugeben und das Ganze gut vermengen.
- Den Teig dünn ausrollen und in regelmäßigen Abständen auf die Hälfte des Teigs kleine Häufchen der Fülle geben, die dann mit der anderen Teighälfte bedeckt werden. Den Teig rund um die Fülle festdrücken und mit dem Teigrädchen die *agnolotti* ausschneiden.
- In einem Topf reichlich Salzwasser zum Kochen bringen und die Teigtäschchen darin 10 Minuten kochen; anschließend abtropfen lassen und in eine Backform geben. Die Tomatensauce darüber gießen, mit dem Pecorino bestreuen und bei 180° wenige Minuten überbacken; aus dem Ofen nehmen und sogleich servieren.

Bild: Teigtäschchen mit Spinat-Käse-Fülle. Die Zutaten für den Teig gut vermengen (1); den Spinat zusammen mit der in Scheiben geschnittenen Zwiebel in Öl andünsten (2); die geriebene Apfelsinenschale in die Schüssel mit dem Pecorino geben (3); schließlich die Agnolotti mit dem Teigrädchen ausschneiden (4).

KAMPANIEN

Bandnudeln mit Kichererbsen

Laganelle con i ceci alla campana

ZUBEREITUNGSZEIT: 2 STUNDEN 30 MINUTEN + 24 STUNDEN ZUM EINWEICHEN DER KICHERERBSEN

Zutaten für 4 Personen:
300 g Bandnudeln; 200 g Kichererbsen;
1 kräftige Prise Oregano; 1 Knoblauchzehe;
6 EL Olivenöl extravergine; Salz; Pfeffer

• Die Kichererbsen in reichlich Wasser für 24 Stunden einweichen; danach gut abtropfen lassen, in eine Kasserolle mit reichlich Wasser geben und auf kleiner Flamme ca. 2½ Stunden zugedeckt kochen; falls nötig, noch etwas warmes Wasser zugießen.

• Etwa 10 Minuten vor Ende der Kochzeit mit Salz würzen, die Bandnudeln dazugeben und gut umrühren. Anschließend die Knoblauchzehe schälen und zerdrücken und zusammen mit dem Oregano in einem Topf mit Olivenöl glasig andünsten. Dieses Gemisch in die Kasserolle mit den Nudeln und Erbsen geben, sobald diese das Kochwasser völlig aufgesaugt haben. Gut durchmischen, mit Pfeffer würzen und sogleich servieren.

Bild: Bandnudeln mit Kichererbsen

Bild: Melanzani-Rouladen mit Makkaronifülle

SIZILIEN

Melanzani-Rouladen mit Makkaronifülle

Involtini con i maccheroni

ZUBEREITUNGSZEIT: 1 STUNDE + 2 STUNDEN ZUM »ENTWÄSSERN« DER MELANZANI

Zutaten für 4 Personen:
400 g Makkaroni; 500 g Melanzani;
300 g geriebener Ricotta (ersatzweise Parmesan);
400 g geschälte Tomaten;
1 Knoblauchzehe;
1 Prise gemahlener *peperoncino* (scharfe rote Chilischote; ersatzweise Cayennepfeffer);
1 EL Olivenöl extravergine;
Olivenöl zum Ausbacken; Salz

- Die Melanzani waschen, in Scheiben schneiden, auf einen Teller legen, salzen und ca. 2 Stunden ruhen lassen, sodass sie ihre leicht bittere Flüssigkeit verlieren. Anschließend abtropfen lassen und gut ausdrücken.
- Den Knoblauch schälen und in einer Kasserolle mit dem Olivenöl (extravergine) andünsten; die geschälten Tomaten sowie den Peperoncino hinzufügen und ca. 40 Minuten kochen, bis sich eine sämige Sauce bildet.
- Reichlich Olivenöl zum Ausbacken in einem Frittiertopf erhitzen, die Melanzani hineingeben und auf beiden Seiten goldbraun ausbacken. Danach gut abtropfen lassen und auf einen Teller legen, der mit saugfähigem Haushaltspapier ausgelegt ist.
- In einem Topf reichlich Salzwasser zum Kochen bringen, die Makkaroni hineingeben und *al dente* kochen. Anschließend abtropfen lassen, mit der Tomatensauce übergießen und mit ein wenig Ricotta bestreuen. Die Melanzanischeiben auf die Arbeitsfläche legen und jeweils etwas Makkaroni mit Tomatensauce darauf häufen; anschließend zusammenrollen und in eine Backform geben. Die Melanzani-Rouladen mit dem restlichen Ricotta bestreuen, bei 180° ca. 10 Minuten backen und sofort servieren.

Bandnudeln mit Fleischsauce

Lagane alla potentina

ZUBEREITUNGSZEIT: 2 STUNDEN 30 MINUTEN

Zutaten für 4 Personen:
400 g *lagane* (= Pappardelle = breite Bandnudeln); 1 Stück (ca. 500 g) Schweine- oder Rindfleisch von der Brustspitze; 350 g reife Tomaten; 40 g *pancetta* (ersatzweise durchwachsener Bauchspeck); 40 g Pecorino; 40 g Speck; 1 Bund Petersilie; 1 Knoblauchzehe; 1/2 Glas trockener Weißwein; 1 Prise Muskatnuss; 1 Prise gemahlener *peperoncino* (scharfe rote Chilischote; ersatzweise Cayennepfeffer); 4 EL Olivenöl extravergine; Salz

- Die geputzte und gewaschene Petersilie zusammen mit dem Knoblauch fein hacken und gemeinsam mit dem Pecorino in eine Schüssel geben, wobei letzterer zur Hälfte gerieben und zur Hälfte in dünne Scheibchen geschnitten sein soll. Dazu kommt eine Prise Muskatnuss und eine Prise Peperoncino; anschließend gut vermengen. Das Fleisch auf das Schneidebrett legen und mit dem Fleischklopfer bearbeiten. Anschließend das zuvor zubereitete Gemisch daraufgeben und mit dem Pancetta bedecken; das Fleisch zusammenrollen und mit Küchengarn zubinden.
- Den Speck fein hacken und in einer Kasserolle mit etwas Öl anbraten; das Fleisch dazugeben und gut braten, dabei hin und wieder etwas Wein angießen. Inzwischen die Tomaten waschen, schälen, die Kerne entfernen und anschließend zerkleinern. Sobald das Fleisch gut gebraten ist, die Tomaten dazugeben, mit Salz würzen und bei mäßiger Hitze 2 Stunden kochen; dabei hin und wieder etwas lauwarmes Wasser dazugeben.
- Kurz bevor das Ragout fertig ist, kocht man die Bandnudeln in reichlich Salzwasser *al dente*, lässt sie gut abtropfen und gießt das Ragout, das man zuvor durch ein Sieb gestrichen hat, darüber. Das Fleisch schneidet man in Scheiben, um es als zweiten Gang zu servieren.

Bild: Bandnudeln mit Fleischsauce

Bild: Spaghetti mit Tintenfischsauce

SIZILIEN

Spaghetti mit Tintenfischsauce

Spaghetti al nero di seppia

ZUBEREITUNGSZEIT: 1 STUNDE 15 MINUTEN

Zutaten für 4 Personen:
500 g kleine Tintenfische; 300 g Spaghetti;
1/2 Glas Weißwein; 2 TL Tomatenmark;
2 Knoblauchzehen; 1 Bund Petersilie;
4 EL Olivenöl extravergine; Salz; Pfefferkörner

• Die Tintenfische reinigen, wobei die Tintenbeutel mit der dunklen Flüssigkeit für später beiseite gelegt werden; unter fließendem Wasser waschen und in Stücke schneiden.

• Die Petersilie putzen und waschen, den Knoblauch schälen, beides zusammenhacken und in einer Kasserolle mit dem Olivenöl andünsten; den Tintenfisch dazugeben und mit etwas frisch gemahlenem Pfeffer würzen. Gut durchmischen und auf kleiner Flamme zugedeckt ca. 45 Minuten kochen lassen; zwischendurch etwas Salz hinzufügen.

• Wenn die angegebene Kochzeit vorüber ist, etwas Wein dazugießen, das Tomatenmark hineingeben und weitere 20 Minuten nicht zugedeckt köcheln lassen; danach die Sauce mit etwas warmem Wasser verdünnen und bei geringer Hitze ca. 30 Minuten zugedeckt köcheln lassen; gelegentlich umrühren.

• Inzwischen in einem Topf reichlich Salzwasser zum Kochen bringen und die Spaghetti darin *al dente* garen.

• Sind die Tintenfische fertig gegart, gibt man die dunkle Flüssigkeit aus den Tintenbeuteln hinzu; einige Minuten durchziehen lassen und dann von der Herdplatte nehmen. Die fertig gekochten Nudeln in einem Sieb abtropfen lassen, in eine Schüssel füllen, die Tintenfischsauce darüber gießen und sogleich heiß servieren.

SIZILIEN

Makkaroni mit Artischocken-Speck-Sauce

Maccheroni a bomba

ZUBEREITUNGSZEIT: 1 STUNDE

Zutaten für 4 Personen:
400 g Makkaroni; 150 g frischer Quark; 50 g *pancetta* im Ganzen (ersatzweise durchwachsener Bauchspeck); 3 Artischocken; 3 EL geriebener Pecorino (ersatzweise Parmesan); 2 Eier; 1 Zitrone; 1/4 l Fleischbrühe; 50 g Butter; Salz; Pfeffer

- Die Artischocken putzen, in kleine Stücke schneiden und in eine Schüssel mit Wasser und Zitronensaft legen.
- Den Pancetta klein würfeln und in einer Pfanne mit 20 g Butter anbraten; danach die gut abgetropften Artischockenstückchen dazugeben und das Ganze 30 - 35 Minuten dünsten; zwischendurch mit Salz und Pfeffer würzen und nach und nach etwas Fleischbrühe zugießen. Wenn die Artischocken nahezu fertig gegart sind, die Makkaroni in reichlich Salzwasser kochen.
- In einer Kasserolle die restliche Butter zerlassen, den Quark dazugeben und auf kleiner Flamme so lange rühren, bis sich eine sämige Sauce bildet. Danach die Artischocken sowie deren Sauce dazugeben und das Ganze vermengen. Die Eier zusammen mit dem Pecorino in einer Schüssel verquirlen. Die Makkaroni in die Kasserolle mit den Artischocken und der Quarksauce geben; die verquirlten Eier ebenfalls dazugeben und untermischen, bis die Eier gestockt sind. Heiß servieren.

Bild: Makkaroni mit Artischocken-Speck-Sauce. Den Quark zu der zerlassenen Butter geben (1); sobald sich eine sämige Sauce gebildet hat, die Artischocken mit ihrer Sauce dazugeben (2); die Makkaroni al dente kochen und in die Kasserolle mit den Artischocken geben (3).

1 

2 

3 

EMILIA-ROMAGNA

Tortelli mit Brennnesselfülle

Tortelli con le ortiche

ZUBEREITUNGSZEIT: 1 STUNDE

Zutaten für 4 Personen:
Für die Fülle:
500 g Brennnessel; 200 g Quark; 50 g geriebener Parmesan; 20 g Butter; 20 g Speck; 1 kleine Zwiebel; 2 Knoblauchzehen; Salz
Für den Teig:
500 g Mehl; 4 Eier; 1 Prise Salz

• Zubereitung der Fülle: Die Brennnesselblätter in fließendem Wasser waschen, wobei man zum Schutz der Hände Gummihandschuhe trägt; gut abtropfen lassen und in einem Topf mit Salzwasser ca. 10 Minuten kochen. Danach wieder gut abtropfen lassen, auspressen und mit dem Wiegemesser fein hacken.

Bild: Tortelli mit Brennnesselfülle

• Zwiebel und Knoblauch schälen und zusammen mit dem Speck fein hacken; anschließend das Ganze in einer Kasserolle mit 20 g Butter einige Minuten andünsten, die Brennnessel hinzugeben und 5 Minuten durchziehen lassen. Den Quark in eine Schüssel geben, gut verrühren und die Brennnesselsauce sowie den Parmesan dazugeben.

• Zubereitung der Tortelli: Das Mehl auf das Nudelbrett häufen, in der Mitte eine Mulde eindrücken und die Eier sowie etwas Salz hineingeben. Gut vermengen und ca. 15 Minuten kneten, bis sich ein fester, elastischer Teig bildet; diesen zu einer Kugel formen, etwas flachdrücken und mit dem Nudelholz dünn ausrollen. Auf die Hälfte der Teigfläche kleine Häufchen der Fülle geben, die etwa 8 cm voneinander entfernt sein sollten; danach die leere Teighälfte darüber breiten, rund um die Fülle festdrücken und mit dem Messer quadratische Teigtäschchen ausschneiden.

• Die Tortelli in kochendem Wasser ca. 8 - 10 Minuten garen, gut abtropfen lassen und in eine vorgewärmte Schüssel füllen. Nach Belieben mit zerlassener Butter und Parmesan anrichten; die Tortelli können jedoch auch mit Tomatensauce oder Fleischragout serviert werden.

Bild: Tagliatelle mit Rohschinken-Tomaten-Sauce

EMILIA-ROMAGNA

Tagliatelle mit Rohschinken-Tomaten-Sauce

Tagliatelle al prosciutto

ZUBEREITUNGSZEIT: 1 STUNDE

Zutaten für 4 Personen:
Für den Teig:
350 g Mehl; 2 Eier; Salz
Für die Sauce:
100 g Rohschinken; 70 g Butter; 4 reife Tomaten; 3 EL geriebener Parmesan; 1/2 Glas Weißwein; 1/4 Zwiebel; Salz; Pfeffer

• Das Mehl auf das Nudelbrett häufen, in die Mitte eine Mulde eindrücken und die Eier, eine Prise Salz und ein wenig lauwarmes Wasser hineingeben; das Ganze mit Hilfe einer Gabel oder mit den Fingerspitzen von innen nach außen vermengen und ca. 15 Minuten kräftig durchkneten, bis man einen festen Teig erhält, den man mit dem Nudelholz dünn ausrollt.

• Den Teig danach einige Minuten trocknen lassen. Anschließend mit Mehl bestreuen, locker zusammenrollen und in Streifen von ca. 5 mm schneiden; danach wieder ausrollen und auf dem bemehlten Nudelbrett ausbreiten.

• Inzwischen beginnt man mit der Zubereitung der Sauce, indem man zunächst die Tomaten wäscht, schält, die Kerne entfernt und anschließend in Stücke schneidet. Das Fett vom mageren Teil des Rohschinkens trennen und letzteren in kleine Vierecke schneiden.

• Die Butter in einer kleinen Pfanne erhitzen und darin das Schinkenfett sowie die fein gehackte Zwiebel anschwitzen lassen; die mageren Schinkenstückchen hinzufügen und den Wein angießen. Sobald dieser reduziert ist, die Tomaten dazugeben, salzen und ca. 10 Minuten kochen.

• In einem Topf reichlich Salzwasser zum Kochen bringen, die Bandnudeln hineingeben und so lange kochen, bis sie an der Oberfläche schwimmen; gut abtropfen lassen und in eine Schüssel geben, die Sauce darüber gießen, mit Parmesan und einer Prise Pfeffer bestreuen, gut durchmischen und sogleich zu Tisch bringen.

KALABRIEN

Spaghetti mit Kalamarisauce

Spaghetti al ragù di totani

ZUBEREITUNGSZEIT: 1 STUNDE

Zutaten für 4 Personen:
800 g kleine Pfeilkalamari; 400 g Spaghetti; 1 Zwiebel; 2 Knoblauchzehen; 2 EL Tomatenmark; 6 EL Olivenöl extravergine; 4 Basilikumblätter; Salz

- Die Kalamari sorgfältig putzen, dabei Haut, Augen und Mund entfernen und in fließendem Wasser waschen; die Fangarme in kleine Stücke und den Körperbeutel in Ringe schneiden; anschließend in eine Kasserolle geben, leicht salzen und bei kleiner Flamme dünsten, bis all ihre Flüssigkeit verdampft ist.
- Inzwischen kann man bereits den Knoblauch sowie die Zwiebel schälen und letztere in Scheiben schneiden. Sobald die Flüssigkeit verdampft ist, gibt man zu den Kalamari das Olivenöl sowie die Zwiebel und den fein gehackten Knoblauch dazu und lässt das Ganze einige Minuten andünsten. Danach fügt man das Tomatenmark hinzu, verdünnt mit ein wenig warmem Wasser und gibt die gewaschenen Basilikumblätter dazu. Anschließend auf kleiner Flamme ca. 30 Minuten zugedeckt kochen; öfters umrühren.
- Die Spaghetti in reichlich Salzwasser *al dente* kochen, abtropfen lassen und in einer Schüssel mit der Sauce anrichten, wobei man die Kalamari zuvor herausnimmt, um sie als zweiten Gang zu reichen; sogleich heiß servieren.

Bild: Spaghetti mit Kalamarisauce

SARDINIEN

Teigtäschchen mit Schafkäse-Mangold-Fülle

Culingionis

ZUBEREITUNGSZEIT: 2 STUNDEN

Zutaten für 4 Personen:
Für den Teig:
400 g Hartweizengrieß; 4 Eier; 1 Prise Salz; wenig Mehl
Für die Fülle:
4 Eier; 400 g Mangold; 400 g frischer Pecorino, gerieben (ersatzweise weicher Schafkäse); 1 EL Mehl; 1 Prise Safran; etwas geriebene Muskatnuss; Salz; Pfeffer
Für die Sauce:
400 g Tomatensauce;
4 EL geriebener Pecorino (ersatzweise Parmesan)

• Den Grieß auf das Nudelbrett häufen, in die Mitte eine Mulde eindrücken und eine Prise Salz sowie die Eier hineingeben; gut vermengen, wenn nötig etwas lauwarmes Wasser hinzufügen und so lange kneten, bis man einen festen Teig erhält, den man in einer bemehlten Schüssel - mit einem Tuch bedeckt - ruhen lässt, während man die Fülle zubereitet.

• Den Mangold putzen, waschen und in wenig Salzwasser ca. 15 Minuten kochen; gut abtropfen lassen, auspressen und fein hacken. Danach zusammen mit dem frischen Pecorino, dem Mehl, dem Safran sowie einer Prise Muskatnuss in eine Schüssel geben, gut vermengen, mit Salz und Pfeffer würzen und die Eier einrühren.

• Den Teig dünn ausrollen und auf die Hälfte der Teigfläche im Abstand von 4 - 5 cm kleine Häufchen der Fülle geben; mit der anderen Teighälfte bedecken, jeweils rund um die Fülle festdrücken und mit dem Teigrädchen viereckige Täschchen ausschneiden. Diese anschließend in reichlich Salzwasser 10 - 15 Minuten kochen, abtropfen lassen, mit dem geriebenen Pecorino (oder Parmesan) sowie der Tomatensauce anrichten und sofort servieren.

Bild: Teigtäschchen mit Schafkäse-Mangold-Fülle

TRENTINO

Mangold-Gnocchi

Strangolapreti alla trentina

ZUBEREITUNGSZEIT: 1 STUNDE 15 MINUTEN

Zutaten für 4 Personen:
Für die Gnocchi:
350 g Mangoldblätter;
250 g altbackenes Brot;
ein wenig Mehl;
1 Tasse Milch; 2 Eier; Salz
Für die Sauce:
80 g Butter;
4 EL geriebener Parmesan;
5 - 6 Salbeiblätter

• Den Mangold sorgfältig putzen, die Stiele entfernen, waschen und in einem Topf ohne Wasser, aber mit etwas Salz, ca. 10 Minuten kochen; anschließend abtropfen und abkühlen lassen.
• Das Brot in kleine Würfel schneiden und in eine Schüssel geben; dann die Milch zugießen und solange zugedeckt ruhen lassen, bis sich das Brot mit Milch vollgesaugt hat.
• Wenn der Mangold abgekühlt ist, gut ausdrücken, fein hacken und in eine Schüssel geben; das gut ausgedrückte Brot, die Eier sowie eine Prise Salz dazugeben und gut durchmischen.
• Dieses Gemisch mit dem Passiergerät pürieren und auf dem bemehlten Nudelbrett gut durchkneten, bis man einen eher weichen Teig erhält; gegebenenfalls noch etwas Mehl hinzufügen. Aus dem Teig etwa fingerdicke Röllchen formen und diese in ca. 2 cm lange Stückchen schneiden.
• In einem Topf reichlich Salzwasser zum Kochen bringen und die Gnocchi vorsichtig einlegen. Sobald sie an der Oberfläche schwimmen, mit der Schöpfkelle herausnehmen und in eine vorgewärmte Schüssel füllen. 80 g Butter in einer Pfanne mit den Salbeiblättern schmelzen lassen und (ohne den Salbei) über die Gnocchi gießen, den Parmesan darüberstreuen und sofort servieren.

Bild: Mangold-Gnocchi

KALABRIEN

Überbackene Makkaroni mit Schinken-Tomaten-Sauce

Maccheroni alla calabrese

ZUBEREITUNGSZEIT: 1 STUNDE 30 MINUTEN

Zutaten für 4 Personen:
400 g Makkaroni;
400 g passierte Tomaten;
80 g Rohschinken;
6 EL geriebener Pecorino (ersatzweise Parmesan);
1 Bund Petersilie; 1 Knoblauchzehe;
1 Zwiebel; 1 Bund Basilikumblätter;
1/2 Glas Olivenöl extravergine; Salz; Pfeffer

- Die Basilikumblätter sowie die Petersilie putzen und waschen, letztere zusammen mit dem Rohschinken fein hacken; die Knoblauchzehe schälen und zerdrücken.
- Die Zwiebel schälen, in dünne Scheiben schneiden und mit 4 EL Olivenöl in einer Kasserolle andünsten; sobald die Zwiebel Farbe angenommen hat, die Basilikumblätter, den Knoblauch sowie den fein gehackten Schinken mit der Petersilie dazugeben. 5 - 6 Minuten durchziehen lassen, dann die passierten Tomaten einrühren, mit einer Prise Salz bzw. Pfeffer würzen und bei geringer Hitze 25 - 30 Minuten zugedeckt köcheln lassen.
- Die Makkaroni in reichlich Salzwasser besonders bissfest *(al dente)* kochen, abtropfen lassen und 1 EL Olivenöl dazugießen.
- Eine feuerfeste Form leicht einfetten und die Makkaroni schichtweise einfüllen, wobei jede Schicht mit etwas Pecorino und Sauce bedeckt wird. Zuletzt das restliche Öl darüber gießen und im vorgeheizten Backofen bei 180° ca. 15 Minuten überbacken. Danach sofort heiß zu Tisch bringen.

Bild: Überbackene Makkaroni mit Schinken-Tomaten-Sauce

EMILIA-ROMAGNA

Tagliatelle mit Hühnerinnereienragout

Tagliatelle con ragù di rigaglie

ZUBEREITUNGSZEIT: 3 STUNDEN

Zutaten für 4 Personen:
Für das Ragout:
400 g Hühnerinnereien (Leber, Magen, Herz); 200 g frische Pilze; 40 g *pancetta* (ersatzweise durchwachsener Bauchspeck); 1 Zwiebel; 1 Karotte; 1 Stange Sellerie; $^1/_8$ l trockener Weißwein; $^1/_4$ l Milch; 40 g Butter; Salz; Pfeffer
Für den Teig:
400 g Mehl; 4 Eier; Salz

• Zubereitung des Ragouts: Die Hühnerinnereien putzen, waschen und in kleine Stücke schneiden, wobei man Herz und Magen getrennt von der Leber bereitlegt. Die Zwiebel schälen, die Karotte sowie den Sellerie putzen und waschen und diese drei Zutaten zusammen mit dem Pancetta hacken; anschließend in einer Kasserolle mit 20 g Butter andünsten, Herz- und Magenstücke dazugeben und einige Minuten anbraten. Etwas Wein angießen und weitere 10 - 15 Minuten kochen, wobei man nach und nach den restlichen Wein hinzufügt. In der Zwischenzeit die Pilze putzen, in Scheibchen schneiden und ebenfalls in die Kasserolle geben; mit Salz und Pfeffer würzen und bei sehr geringer Hitze 2 Stunden zugedeckt köcheln lassen. Etwa 7 - 8 Minuten vor Ende der Kochzeit gibt man noch die Hühnerleber, die Milch sowie die restliche Butter dazu.

• Zubereitung des Teiges: Das Mehl auf das Nudelbrett häufen, in die Mitte eine Mulde eindrücken und eine Prise Salz sowie die Eier hineingeben; gut vermengen und 15 Minuten kräftig kneten, dabei so viel lauwarmes Wasser dazugeben, dass man einen glatten, festen Teig erhält. Diesen zu einer Kugel formen, mit der Hand etwas flach drücken und mit dem Nudelholz dünn ausrollen. Den Teig leicht mit Mehl bestreuen, locker zusammenrollen und in ca. 5 mm breite und 10 cm lange Streifen schneiden; diese auf dem bemehlten Brett zum Trocknen auslegen.

• Wenn das Ragout fertig gegart ist, in einem Topf reichlich Salzwasser zum Kochen bringen, die Tagliatelle hineingeben und so lange kochen, bis sie an die Oberfläche kommen; danach in eine Schüssel füllen, das Ragout darüber gießen und sogleich servieren; dazu kann man etwas geriebenen Parmesan reichen.

Bild: Tagliatelle mit Hühnerinnereienragout

VENETIEN

Bandnudelauflauf

Pasticcio di tagliatelle

ZUBEREITUNGSZEIT: 1 STUNDE

Zutaten für 4 Personen:
400 g *tagliolini* (schmale Bandnudeln);
100 g Gänsesalami oder Gänseschinken
(ersatzweise Schweinsschinken);
30 g Rosinen;
30 g Pinienkerne;
1 Zweig Rosmarin;
4 - 5 Salbeiblätter;
4 EL Semmelbrösel;
8 EL Olivenöl extravergine; Salz

- Die Rosinen 20 Minuten in einer Schüssel mit lauwarmem Wasser einweichen; anschließend abtropfen lassen und ausdrücken. In einem Topf reichlich Salzwasser zum Kochen bringen, die Bandnudeln hineingeben und *al dente* garen (etwa 2 - 3 Minuten).
- In der Zwischenzeit den Rosmarin putzen, waschen und zusammen mit dem Salbei fein hacken; die Salami in kleine Stücke schneiden und alles zusammen in einer Pfanne mit 4 EL Öl etwa 7 - 8 Minuten dünsten.
- Die fertig gekochten Nudeln abtropfen lassen und mit der Salami-Sauce übergießen; außerdem die Pinienkerne sowie die Rosinen dazugeben. Mit dem restlichen Öl eine feuerfeste Form einfetten und mit Semmelbröseln bestreuen; die Nudeln mit Sauce hineingeben und das Ganze bei 180° ca. 20 - 25 Minuten im Ofen backen. Anschließend sogleich servieren.

Ein ebenso schmackhaftes Gericht erhalten Sie, wenn Sie statt der Gänsesalami bzw. des Gänseschinkens die entsprechenden Produkte aus Schweinefleisch verwenden.

Bild: Bandnudelauflauf

VENETIEN

Bigoli mit Enteninnereiensauce

Bigoli in salsa di anatra

ZUBEREITUNGSZEIT: 1 STUNDE 30 MINUTEN

Zutaten für 4 Personen:
Für die *bigoli* (dicke Spaghetti):
300 g Mehl; 3 Eier;
30 g Butter; Milch;
Salz
Für die Sauce:
250 g Enteninnereien (Magen, Leber usw.);
40 g Butter; 4 EL Olivenöl extravergine; Salz
Hilfsmittel:
Nudelmaschine für die *bigoli*

• Das Mehl auf das Nudelbrett häufen, in die Mitte eine Mulde eindrücken und die Eier, das Salz sowie die zerlassene Butter hineingeben; gut vermengen, dabei, wenn nötig, etwas Milch zugießen, sodass man einen festen Teig erhält. Nun die Nudelmaschine auf die entsprechende Breite einstellen und den Teig durchdrehen; ist keine Maschine vorhanden, kann man den Teig in kleine Stücke zerteilen, aus denen man mit der Hand dicke Spaghetti rollt. Diese auf dem bemehlten Nudelbrett 15 - 20 Minuten zum Trocknen auslegen.
• Die Enteninnereien putzen und in kleine Stücke schneiden; anschließend in einer kleinen Kasserolle mit der Butter und dem Öl auf kleiner Flamme 15 - 20 Minuten anbraten, zuletzt etwas salzen.
• Die Spaghetti in reichlich Salzwasser *al dente* garen, die Sauce darüber gießen und heiß servieren.

Dieses Gericht, das durch eine gekochte Ente vervollständigt wurde, stellte das traditionelle Essen zum Fest der »Königin des heiligen Rosenkranzes« *(Madonna del Rosario)* dar, das am 7. Oktober gefeiert wird.

Bild: Bigoli mit Enteninnereiensauce

Bild: Gnocchi mit Kalbshirn

FRIAUL-JULISCH VENETIEN

Gnocchi mit Kalbshirn

Gnocchi con la cervella

ZUBEREITUNGSZEIT: 1 STUNDE 20 MINUTEN

Zutaten für 4 Personen:
600 g Kalbshirn;
2 ganze Eier und 2 Eidotter;
70 g Butter;
2 EL Semmelbrösel; 1 Bund Petersilie;
1 Prise Muskatnuss; Salz
Für die Backform:
etwas Butter

- Das Kalbshirn waschen bzw. einige Minuten in kaltes Wasser legen; danach abtropfen lassen, im Mörser zerstoßen und in eine Schüssel geben; dazu gibt man die Eier, Eidotter, Semmelbrösel, Butter, Muskatnuss, die gewaschene und fein gehackte Petersilie sowie eine Prise Salz. Das Ganze gut vermengen.
- Eine große Form mit Butter einfetten und die Masse ca. 1 cm dick hineinstreichen; anschließend die Form in einen Topf mit Wasser geben und im Wasserbad ca. 40 Minuten kochen.
- Danach aus der Form stürzen und mit einer beliebigen Ausstechform die Gnocchi ausstechen.

Diese Gnocchi werden vor dem Servieren noch einige Minuten in Hühnerbrühe bzw. einer Fleischbrühe gekocht.

LIGURIEN

Teigtäschchen mit Kräuterfülle

Cappellacci alla maggiorana

ZUBEREITUNGSZEIT: 1 STUNDE 30 MINUTEN

Zutaten für 4 Personen:
Für den Teig:
300 g Mehl; 3 Eier; Salz
Für die Fülle:
400 g gemischte Kräuter; 180 g Quark;
75 g geriebener Parmesan; 2 Eier; Salz; Pfeffer
Für die Sauce:
60 g Butter; 4 EL geriebener Parmesan;
einige frische Majoranblätter

- Das Mehl auf das Nudelbrett häufen, in die Mitte eine Mulde eindrücken und die Eier sowie eine Prise Salz hineingeben; gut vermengen und einige Minuten kräftig kneten, bis man einen glatten Teig erhält. Diesen dünn ausrollen und Scheiben von ca. 6 cm Durchmesser ausstechen.
- Die Kräuter sorgfältig putzen, waschen und in leicht gesalzenem Wasser ca. 15 Minuten kochen; anschließend abtropfen lassen, auspressen und fein hacken. Danach in einer Schüssel mit den Eiern, dem Quark und dem Parmesan vermengen und mit einer Prise Salz und Pfeffer würzen. Diese Masse auf die Hälfte der Teigscheiben häufen und mit der anderen Hälfte der Scheiben bedecken; an den Rändern gut festdrücken.
- Die Teigtäschchen in reichlich Salzwasser *al dente* kochen. Inzwischen in einem kleinen Topf die Butter mit dem Majoran erhitzen. Die fertig gekochten *cappellacci* abtropfen lassen, in eine vorgewärmte Schüssel füllen und mit der zerlassenen Majoranbutter übergießen; den Parmesan darüber streuen und sogleich servieren.

Bild: Teigtäschchen mit Kräuterfülle

ABRUZZEN

Nudeln mit Hammelragout

Pasta al ragù di castrato

ZUBEREITUNGSZEIT: 2 STUNDEN 30 MINUTEN

Zutaten für 4 Personen:
400 g *pasta corta* (z. B. Nudelfleckchen, Farfalle usw.);
400 g passierte Tomaten;
250 g Hammelfleisch, klein geschnitten;
4 EL geriebener Pecorino (ersatzweise Parmesan);
1 Zweig Rosmarin; 1 Zwiebel; $^1/_8$ l trockener Weißwein;
5 EL Olivenöl extravergine; Salz; Pfeffer

• Die Zwiebel schälen, den Rosmarin waschen und die Blätter abtrennen; beides zusammen fein hacken und in einer Kasserolle mit dem Öl sowie dem Hammelfleisch andünsten; wenn das Fleisch sich gebräunt hat, den Wein angießen und bei mittlerer Hitze ca. 15 Minuten kochen. Mit Salz und Pfeffer würzen, die passierten Tomaten dazugeben und auf sehr kleiner Flamme zugedeckt $1^1/_2$ Stunden köcheln lassen.

• Wenn das Ragout fertig gekocht ist, die Nudeln in reichlich Salzwasser garen und in eine Schüssel füllen; das Hammelragout darüber gießen, mit Pecorino bestreuen und heiß servieren.

Bild: Nudeln mit Hammelragout

Makkaroniauflauf mit Paprikasauce

Maccheroni gratinati al sugo di peperoni

ZUBEREITUNGSZEIT: 1 STUNDE 30 MINUTEN

Zutaten für 4 Personen:
300 g Makkaroni oder Rigatoni;
4 große fleischige Paprika;
80 g in Salz eingelegte Kapern;
80 g schwarze Oliven;
5 EL Semmelbrösel;
2 Knoblauchzehen; 1 Prise Oregano;
1 EL Petersilie, feingehackt;
½ Glas Olivenöl extravergine;
Salz; Pfeffer

- Die Paprika waschen, trocknen und 5 - 6 Minuten im heißen Backofen braten; danach entfernt man Haut, Kerne und Trennwände und schneidet die Paprika in feine Streifen. In einem Topf reichlich Salzwasser für die Makkaroni zum Kochen bringen.
- Inzwischen die Knoblauchzehen schälen, fein hacken und mit der gehackten Petersilie vermengen; danach beides in einer Kasserolle mit der Hälfte des Olivenöls andünsten. Dazu gibt man nun die (eventuell entkernten) Oliven, den Oregano, die gut abgespülten Kapern und eine Prise Pfeffer und lässt das Ganze bei mittlerer Hitze zugedeckt 8 - 10 Minuten dünsten.
- Die Nudeln in das kochende Wasser geben und besonders bissfest *(al dente)* garen. Gut abtropfen lassen und das gedünstete Oliven-Kapern-Gemisch sowie die Hälfte der Paprika dazugeben.
- Eine Auflaufform mit einem EL Olivenöl einfetten und schichtweise einen Teil der Nudeln, die andere Hälfte der Paprika sowie ein wenig Semmelbrösel hineingeben; die oberste Schicht sollte von den Semmelbröseln gebildet werden. Das restliche Öl darüber gießen und bei 200° 20 - 25 Minuten im Ofen backen. Danach sofort heiß servieren.

Bild: Makkaroniauflauf mit Paprikasauce

Bild: Fadennudeln mit Tomatensauce

KAMPANIEN

Fadennudeln mit Tomatensauce

Vermicelli col pomodoro

ZUBEREITUNGSZEIT: 45 MINUTEN

Zutaten für 4 Personen:
400 g *vermicelli* (dünne Fadennudeln);
500 g Tomaten; 1 Knoblauchzehe;
1 Bund Petersilie;
einige Basilikumblätter; 1 Zwiebel;
4 EL Olivenöl extravergine; Salz

• Die Tomaten kurz in kochendem Wasser überbrühen, abtropfen lassen, schälen und in kleine Stückchen schneiden; die Kerne entfernen.

• Die Petersilie sowie die Basilikumblätter putzen, waschen und fein hacken. Die Knoblauchzehe sowie die Zwiebel schälen, fein hacken und in einer Kasserolle mit dem Öl andünsten. Sobald sie Farbe annehmen, die Tomaten dazugeben, gut vermengen, mit etwas Salz würzen und auf kleiner Flamme ca. 40 Minuten zugedeckt köcheln lassen. Gelegentlich etwas warmes Wasser angießen, damit die Sauce sich nicht allzu sehr eindickt. Zuletzt mit dem Gemisch aus Petersilie und Basilikum bestreuen.

• Die *vermicelli* in einem Topf mit reichlich kochendem Salzwasser *al dente* garen und danach sogleich auf die Teller geben; mit der Sauce anrichten und heiß servieren.

APULIEN

Makkaroni mit überbackenen Tomaten

Maccheroni con pomodori al forno

ZUBEREITUNGSZEIT: 1 STUNDE

Zutaten für 4 Personen:
400 g Makkaroni; 450 g reife Tomaten;
4 EL geriebener Pecorino (ersatzweise Parmesan);
2 Knoblauchzehen; 1 Bund Petersilie;
8 EL Olivenöl extravergine; Salz; Pfeffer

- Die Tomaten waschen und in Stücke schneiden; die Kerne entfernen. Den Knoblauch schälen, die Petersilie putzen und waschen, anschließend beides zusammen fein hacken. Eine große Backform mit ein wenig Öl einfetten, die Tomatenstücke hineingeben und den Knoblauch mit der Petersilie darüber streuen; mit einer Prise Salz bzw. Pfeffer würzen, das restliche Öl darüber gießen und bei 180° etwa 30 Minuten im Ofen überbacken.
- In einem Topf reichlich Salzwasser zum Kochen bringen, die Nudeln hineingeben und *al dente* garen; danach abtropfen lassen und in eine vorgewärmte Schüssel geben, die Tomaten aus dem Backofen samt Sauce darüber gießen, mit Pecorino bestreuen und sofort heiß servieren.

EMILIA-ROMAGNA

Quark-Gnocchi

Gnocchetti di ricotta

ZUBEREITUNGSZEIT: 40 MINUTEN

Zutaten für 4 Personen:
300 g Quark;
100 g Mehl;
300 g geriebener Parmesan;
2 ganze Eier und 2 Eidotter;
Muskatnuss;
Salz

- Das Mehl auf das Nudelbrett häufen, in die Mitte eine Mulde eindrücken und die beiden Eier, die Eidotter, den Quark, den Parmesan, eine Prise Muskatnuss sowie eine Prise Salz hineingeben. Das Ganze mit Hilfe einer Gabel oder mit den Fingerspitzen von der Mitte aus mit dem Mehl vermengen und 15 Minuten kräftig kneten. Aus dem Teig kleinfingerdicke Röllchen formen, die man zu ca. 2 cm langen Stücken schneidet.
- In einem Topf reichlich Salzwasser zum Kochen bringen und die Gnocchetti darin ca. 3 Minuten garen. Danach mit dem Schaumlöffel herausnehmen und in eine tiefe Schüssel geben. Butter und Parmesan dazugeben oder aber mit Fleischragout anrichten und sofort servieren.

Bild: Makkaroni mit überbackenen Tomaten

APULIEN

Nudeln mit Muschelsauce

Pasta alle cozze

ZUBEREITUNGSZEIT: 50 MINUTEN

Zutaten für 4 Personen:
400 g Röhrchennudeln oder Spaghetti;
600 g Miesmuscheln;
400 g reife Tomaten;
2 Knoblauchzehen;
1 Bund Petersilie;
4 EL Olivenöl extravergine;
Salz; Pfeffer

- Die Petersilie putzen und waschen, den Knoblauch schälen und mit der Petersilie fein hacken. Die Muscheln in fließendem Wasser sorgfältig waschen, mit einem spitzen Messer öffnen, das Muschelfleisch herausnehmen und in eine Schüssel geben. Die Tomaten waschen und kurz mit kochendem Wasser überbrühen; danach abtropfen lassen, häuten, die Kerne entfernen und in kleine Stücke schneiden. In einem Topf reichlich Salzwasser für die Nudeln zum Kochen bringen.
- Inzwischen die feingehackte Petersilie mit Knoblauch in einer Pfanne mit dem Olivenöl andünsten, die Tomaten dazugeben und 2 - 3 Minuten kochen. Anschließend die Muscheln dazugeben, mit Salz und Pfeffer würzen und bei starker Hitze 7 - 8 Minuten kochen; gelegentlich umrühren.
- Die Nudeln in das kochende Wasser geben und *al dente* garen; anschließend abtropfen lassen und in eine tiefe Schüssel füllen, die Muschelsauce darüber gießen, gut durchmischen und sogleich servieren.

Bild: Nudeln mit Muschelsauce

SIZILIEN

Makkaroni mit Hackfleischsauce

Pasta con la carne macinata

ZUBEREITUNGSZEIT: 1 STUNDE

Zutaten für 4 Personen:
250 g Makkaroni; 350 g mageres Rindsfilet;
250 g passierte Tomaten;
100 g *caciocavallo* (Hartkäse;
ersatzweise Pecorino, in dünne Scheibchen geschnitten);
50 g geriebener Pecorino (ersatzweise Parmesan);
1 Zwiebel; 1 Knoblauchzehe; 1 Lorbeerblatt;
3 Basilikumblätter; 1 Bund Petersilie; 1 EL Tomatenmark; 1 EL trockener Rotwein; 1 Tasse Fleischbrühe;
8 EL Olivenöl extravergine; Salz; Pfeffer

• Den Knoblauch und die Zwiebel schälen, die Basilikumblätter sowie die Petersilie putzen und waschen und alles zusammen fein hacken und in einer Kasserolle mit der Hälfte des Olivenöls auf kleiner Flamme andünsten. Dann das Rindfleisch sowie das gewaschene Lorbeerblatt dazugeben. Wenn das Fleisch von beiden Seiten gut angebraten ist, den Wein angießen, reduzieren lassen, mit Salz und Pfeffer würzen und die passierten Tomaten sowie das mit Fleischbrühe verdünnte Tomatenmark dazugeben. Das Ganze bei sehr geringer Hitze zugedeckt 30 Minuten köcheln lassen.

• Inzwischen die Makkaroni in reichlich Salzwasser *al dente* garen. Das Fleisch aus der fertig gekochten Sauce nehmen, abtropfen lassen, fein hacken und wieder in die Kasserolle geben.

• Eine feuerfeste Form mit dem restlichen Öl einfetten, einige EL der Fleischsauce hineingeben, mit einigen Scheibchen Hartkäse sowie einem Teil der Makkaroni bedecken und etwas Pecorino darüber streuen. Diesen Vorgang wiederholen, bis die Zutaten aufgebraucht sind; als oberste Schicht sollte die restliche Sauce aufgetragen werden. Das Ganze schließlich bei 200° 5 - 7 Minuten im Ofen backen und sogleich servieren.

Bild: Makkaroni mit Hackfleischsauce

Im sizilianischen Dialekt trägt dieses Rezept übrigens die Bezeichnung *Pasta ca carni capuliata.*

EMILIA-ROMAGNA

Pappardelle mit Pilzsauce

Pappardelle al sugo di funghi

ZUBEREITUNGSZEIT: 1 STUNDE + 4 STUNDEN ZUM TROCKNEN DER PAPPARDELLE

Zutaten für 4 Personen:
Für den Teig:
400 g Mehl;
3 Eier;
1 EL Olivenöl extravergine;
1 Prise Salz
Für die Sauce:
80 g Tomatenmark;
30 g getrocknete Pilze;
1 Zwiebel;
1 Knoblauchzehe;
4 EL Olivenöl extravergine;
Salz

• Zubereitung der Nudeln: Das Mehl auf das Nudelbrett häufen, in die Mitte eine Mulde eindrücken und eine Prise Salz, die Eier und einige EL warmes Wasser hineingeben. Gut vermengen und durchkneten, dabei falls nötig noch etwas warmes Wasser dazugeben, bis der Teig die richtige Konsistenz erhält. Anschließend dünn ausrollen, locker zusammenrollen und in ca. 3 cm breite Streifen schneiden; diese ausrollen und 4 Stunden auf dem bemehlten Nudelbrett trocknen lassen.

• Zubereitung der Sauce: Die Pilze 20 Minuten in lauwarmem Wasser einweichen; danach abtropfen lassen und gut ausdrücken. Die Zwiebel schälen und fein hacken, den Knoblauch schälen und zerdrücken und beides in einer Kasserolle mit dem Öl glasig andünsten. Die gut abgetropften Pilze und das mit einer Tasse lauwarmem Wasser verdünnte Tomatenmark dazugeben, salzen und 30 Minuten unter gelegentlichem Rühren kochen.

• In einem Topf reichlich Salzwasser mit 1 EL Öl zum Kochen bringen, die Bandnudeln hineingeben und einige Minuten kochen; danach abtropfen lassen und in eine Schüssel geben, mit der Sauce anrichten und heiß servieren.

Bild: Pappardelle mit Pilzsauce

Auf dieselbe Weise werden auch die sogenannten *parpadelle* zubereitet, bei denen der Teig im Gegensatz zu den *pappardelle* nicht in Streifen, sondern in Rautenform von ca. 3 cm Seitenlänge geschnitten wird.

Grüne Lasagne mit Fleischfülle

Lasagne verdi al forno

ZUBEREITUNGSZEIT: 3 STUNDEN

Zutaten für 4 Personen:
Für die Sauce:
100 g Rindfleisch;
100 g Schinken oder Schinkenspeck;
100 g Schweinslende; 100 g Hühnerinnereien;
100 g geriebener Parmesan;
1 Trüffel; 2 EL Tomatenmark;
50 g *pancetta* (ersatzweise durchwachsener Bauchspeck); 1 Karotte; 1 Zwiebel;
1 Stange Sellerie; 10 g Butter; Salz; Pfeffer

Für den Teig:
300 - 350 g Mehl; 300 g Spinat; 2 Eier; Salz
Für die Béchamelsauce:
60 g Butter; 50 g Mehl; 1/2 l Milch;
1 Prise Muskatnuss; Salz; Pfeffer
Zum Abrunden:
40 g Butter

• Zubereitung der Sauce: Das Rindfleisch, den Schinken sowie die Schweinslenden fein hacken. Die Zwiebel schälen, die Karotte und den Sellerie putzen und waschen und zusammen mit dem Pancetta fein hacken; schließlich das Ganze in einer Kasserolle mit etwas Butter dünsten. Das Hackfleisch dazugeben und einige Minuten anbraten, mit Salz und Pfeffer würzen, das Tomatenmark - mit einer Tasse lauwarmem Wasser verdünnt - hinzufügen und auf sehr kleiner Flamme 1 Stunde zugedeckt köcheln lassen; wenn nötig, ein wenig lauwarmes Wasser hinzufügen. Danach die gewaschenen und klein geschnittenen Hühnerinnereien dazugeben, nach 4 - 5 Minuten die in feine Scheiben geschnittene Trüffel hinzufügen und nach weiteren 5 Minuten von der Herdplatte nehmen.

Bild: Grüne Lasagne mit Fleischfülle

• Zubereitung der Teigblätter: Zunächst den Spinat putzen, waschen und 15 Minuten in wenig Salzwasser kochen; danach abtropfen lassen, gut ausdrücken und mit dem Passiergerät pürieren.
• Das Mehl auf das Nudelbrett häufen, in die Mitte eine Vertiefung drücken und eine Prise Salz, die Eier und den passierten Spinat hineingeben. Das Ganze vermengen und zu einer homogenen, aber eher weichen Masse kneten; bei Bedarf noch etwas Mehl hinzufügen. Anschließend den Teig ausrollen und zu Rechtecken in der Größe der Auflaufform schneiden. Die Teigreste erneut verkneten und daraus weitere Rechtecke schneiden.
• Zubereitung der Béchamelsauce: Die Butter in einem kleinen Topf bei geringer Hitze zerlassen, das Mehl einrühren, weiters die Milch sowie Muskatnuss, Salz und Pfeffer dazugeben und auf ganz kleiner Flamme 10 - 15 Minuten unter Rühren köcheln lassen.
• Jeweils zwei der Teigblätter in einem Topf mit reichlich Salzwasser *al dente* (wenige Minuten) garen, vorsichtig herausnehmen, abtropfen lassen und auf einem Küchentuch ausbreiten.
• Die Auflaufform mit der Butter einfetten, ein Teigblatt einlegen, etwas Fleischsauce sowie Béchamelsauce dazugeben, mit Parmesan bestreuen und das Ganze wiederholen, bis die Zutaten aufgebraucht sind. Auf die oberste Schicht legt man einige Butterflöckchen und lässt die Lasagne anschließend bei 180° 25 - 30 Minuten überbacken. Sogleich heiß servieren.

Makkaroni mit Erbsen

Pasta con i piselli

ZUBEREITUNGSZEIT: 40 MINUTEN

Zutaten für 4 Personen:
800 g Erbsen in der Schote;
350 g gerillte Makkaroni;
60 g *pancetta* vom Schwein (ersatzweise durchwachsener Bauchspeck); 30 g Butter;
50 g geriebener Parmesan; 1 große Zwiebel;
1 kleiner Bund Petersilie; 1/2 Tasse Fleischbrühe;
4 EL Olivenöl extravergine; Salz; Pfeffer

• Die Erbsen aushülsen und waschen; die Zwiebel schälen und zusammen mit dem Pancetta fein hacken. Die Petersilie putzen, waschen und fein hacken. All diese Zutaten in eine Kasserolle mit dem Öl und der Brühe geben, mit einer Prise Salz und Pfeffer würzen und auf kleiner Flamme ca. 30 Minuten köcheln lassen; gelegentlich umrühren.
• In einem Topf reichlich Salzwasser zum Kochen bringen, die Nudeln hineingeben und *al dente* garen. Danach abtropfen lassen, in eine vorgewärmte Schüssel geben und mit etwas Butter und den Erbsen anrichten; etwas Parmesan darüber streuen und sogleich heiß servieren.

Bild: Makkaroni mit Erbsen

Bild: Nudelauflauf mit Rindfleischklößchen

APULIEN

Nudelauflauf mit Rindfleischklößchen

Pasta al forno

ZUBEREITUNGSZEIT: 45 MINUTEN

Zutaten für 4 Personen:
350 g *penne*; 150 g Rinderhackfleisch;
150 geriebener Pecorino (ersatzweise Parmesan);
2 EL Semmelbrösel;
1 Tasse Tomatensauce;
1 Mozzarella aus Büffelmilch;
1 Ei; 1 Knoblauchzehe;
1 Bund Petersilie; 3 - 4 Basilikumblätter;
Olivenöl zum Ausbacken;
2 EL Olivenöl extravergine; Salz

• Die Tomatensauce in eine Kasserolle geben, die 2 EL Olivenöl sowie die gewaschenen Basilikumblätter dazugeben und 15 Minuten kochen. Die Petersilie putzen und waschen, den Knoblauch schälen und beides fein hacken.

• In eine Schüssel gibt man nun das Hackfleisch, das Ei, den Pecorino (bis auf 4 EL), das Gemisch aus Knoblauch und Petersilie sowie eine Prise Salz; das Ganze gut vermengen und daraus kirschgroße Klößchen formen.

• In einem Frittiertopf oder einer Fritteuse reichlich Öl erhitzen, die Klößchen hineingeben und von allen Seiten goldbraun ausbacken; anschließend herausnehmen und zu der Tomatensauce geben.

• In einem Topf reichlich Salzwasser zum Kochen bringen, die Nudeln hineingeben und *al dente* garen. Etwas Sauce (ohne Klößchen) in eine Auflaufform gießen und die restlichen Zutaten schichtweise darüber geben - die Penne, einige Scheiben Mozzarella sowie ein wenig Sauce mit Klößchen; zuletzt das Ganze mit Semmelbröseln und Pecorino bestreuen und in dem auf 200° vorgeheizten Backofen 15 Minuten überbacken. Anschließend sofort heiß servieren.

Bild: Nudelauflauf mit Melanzane

KAMPANIEN

Nudelauflauf mit Melanzane

Pasta e melanzane al gratin

ZUBEREITUNGSZEIT: 1 STUNDE 45 MINUTEN

Zutaten für 4 Personen:
400 g *torciglioni* (Makkaroni);
400 g passierte Tomaten; 100 g Mozzarella;
2 Sardellen, in Salz eingelegt;
2 Melanzane;
2 hart gekochte Eier; 2 EL Semmelbrösel;
4 EL geriebener Parmesan; einige Basilikumblätter;
1 Stange Sellerie; 1 Zwiebel;
1 TL Zucker;
30 g Butter;
Olivenöl zum Ausbacken; Salz

• Die Zwiebel schälen, den Sellerie sowie die Basilikumblätter putzen und waschen und alles zusammen in eine Kasserolle mit der Hälfte der Butter geben, die passierten Tomaten sowie den Zucker dazugeben und auf ganz kleiner Flamme zugedeckt 25 - 30 Minuten kochen, bis die Sauce entsprechend eingedickt ist. Zuletzt salzen, gut durchrühren, anschließend vom Herd nehmen und mit dem Passiergerät pürieren.

• Die Melanzane waschen, trocknen und in dünne Scheiben schneiden; in einem Frittiertopf reichlich Öl erhitzen, die Melanzanescheiben hineingeben und goldgelb ausbacken. Danach auf einer dicken Lage Haushaltspapier abfetten lassen. Die Sardellen abspülen, entgräten und in kleine Stückchen schneiden; danach die hart gekochten Eier sowie den Mozzarella in Scheiben schneiden.

• Die Nudeln in reichlich Salzwasser garen, gut abtropfen lassen und die Hälfte des Parmesans sowie die Hälfte der verbliebenen Butter darüber geben. Anschließend mit der restlichen Butter eine Auflaufform einfetten und schichtweise etwas *pasta*, einige Scheiben Melanzane, harte Eier und Mozzarella sowie einige Sardellenstückchen und etwas Tomatensauce hineingeben. Den restlichen Parmesan mit den Semmelbröseln vermengen und auf die oberste Schicht streuen; schließlich in den Backofen geben und bei 200° 10 - 12 Minuten überbacken. Anschließend sogleich heiß servieren.

EMILIA-ROMAGNA

Makkaroniauflauf mit Taubenfleisch

Pasticcio di pasta con piccioni

ZUBEREITUNGSZEIT: 2 STUNDEN 20 MINUTEN

Zutaten für 4 Personen:
350 g Makkaroni; 40 g Butter;
3 EL geriebener Parmesan; 2 kleine Tauben, die man zuvor in Tomatensauce geschmort hat; Salz
Für den Mürbeteig:
300 g Mehl; 150 g weiche Butter;
50 g Zucker;
3 Eier; 1/2 unbehandelte Zitronenschale; Salz

• Das Mehl auf das Nudelbrett häufen, in die Mitte eine Vertiefung drücken und den Zucker, die Eier, die in Flöckchen geschnittene Butter, die geriebene Schale der halben Zitrone sowie eine Prise Salz hineingeben. Das Ganze mit Hilfe einer Gabel oder mit den Fingerspitzen von innen nach außen gut vermengen und den Teig nur so lange kneten wie unbedingt nötig; danach die Teigkugel in ein Tuch wickeln und an einem kühlen Ort ca. 30 Minuten ruhen lassen.

• Die gegarten Tauben ausbeinen und das Fleisch wieder in die Bratensoße legen. Die Makkaroni in kochendem Salzwasser ca. 5 - 6 Minuten garen, anschließend abtropfen lassen, in eine Schüssel füllen und das Fleisch mit Bratensoße, ein Stückchen Butter sowie den Parmesan dazugeben; das Ganze sorgfältig durchmischen.

• Nach der Ruhezeit wird der Teig mit dem Nudelholz nicht zu dünn ausgerollt und in eine tiefe ovale Backform gelegt, die man zuvor mit Butter ausgestrichen hat. Darauf häuft man nun die Makkaroni mit der Fleischsoße, schneidet die überstehenden Ränder der Teigplatte ab und formt aus diesen Resten eine Teigplatte von der Größe der Backform, mit der die Makkaronifülle bedeckt wird; man sollte darauf achten, dass der Teig an den Rändern gut verbunden ist. Nachdem man die Teigoberfläche mit einer Gabel mehrmals angestochen hat, gibt man die Form in den auf 180° vorgewärmten Backofen und lässt den Auflauf ca. 1 Stunde 15 Minuten backen. Anschließend den goldbraunen Auflauf herausnehmen, 15 Minuten ruhen lassen und schließlich zu Tisch bringen.

Bild: Makkaroniauflauf mit Taubenfleisch

EMILIA-ROMAGNA

Tortelli mit Spinat-Quark-Fülle

Tortelli di ricotta alla piacentina

ZUBEREITUNGSZEIT: 1 STUNDE 30 MINUTEN + 2 STUNDEN RUHEZEIT FÜR DIE TORTELLI

Zutaten für 4 Personen:
Für die Fülle:
600 g Spinat;
300 g frischer Quark;
80 g geriebener Parmesan;
2 Eier;
1 Prise geriebene Muskatnuss;
Salz
Für den Teig:
400 g Mehl;
4 Eier; Salz
Für die Sauce:
1 Tasse Sahne;
20 g Butter;
4 EL geriebener Parmesan

- Zubereitung der Fülle: Den Spinat putzen, waschen und in wenig Salzwasser ca. 15 Minuten kochen. Den Quark in eine Schüssel geben und mit der Gabel cremig rühren. Den fertig gekochten Spinat abtropfen lassen, ausdrücken und fein hacken; danach in die Schüssel mit dem Quark geben, salzen, mit Muskatnuss würzen, den Parmesan dazugeben und die Eier untermischen.
- Zubereitung der Tortelli: Das Mehl auf das Nudelbrett häufen, in die Mitte eine Mulde eindrücken und eine Prise Salz sowie die Eier hineingeben; gut vermengen und ca. 15 Minuten kräftig durchkneten. Anschließend den Teig ausrollen und auf die Hälfte des Teigs in einigem Abstand kleine Häufchen der Fülle geben; die andere Hälfte des Teigs darüber breiten, rund um die Häufchen mit den Fingerspitzen festdrücken und mit dem Teigrädchen die einzelnen Täschchen ausschneiden. Mit Mehl bestreuen und 2 Stunden ruhen lassen.
- Danach die Tortelli in reichlich Salzwasser 10 - 15 Minuten kochen. In der Zwischenzeit die Butter in einer Kasserolle zum Schmelzen bringen und die Sahne einrühren. Die gar gekochten Tortelli abtropfen lassen, in eine Schüssel füllen, mit der Sahne und dem Parmesan anrichten und heiß zu Tisch bringen; nach Belieben noch mit etwas Muskatnuss würzen.

Bild: Tortelli mit Spinat-Quark-Fülle

SIZILIEN

Makkaroni mit Schweinefleischsauce

»Maccarruna« al sugo di maiale

ZUBEREITUNGSZEIT: 1 STUNDE

Zutaten für 4 Personen:
400 g Makkaroni;
200 g mageres Schweinehackfleisch;
5 reife Tomaten;
5 Basilikumblätter;
4 EL geriebener Pecorino (ersatzweise Parmesan);
30 g Schmalz;
Salz;
Pfeffer

- Die Tomaten waschen und kurz in kochendem Wasser überbrühen; danach häuten, die Kerne entfernen und schließlich in Stücke schneiden. Anschließend die Basilikumblätter waschen.
- Das Schmalz in eine Kasserolle geben und das Schweinehackfleisch darin unter Rühren anbraten; die Tomaten dazugeben, mit einer Prise Salz und Pfeffer würzen und ca. 45 Minuten schmoren lassen. Dabei gelegentlich etwas warmes Wasser oder Fleischbrühe zugießen.
- Kurz bevor die Sauce fertig ist, die Nudeln in reichlich Salzwasser *al dente* garen. Gut abtropfen lassen und in eine Schüssel füllen; schließlich die Sauce darüber gießen, mit Pecorino bestreuen und sogleich servieren.

Dieses klassische Gericht der sizilianischen Küche wurde und wird zum Teil heute noch mit hausgemachten *maccarruna* zubereitet. Der Teig für diese Nudeln wird aus Weizengrieß und Wasser hergestellt; dieser Teig wird nun in kleine Stückchen zerteilt, welche um einen Kochlöffelstiel gerollt werden, um die typischen Makkaroni zu formen.

Bild: Makkaroni mit Schweinefleischsauce

Bild: Spaghetti mit Langustensauce und Kapern

SIZILIEN

Spaghetti mit Langustensauce und Kapern

Spaghetti all'aragosta con i capperi

ZUBEREITUNGSZEIT: 40 MINUTEN

Zutaten für 4 Personen:
1 Languste von ca. 800 g; 400 g Spaghetti; 4 reife Tomaten; 25 g Kapern, in Salz eingelegt; 1 EL Essig; einige Basilikumblätter; 1 Knoblauchzehe; 1 Bund Petersilie; 1 Zitrone; 2 EL Olivenöl extravergine; Salz; Pfeffer

• In einem Topf genügend Salzwasser zum Kochen bringen, die Languste, die man zuvor in fließendem Wasser abgespült hat, an ein kleines Schneidebrett binden, damit sie beim Kochen ihre Form nicht verliert, und in den Topf geben; ca. 20 Minuten kochen, danach abtropfen lassen, losbinden und die Haut an der Bauchseite aufschneiden, um das Fleisch herauslösen zu können. Dieses in kleine Stücke schneiden und mit Zitronensaft übergießen.

• Die Tomaten waschen, die Kerne entfernen und anschließend in Stückchen schneiden. Den Knoblauch schälen, die Basilikumblätter sowie die Petersilie waschen und diese drei Zutaten zusammen mit den gut abgespülten Kapern klein hacken; das Ganze in eine Schüssel geben, die Tomaten hinzufügen, mit Salz und Pfeffer würzen und schließlich das Öl sowie den Essig zugießen. Gut durchmischen und die Sauce über die Languste gießen.

• In einem Topf reichlich Salzwasser zum Kochen bringen und die Spaghetti darin *al dente* garen. Gut abtropfen lassen, in eine Schüssel füllen und mit der Langustensauce anrichten; kurz durchmischen und sogleich zu Tisch bringen.

LATIUM

Bandnudeln mit Hühner-innereien-Tomaten-Sauce

Fettuccine con rigaglie alla romana

ZUBEREITUNGSZEIT: 1 STUNDE 10 MINUTEN

Zutaten für 4 Personen:
400 g *fettuccine* (schmale Bandnudeln);
400 g passierte Tomaten;
100 g Hühnerinnereien;
20 g getrocknete Pilze;
20 g Schinkenfett;
20 g Butter; 1 Zwiebel;
1 Knoblauchzehe;
4 EL geriebener Parmesan; 1/2 Glas Weißwein;
4 EL Olivenöl extravergine; Salz; Pfeffer

- Die Zwiebel und die Knoblauchzehe schälen, beides zusammen mit dem Schinkenfett klein hacken und in einer Pfanne mit dem Olivenöl andünsten. Sobald sich die Zwiebel goldgelb färbt, die passierten Tomaten dazugeben, mit Salz und Pfeffer würzen und auf kleiner Flamme ca. 40 Minuten zugedeckt köcheln lassen; gelegentlich umrühren.
- Die Pilze in einer Schüssel mit lauwarmem Wasser einweichen. Die Hühnerinnereien waschen und klein hacken und in einer kleinen Pfanne mit der Butter anbraten; etwas salzen, den Wein angießen und ca. 15 Minuten dünsten.
- Sobald die Tomatensauce fertig gekocht ist, die gequollenen und gut ausgedrückten Pilze dazugeben und weitere 20 Minuten kochen. Etwa 5 Minuten vor Ende der Kochzeit die Huhnerinnereien untermischen.
- Die *fettuccine* in reichlich Salzwasser kochen, gut abtropfen lassen und in eine Schüssel geben. Die Sauce darüber gießen und sogleich servieren; den Parmesan extra reichen.

Bild: Bandnudeln mit Hühnerinnereien-Tomaten-Sauce

Bild: Spaghetti mit Mangold und Thunfisch

BASILICATA

Spaghetti mit Mangold und Thunfisch

Spaghetti con bietoline e tonno

ZUBEREITUNGSZEIT: 40 MINUTEN

Zutaten für 4 Personen:
400 g Spaghetti; 400 g Mangold;
200 g Thunfisch in Öl;
4 - 5 Basilikumblätter;
1 Bund Petersilie;
1 Stückchen Butter;
1 kleine Zwiebel;
3 EL Olivenöl extravergine; Salz

• In einem Topf etwas Salzwasser zum Kochen bringen. Den Mangold putzen und waschen und in das kochende Wasser geben; ca. 10 Minuten kochen, anschließend gut abtropfen lassen und zusammen mit der geputzten und gewaschenen Petersilie hacken.

• Die Zwiebel schälen und in sehr dünne Scheibchen schneiden, anschließend in einer Kasserolle mit dem Öl und der Butter andünsten. Sobald sie goldgelb angeschwitzt ist, erst den Mangold mit der Petersilie einrühren und danach den gut abgetropften und zerkleinerten Thunfisch dazugeben. Das Ganze nach Belieben salzen, einige Minuten durchziehen lassen und vom Herd nehmen.

• In der Zwischenzeit in einer Kasserolle reichlich Salzwasser zum Kochen bringen und die Spaghetti darin *al dente* garen. Die Basilikumblätter waschen, trocknen und hacken. Die fertigen Spaghetti gut abtropfen lassen, in eine tiefe Schüssel füllen und mit der Thunfischsauce anrichten; die gehackten Basilikumblätter darüber streuen und sogleich heiß servieren.

APULIEN

Röhrennudeln mit Katalonien

Pasta alla catalogna

ZUBEREITUNGSZEIT: 45 MINUTEN

Zutaten für 4 Personen:
1 kg Katalonien (leicht bitteres mangoldähnliches Gemüse aus Katalonien; ersatzweise Mangold);
500 g reife Tomaten;
400 g Röhrennudeln;
5 Knoblauchzehen;
$^1/_2$ Glas Olivenöl extravergine;
Salz; Pfeffer

- Die Röhrennudeln brechen. Die Katalonien putzen und waschen und anschließend die Stiele in Stücke schneiden, wobei man die Blätter beiseite gibt, und in einem Topf mit heißem Wasser ca. 10 Minuten überbrühen. Danach gut abtropfen lassen. In einem anderen Topf reichlich Salzwasser zum Kochen bringen und nach dem Aufkochen die Stiele sowie die Blätter hineingeben und weitere 10 Minuten kochen lassen, damit der bittere Geschmack entweicht.
- In der Zwischenzeit kann man die Knoblauchzehen schälen und hacken. Dann die Tomaten waschen, häuten, entkernen und in Stücke schneiden. Anschließend lässt man den Knoblauch in Olivenöl anschwitzen und gibt die Tomaten dazu. Mit Salz und Pfeffer würzen und das Ganze zugedeckt bei großer Hitze etwa 15 Minuten kochen lassen.
- Wenn die Katalonien beinahe gar sind, die Nudeln dazugeben und *al dente* garen. Danach das Ganze gut abtropfen lassen und in eine tiefe Schüssel füllen. Mit der Sauce übergießen und heiß zu Tisch bringen; dazu eventuell geriebenen Pecorino bzw. Parmesan reichen.

Bild: Röhrennudeln mit Katalonien

VENETIEN

Artischocken-Lasagne

Pasticcio di »ciochi« alla vicentina

ZUBEREITUNGSZEIT: 2 STUNDEN 30 MINUTEN

Zutaten für 4 Personen:
6 Lasagneblätter;
30 g Butter;
8 Artischocken;
der Saft einer Zitrone;
1 Zwiebel;
1 Knoblauchzehe;
1 Prise Thymian;
1/2 Suppenwürfel;
6 EL geriebener Parmesan;
1/2 Glas trockener Weißwein;
4 EL Olivenöl extravergine;
Salz; Pfeffer
Für die Béchamelsauce:
40 g Butter;
3 dl Milch;
35 g Mehl;
1 Prise geriebene Muskatnuss; Salz

• Die äußeren Blätter sowie den Stiel und die Spitzen der Artischocken entfernen, in der Mitte durchschneiden und für 30 Minuten in eine Schüssel mit Wasser und Zitronensaft geben.

• Die Zwiebel und die Knoblauchzehe schälen, hacken und in einer Kasserolle mit 3 EL Olivenöl und der Hälfte der Butter anschwitzen. Danach die gut abgetropften Artischocken dazugeben und etwa 5 Minuten dünsten. Dann den halben Suppenwürfel, den Thymian, etwas Salz und Pfeffer sowie den Wein hinzufügen; gut durchmischen und auf kleiner Flamme etwa 45 Minuten zugedeckt köcheln lassen.

• In einem Topf reichlich Salzwasser mit dem restlichen Olivenöl zum Kochen bringen und nach dem Aufkochen die Lasagneblätter nacheinander einlegen und *al dente* garen. Danach sogleich in einen Behälter mit kaltem Wasser geben und nach 5 Minuten gut abgetropft auf ein sauberes Küchentuch ausbreiten.

• Für die Zubereitung der Béchamelsauce in einer Kasserolle die Butter zerlassen, danach die Milch, die Muskatnuss sowie eine Prise Salz hinzufügen; noch bevor die Milch aufkocht, das Mehl hineingeben und dabei ständig umrühren. Sobald sich eine homogene Masse gebildet hat, den Topf vom Feuer nehmen und unter ständigem Rühren abkühlen lassen.

• Wenn alle Zutaten fertig zubereitet sind, kann man bereits eine Lage Lasagneblätter in eine Auflaufform legen. Darauf träufelt man etwas Béchamelsauce und bedeckt das Ganze mit Artischocken und Parmesan. Diesen Vorgang wiederholen, bis alle Zutaten verbraucht sind. Auf die letzte Schicht wird die restliche Butter in Flöckchen aufgetragen.

• Nun die Lasagne in den auf 200° vorgeheizten Backofen schieben und etwa 30 Minuten überbacken. Sobald sich eine goldgelbe Kruste gebildet hat, die Lasagne herausnehmen, etwa 10 Minuten abkühlen lassen und zu Tisch bringen.

Bild: Artischocken-Lasagne

SIZILIEN

Dünne Fadennudeln mit Sardellensauce

Vermicelli alla siracusana

ZUBEREITUNGSZEIT: 45 MINUTEN

Zutaten für 4 Personen:
400 g *vermicelli*; 300 g reife Tomaten;
1 gelber Paprika; 1 Melanzane;
2 Sardellenfilets in Salzlake;
1 EL Kapern in Salzlake;
1 Knoblauchzehe;
einige Basilikumblätter;
8 schwarze Oliven;
4 EL geriebener Pecorino (ersatzweise Parmesan);
4 EL Olivenöl extravergine; Salz

- Den Paprika waschen, abtrocknen und im Backofen bräunen lassen; anschließend die Haut abziehen, in der Mitte durchschneiden, die Trennwände samt den Kernen entfernen und in Streifen schneiden. Die Enden der Melanzane abschneiden, anschließend würfelig schneiden. Die Kapern waschen, trocknen und hacken. Auch die Tomaten waschen, häuten und in Stücke schneiden. Die Oliven entkernen. Die Sardellenfilets unter fließendem Wasser vom Salz befreien, entgräten und in kleine Stücke schneiden.
- Die Knoblauchzehe schälen und in dem Olivenöl anschwitzen. Wenn sie goldgelb ist, herausnehmen und die Sardellen, die Melanzane und die Tomatenstücke hineingeben. Nach einigen Minuten auch die Oliven, die Kapern, den Paprika sowie die gewaschenen und zerpflückten Basilikumblätter hinzufügen und mit Salz würzen. Das Ganze umrühren und auf kleiner Flamme zugedeckt etwa 30 Minuten köcheln lassen.
- Die *vermicelli* in reichlich Salzwasser *al dente* kochen, in eine vorgewärmte Schüssel geben und mit der Sauce übergießen. Zum Schluss mit geriebenem Pecorino bestreuen und heiß zu Tisch bringen.

Bild: Dünne Fadennudeln mit Sardellensauce

EMILIA-ROMAGNA

Tortelli mit Kürbis-Parmesan-Fülle

Tortelli di zucca e savor alla reggiana

ZUBEREITUNGSZEIT: 1 STUNDE 30 MINUTEN

Zutaten für 4 Personen:
Für die Fülle:
1 kg Kürbis; 200 g geriebener Parmesan; 4 EL *savor* (eingekochte Mischung aus Früchten, Kürbis und Most); $1/2$ Muskatnuss; Salz; Pfeffer
Für den Teig:
350 g Mehl; 3 Eier; Salz
Zum Anrichten:
40 g Butter; 4 EL geriebener Parmesan

• Den Kürbis im Ganzen im vorgeheizten Backofen bei 180° etwa 30 Minuten backen, anschließend herausnehmen, abkühlen lassen und die Schale sowie die Kerne entfernen. Nun in Stücke schneiden und in eine Schüssel geben, in die man auch den Parmesan, den *savor*, eine halbe geriebene Muskatnuss, eine Prise Salz sowie etwas Pfeffer gibt. Das Ganze anschließend gut verrühren.

• Das Mehl auf das Nudelbrett schütten und in der Mitte eine Mulde eindrücken, in die man die Eier sowie etwas Salz gibt. Nun die Zutaten mit einer Gabel oder den Fingerspitzen von innen nach außen gut vermengen und anschließend die Masse etwa 15 Minuten kräftig kneten. Wenn der Teig fest und glatt ist, mit dem Nudelholz dünn ausrollen und mit dem Teigrädchen Quadrate von etwa 8 x 8 cm ausschneiden. In die Mitte jedes Quadrates gibt man nun ein Häufchen von der Fülle und klappt es anschließend zusammen, wobei man die Ränder gut mit den Fingerspitzen festdrücken sollte, damit die Fülle während der Kochzeit nicht ausläuft.

• Nun in einem großen Topf reichlich Salzwasser zum

Bild: Tortelli mit Kürbis-Parmesan-Fülle

Bild: Tagliatelle mit Erbsensauce

Kochen bringen und nach dem Aufkochen die *tortelli* portionsweise bissfest garen. Nach dem Abtropfen in eine vorgewärmte Schüssel schichten und mit zerlassener Butter und etwas Parmesan anrichten. Das Gericht noch einige Minuten durchziehen lassen, bevor man es zu Tisch bringt.

Der *savor* ist eine Mischung, die in den ersten beiden Herbstmonaten aus verschiedenen Früchten und gelbem Kürbis zubereitet wird, wobei der Anteil der einzelnen Zutaten jeweils 500 g beträgt. Die Menge des ebenfalls enthaltenen frischen Mostes entspricht dem Gesamtgewicht von Früchten und Kürbis. Das Ganze wird ca. 4 Stunden gekocht, danach abgekühlt und in kleinen, gut verschlossenen Glasgefäßen konserviert. Der *savor* wird häufig zu gekochtem Fleisch sowie vielen anderen salzigen, aber auch süßen Speisen serviert.

VENETIEN

Tagliatelle mit Erbsensauce

Tagliatelle coi bisi

ZUBEREITUNGSZEIT: 30 MINUTEN

Zutaten für 4 Personen:
400 g *tagliatelle;* 800 g frische kleine Erbsenschoten zum Auslösen; 2 große Zwiebeln; 1 Knoblauchzehe; 50 g *pancetta* (ersatzweise durchwachsener Speck); 1 Bund Petersilie; 4 EL geriebener Parmesan; 1 Schöpflöffel Fleischbrühe; 30 g Butter; 4 EL Olivenöl extravergine; Salz; Pfeffer

• Die Erbsen auslösen, unter fließendem Wasser abspülen und abtropfen lassen. Die Knoblauchzehe und die Zwiebeln schälen und zusammen mit dem Pancetta und der gewaschenen Petersilie fein hacken. Anschließend das Ganze in einer Kasserolle mit der Hälfte der Butter und dem Öl anschwitzen. Sobald alles gut angeröstet ist, die Erbsen hinzufügen, mit Salz würzen, umrühren und etwa 10 Minuten kochen lassen; dabei nach und nach etwas Fleischbrühe angießen.

• Die Tagliatelle in reichlich Salzwasser bissfest kochen und anschließend in eine vorgewärmte Schüssel füllen. Mit der Erbsensauce übergießen, die restliche zerlassene Butter sowie den Parmesan darüber geben und sofort heiß servieren.

KALABRIEN

Dünne Fadennudeln mit Pilzsauce

Vermicelli ai funghi

ZUBEREITUNGSZEIT: 40 MINUTEN

Zutaten für 4 Personen:
400 g *vermicelli;* 300 g reife Tomaten;
300 g frische Pilze;
50 g Speck;
1 Bund Petersilie; 1 Zwiebel;
4 EL geriebener Pecorino (ersatzweise Parmesan); Salz

- Die Pilze vorsichtig putzen und in fließendem Wasser waschen. Danach gut abtropfen lassen und dünnblättrig schneiden. Die Tomaten waschen, häuten, die Kerne entfernen und anschließend in kleine Stücke schneiden. Dann die Zwiebel schälen und zusammen mit dem Speck und der geputzten und gewaschenen Petersilie fein hacken. Danach das Ganze in einer Pfanne bei mittlerer Hitze anschwitzen. Sobald das Gemisch Farbe angenommen hat, kann man auch die Tomatenstücke hineingeben und lässt das Ganze nun ca. 10 Minuten einkochen. Danach die Pilze hinzufügen, mit Salz würzen und unter gelegentlichem Umrühren etwa 15 Minuten köcheln lassen.
- Inzwischen in einem Topf reichlich Salzwasser zum Kochen bringen. Gleich nach dem Aufkochen die Nudeln hineingeben und *al dente* garen. Danach die Vermicelli abtropfen lassen und in eine Schüssel füllen, die Pilzsauce darüber gießen, mit Pecorino bestreuen und heiß servieren.

Bild: Dünne Fadennudeln mit Pilzsauce

Nudeln mit Thunfischsauce

Pasta al tonno della vigilia

ZUBEREITUNGSZEIT: 50 MINUTEN

Zutaten für 4 Personen:
Für den Teig:
350 g Mehl; 2 Eier; Salz
Für die Sauce:
300 g Tomaten;
100 g Thunfisch in Öl;
1 Bund Petersilie; 1 Sardine, in Salz eingelegt;
$^{1}/_{2}$ Zwiebel;
1 Stückchen *peperoncino* (scharfe rote Chilischote);
2 EL Olivenöl extravergine; Salz

• Das Mehl auf das Nudelbrett häufen, in die Mitte eine Mulde eindrücken und die Eier, ein halbes Glas Wasser sowie eine Prise Salz hineingeben. Gut vermengen und 15 Minuten kräftig durchkneten. Sobald der Teig fest ist, in zwei oder drei Stücke teilen und diese mit dem Nudelholz dünn ausrollen. Jede der Teigplatten locker zusammenrollen und in ca. 3 cm breite Stücke schneiden, die man ausgerollt auf dem bemehlten Nudelbrett trocknen lässt.

• Die Tomaten waschen, häuten, die Kerne entfernen und schließlich in kleine Stücke schneiden. Die halbe Zwiebel schälen und in Scheiben schneiden; die Petersilie putzen, waschen und fein hacken; die Sardine abspülen, mit einem Messer vorsichtig die Schuppen entfernen und schließlich in kleine Stücke schneiden. In einem Topf reichlich Salzwasser für die Nudeln zum Kochen bringen. Inzwischen in einer Kasserolle mit dem Olivenöl die Zwiebel zusammen mit der Petersilie sowie einem Stückchen Peperoncino andünsten; sobald die Zwiebel Farbe angenommen hat, die Sardinenstückchen dazugeben und einige Minuten durchziehen lassen. Anschließend die Tomaten hinzufügen, salzen und bei starker Hitze nicht zugedeckt 10 Minuten kochen; danach die Hitze reduzieren, den zerkleinerten, gut abgetropften Thunfisch dazugeben, gut durchmischen und von der Herdplatte nehmen.

• Die Nudeln in das kochende Wasser geben und 2 Minuten garen; anschließend abtropfen lassen, in eine tiefe Schüssel füllen, mit der Thunfischsauce anrichten und sogleich servieren.

Bild: Nudeln mit Thunfischsauce

Bild: Spaghetti mit Krebssauce

ABRUZZEN

Spaghetti mit Krebssauce

Spaghetti al sugo di pannocchie

ZUBEREITUNGSZEIT: 40 MINUTEN

Zutaten für 4 Personen:
1,2 kg Heuschreckenkrebse;
600 g passierte Tomaten;
360 g Spaghetti;
1 Lorbeerblatt;
2 Knoblauchzehen;
1 Stückchen *peperoncino* (scharfe Chilischote);
6 EL Olivenöl extravergine;
Salz

• Die Heuschreckenkrebse putzen und waschen und am oberen Teil des Panzers einschneiden. In einem Topf reichlich Salzwasser mit dem Lorbeerblatt zum Kochen bringen, die Krebse hineingeben und ca. 15 Minuten kochen.

• Die Knoblauchzehen schälen, zerdrücken und in einer Kasserolle mit dem Olivenöl und dem Peperoncino andünsten; die passierten Tomaten einrühren und ca. 10 Minuten kochen. In einem Topf reichlich Salzwasser für die Nudeln zum Kochen bringen.

• Inzwischen die fertig gekochten Krebse gut abtropfen lassen und - wenn die Tomatensauce 10 Minuten gekocht ist - zu dieser dazugeben und weitere 10 Minuten kochen lassen; falls nötig, etwas lauwarmes Wasser hinzufügen.

• Die Spaghetti in das kochende Wasser geben und *al dente* garen; anschließend abtropfen lassen, mit der Sauce und den Krebsen anrichten und heiß servieren.

Der Heuschreckenkrebs ist eine Krebsart, die recht häufig in der Adria zu finden ist und die sich aus kulinarischer Sicht für eine ganze Reihe von Gerichten eignet - von der Fischsuppe über die Zubereitung in Tomatensauce bis hin zum gebackenen Krebs (mit oder ohne Teig); daneben schmeckt dieser Krebs aber auch blanchiert und mit Öl angerichtet ausgezeichnet.

LIGURIEN

Teigtäschchen mit Spinat-Kalbfleisch-Fülle

Agnolotti alla genovese

ZUBEREITUNGSZEIT: 3 STUNDEN 30 MINUTEN

Zutaten für 4 Personen:
Für die Fülle:
500 g Spinat; 300 g mageres Kalbfleisch; 100 g Mangold; 40 g Butter; 1 Bund Petersilie; einige Basilikumblätter; 1 Prise Kerbel; 2 Zwiebeln; 2 Eidotter; 2 Schöpflöffel Fleischbrühe; Salz
Für den Teig:
400 g Mehl; Salz

- Den Mangold sowie den Spinat putzen und sorgfältig waschen und anschließend mit ein wenig Salz nur im Abtropfwasser ca. 15 Minuten kochen. Danach gut abtropfen lassen und fein hacken. Die Fleischbrühe erwärmen; das Fleisch in kleine Stücke schneiden.
- Die Zwiebeln schälen, hacken und in einer Kasserolle mit der Hälfte der Butter andünsten; sobald sie Farbe angenommen haben, das Fleisch dazugeben und einige Minuten anbraten. Anschließend die warme Fleischbrühe angießen und auf kleiner Flamme zugedeckt 2 Stunden kochen.
- Danach das Fleisch herausnehmen, durch den Fleischwolf drehen und in eine Schüssel geben. Die restliche Butter in die Pfanne geben, in der man das Kalbfleisch gebraten hat, und darin Spinat und Mangold, die gewaschene und fein gehackte Petersilie, den Kerbel sowie die gewaschenen und fein zerpflückten Basilikumblätter kurz andünsten. Anschließend das Ganze in die Schüssel mit dem Kalbfleisch geben, die Eidotter dazumengen und gut durchmischen, bis sich eine homogene Masse bildet, die man ruhen lässt, während man die *pasta* zubereitet.
- Das Mehl auf das Nudelbrett häufen, in die Mitte eine Mulde eindrücken und eine Prise Salz sowie ca. $1^1/_2$ Tassen lauwarmes Wasser hineingeben. Gut vermengen und kräftig durchkneten, bis man einen relativ festen und glatten Teig erhält; diesen mit dem Nudelholz dünn ausrollen. Auf die Hälfte des Teigs gibt man nun im Abstand von 3 - 4 cm kleine Häufchen der Fülle, die man mit der anderen Hälfte des Teigs bedeckt. An den Rändern rund um die Fülle gut zusammendrücken und mit dem Teigrädchen die quadratischen Teigtäschchen ausschneiden; diese nicht zu dicht nebeneinander auf das bemehlte Nudelbrett legen.
- In einem großen Topf reichlich Salzwasser zum Kochen bringen, die *agnolotti* hineingeben und wenige Minuten garen; anschließend abtropfen lassen, in eine Schüssel geben und nach Belieben mit Butter und Parmesan anrichten. Die Teigtäschchen können aber auch mit Fleischsauce, zerlassener Butter und reichlich Parmesan gereicht werden.

Bild: Teigtäschchen mit Spinat-Kalbfleisch-Fülle

LIGURIEN

Farfalle mit Pesto

Gasse al pesto

ZUBEREITUNGSZEIT: 1 STUNDE 15 MINUTEN

Zutaten für 4 Personen:
Für den Teig:
400 g Mehl;
2 Eidotter;
Salz
Für die Basilikumsauce *(pesto)*:
10 Basilikumblätter;
1 Glas Olivenöl extravergine;
3 EL geriebener Parmesan;
1 Knoblauchzehe

• Zubereitung des Teiges: Das Mehl auf das Nudelbrett häufen, in die Mitte eine Vertiefung drücken und die Eidotter, eine Prise Salz sowie etwa ein Glas lauwarmes Wasser hineingeben. Mit einer Gabel oder den Fingerspitzen von innen nach außen vermengen und durchkneten, bis man einen glatten, festen Teig erhält. Diesen dünn ausrollen und ca. 30 Minuten ruhen lassen.
• Zubereitung der Basilikumsauce *(pesto)*: Die Basilikumblätter sorgfältig waschen, trocknen und zusammen mit der geschälten Knoblauchzehe fein hacken; das Ganze in eine Schüssel geben, den Parmesan hinzufügen und mit dem Olivenöl anrühren.
• Zubereitung der *farfalle*: Nachdem der Teig 30 Minuten geruht hat, mit dem Teigrädchen Vierecke ausschneiden und diese mit Daumen und Zeigefinger in der Mitte zusammendrücken, um daraus die Schmetterlingsnudeln zu formen. Die *farfalle* nicht zu dicht nebeneinander auf das Nudelbrett legen.
• Reichlich Salzwasser zum Kochen bringen, die *farfalle* hineingeben und wenige Minuten kochen; danach abtropfen lassen und in eine Schüssel geben, mit dem *pesto* anrichten und sogleich servieren.

Bild: Farfalle mit Pesto

Um sicherzustellen, daß die Basilikumsauce in frischem Grün auf den Tisch kommt, sollte man sie erst im letzten Moment zubereiten. Für die Bearbeitung des Teiges kann das Nudelholz durch eine Nudelmaschine ersetzt werden; dabei wird der Teig zwischen zwei Rollen ausgewalzt. Darüber hinaus lässt sich auch das gewünschte Format der Nudeln genau einstellen.

LATIUM

Spaghetti mit Speck und Peperoncino

Spaghetti alla gricia

ZUBEREITUNGSZEIT: 30 MINUTEN

Zutaten für 4 Personen:
360 g Spaghetti; 100 g durchwachsener Schinkenspeck; 1/2 Zwiebel; 1 Knoblauchzehe; 5 EL geriebener *pecorino* (ersatzweise Parmesan); 1 *peperoncino* (scharfe Chilischote); 8 EL Olivenöl extravergine; Salz; Pfeffer

- In einem Topf reichlich Salzwasser zum Kochen bringen, die Spaghetti hineingeben und *al dente* garen.
- Die halbe Zwiebel und den Knoblauch schälen, beides fein hacken und in einer Pfanne mit dem Olivenöl und dem *peperoncino* andünsten; den würfelig geschnittenen Schinkenspeck dazugeben und von allen Seiten schön anbraten.
- Die gar gekochten Nudeln abtropfen lassen und in die Pfanne mit dem Schinkenspeck geben; das Ganze mit einer Prise Pfeffer würzen, mit Pecorino bestreuen, gut durchmischen und sogleich servieren; eventuell noch etwas gehackte Petersilie darüber streuen.

Dieses Rezept stammt eigentlich aus der Gegend von Norcia, ist aber im Laufe der Zeit zu einem festen Bestandteil der römischen Küche geworden.

***Bild:** Spaghetti mit Speck und Peperoncino*

LIGURIEN

Bandnudeln mit Pesto

Trenette col pesto alla genovese

ZUBEREITUNGSZEIT: 1 STUNDE

Zutaten für 4 Personen:
360 g *trenette* (Bandnudeln);
80 g grüne Bohnen;
2 nicht zu große Kartoffeln;
5 EL *pesto alla genovese* (Basilikumsauce);
3 EL geriebener Pecorino (ersatzweise Parmesan);
Salz

- In einem großen Topf reichlich Salzwasser zum Kochen bringen. Inzwischen das Gemüse vorbereiten: die Kartoffeln schälen, waschen und in kleine Stücke schneiden; die grünen Bohnen putzen, waschen und ebenfalls klein schneiden. Sobald das Wasser zu kochen beginnt, Kartoffeln und Bohnen hineingeben und 20 - 25 Minuten kochen.
- Kurz vor Ende der Kochzeit die Bandnudeln hineingeben; den Zeitpunkt dafür sollte man so wählen, dass die Nudeln gleichzeitig mit dem Gemüse gar gekocht sind.
- Die *al dente* gegarten Nudeln zusammen mit den Kartoffeln und Bohnen abtropfen lassen; dabei eine halbe Tasse des Kochwassers aufbewahren.
- Die Bandnudeln zusammen mit dem Gemüse in eine Schüssel geben und die Basilikumsauce, die man zuvor mit dem Kochwasser verdünnt hat, darüber gießen; mit dem geriebenen Pecorino bestreuen, gut vermengen und sogleich heiß servieren.

Die *trenette* sind eine Art Bandnudeln, die den *linguine* ähnlich sind. Sie können auf verschiedene Arten angerichtet werden, wobei die traditionellen Rezepte sich auf frische oder konservierte Basilikumsauce *(pesto)* stützen. Die sogenannten *trenette avvantaggiate* werden mit Vollkornmehl zubereitet, welches sich im Vergleich zu herkömmlichem Weizenmehl durch einen höheren Gehalt an pflanzlichem Eiweiß auszeichnet.

Bild: Bandnudeln mit Pesto

Ratgeber

Jede landestypische Küche hat ihre Charakteristika, und oft benötigt man für bestimmte Spezialitäten auch Küchenutensilien, Gewürze oder andere Zutaten, die nicht überall erhältlich sind und für deren Namen es keine adäquate deutsche Übersetzung gibt. Nachstehend eine Aufzählung jener Gerätschaften und Zutaten mit Angabe der im deutschen Sprachraum erhältlichen Produkte, die das Original am besten ersetzen.

Küchenutensilien

Für die Herstellung frischer Eierteigwaren:
Hausgemachte Nudeln haben im deutschsprachigen Raum bei weitem nicht den Stellenwert, den sie in Italien einnehmen, wo ein Haushalt ohne die riesige *spianatoia*, das Nudelbrett, undenkbar ist. Wer so eines vielleicht noch aus Großmutters Zeiten besitzt, kann sich glücklich schätzen, denn es stellt die ideale Unterlage dar. Weniger geeignet ist das Schneidebrett mit Saftrille, weil es meist nicht groß genug und außerdem nicht ganz flach ist. Das in diesem Buch erwähnte Nudelbrett ist ein ziemlich großes, vollkommen flaches Brett ohne Saftrille aus Naturholz, das auch bei der Herstellung von Kleingebäck Verwendung findet. Natürlich kann ebensogut direkt auf dem Tisch oder der Küchenarbeitsfläche gearbeitet werden. Bedenken Sie jedoch, dass eine vollkommen glatte Unterlage das Ausrollen erschwert, weil sich der Teig immer wieder zusammenzieht.

Das Passiersieb:
Dieses in diesem Buch oft erwähnte und abgebildete, trichterförmige Sieb mit Handkurbel war lange Zeit fester Bestandteil auch unserer Küchengerätschaften, wurde jedoch mit Aufkommen der modernen Küchenmaschinen und Handrührgeräte zusehends von seinem Platz verdrängt. Tatsächlich erfüllen diese Geräte denselben Zweck, sie zerkleinern und pürieren oft besser und in kürzerer Zeit. Dasselbe gilt übrigens für den Fleischwolf und den Mörser. Zu bedenken ist lediglich, dass niemals heiße Kartoffeln, beispielsweise für Gnocchi, mit einem solchen Gerät passiert werden dürfen, da die enthaltenen Stärkeanteile sonst eine Art Kleber bilden, der die Konsistenz des Teiges beeinträchtigt. Kartoffeln dürfen nur durch die Kartoffelpresse passiert oder gerieben werden.

Die Chitarra:
Dieses Gerät werden Sie wohl nur mit viel Glück in einem spezialisierten Fachgeschäft oder direkt in Italien erwerben können. Allerdings gibt es hierzulande auch Nudelmaschinen zu kaufen, meist Fabrikate italienischer Firmen, die einen kammartigen Einsatz für die Herstellung der *Maccheroni alla chitarra* mitliefern.

Grundzutaten

Tomaten:
Der aufmerksame Leser hat sicherlich bemerkt, dass Gemüse in Italien meist frisch verarbeitet werden. So auch Tomaten. Doch die italienischen länglichen *pomodori perini* sind hierzulande nur sporadisch zu finden. Sorten mit weniger kompaktem Fruchtfleisch dominieren die heimischen Märkte aus dem einfachen Grund, dass der Großteil für den Rohgenuss bestimmt ist. Eine gute Alternative, die nebenbei auch noch viel Arbeit spart, sind geschälte Tomaten aus der Dose. Meist italienischen Ursprungs, sind sie im Ganzen, passiert oder, ganz nach Bedarf, in Stückchen erhältlich und stehen der Frischware an Qualität kaum nach.

Nudeln:
Italienische Teigwaren haben bereits die Regale der Supermärkte in ganz Europa erobert, doch nicht immer ist es möglich, eine jede der so vielfältigen Formen zu bekommen. Wer die eine oder andere Sorte nicht finden kann, sollte auf eine ausweichen, die der im Rezept angegebenen insbesondere in Länge und Oberflächenstruktur entspricht. Denn die verschiedenen Formen bedeuten nicht nur Abwechslung für das Auge, sondern nehmen die verschiedenen Saucen auch unterschiedlich auf. Wer frische Eierteigwaren nicht selbst zubereiten will, kann auf vakuumverpackte Frischware zurückgreifen, die oft in sehr guter Qualität angeboten wird.

Gemüse und Kräuter:
Allzugroße Unterschiede gibt es in diesem Bereich eigentlich nicht. Es kann schon vorkommen, dass für bestimmte Blattgemüse, wie zum Beispiel *rucola*, die Rauke, ein Fachgeschäft aufgesucht werden muss.

Käse:
Käsesorten sind natürlich regional sehr unterschiedlich. Im nachstehenden Glossar finden sie unter dem Namen der jeweiligen Käsesorte nicht nur eine kurze Erklärung, sondern auch möglichen Ersatz von der heimischen Käsetheke.

Maßeinheiten:
Richtmengen:
1 Glas = 1/8 l = 125 ml
1 EL = 1 Esslöffel
1 TL = 1 Teelöffel
1 Bund - hier ist zu beachten, dass das Bund bei Küchenkräutern wie Petersilie und Schnittlauch größer ausfällt als bei feinen Kräutern wie Thymian oder Rosmarin. Allgemein ist anzumerken, dass der italienische *mazzetto* deutlich kleiner ist als das im deutschen Sprachraum gehandelte »Bund«. Da jedoch auch dieses regional erheblich variiert, muss letztendlich die Erfahrung darüber entscheiden, wieviel man tatsächlich von dem einen oder anderen Kraut für ein bestimmtes Gericht benötigt.

Glossar

Bel Paese:
Dieser Käse ist sehr bekannt und ein wichtiger italienischer Exportartikel, daher dürfte es keinerlei Schwierigkeiten bereiten, ihn hierzulande zu bekommen. Ist dennoch ein Ersatz nötig, greifen Sie zu einem halbfesten Schnittkäse mit mildem Aroma, wie etwa Butterkäse.

Calamari:
Die Calamari, deutsch Kalmare, gehören zu den Kopffüßern. Die kleineren Arten werden im Mittelmeer viel gefischt und sind zum Beispiel in frittierter Form sehr geschätzt.

Chitarra:
Dieses in den Abruzzen heimische Gerät ist wohl nur in Italien zu bekommen. Es ist aber auch nicht unbedingt notwendig, denn die Nudeln können stattdessen mit dem Messer zugeschnitten werden.

Erbe di campo:
Unter *erbe di campo* versteht der Italiener nicht die kleinen Küchenkräuter, diese so genannten Feldkräuter sind eher ein weiterer Begriff, der Schnittmangold, Rauke, Spinat, Zicchorie, Rübenkraut, junge Brennnesseln, Gartenkresse und ähnliches zusammenfasst. Diese »Kräuter« werden traditionell im eigenen Gemüsegarten gezogen.

Fontina:
Fontina, ursprünglich eine Spezialität aus dem Aostatal, ein vier bis fünf Monate gereifter Vollmilchkäse, hat einen mild-würzigen Geschmack und schmilzt besonders gut. Als Ersatz eignen sich alle auch für Fondue geeigneten Käsesorten wie zum Beispiel Raclettekäse, aber auch Gouda.

Olivenöl extravergine:
Mit *extravergine* wird eine Qualitätsstufe bezeichnet. Es handelt sich dabei um das Öl aus dem Fruchtfleisch der Olive. Es besitzt nicht nur das beste Aroma, sondern auch die wertvollsten Inhaltsstoffe. Wenn das Öl aus dem Olivenfruchtfleisch gewonnen ist, wird der Presskuchen noch weiter verarbeitet und unter höherem Druck gepresst, wobei man ihn erhitzt, um alles Öl aus sämtlichen Pflanzenbestandteilen zu lösen. Dadurch entsteht qualitativ minderwertigeres Öl. Wer außerdem auf besonders intensives Aroma und vollständigen Vitamingehalt Wert legt, sollte auf den Zusatz »kaltgepresst« achten.

Pancetta:
Pancetta ist Bauchfleisch vom Schwein. Außer roh zum Braten bekommt man es in Italien geräuchert wie Speck *(Pancetta affumicata)*, oder auch ähnlich behandelt wie Schinken, dabei wird es meist eingerollt wie eine Roulade, der Metzger schneidet es dünn auf. Rezepte mit Bauchspeck in diesem Buch sind Original mit *Pancetta affumicata* zubereitet.

Parmesan:
Was wir unter Parmesan verstehen, heißt in Italien eigentlich *grana*. Es handelt sich um einen aromatischen Hartkäse aus Kuhmilch, der lange haltbar ist und sich gut reiben lässt. Der *grana parmiggiano*, der Parmesan, kommt aus der Gegend um Parma und ist für sein besonders feines Aroma bekannt. Daher ist die Ursprungsbezeichnung geschützt.

Pecorino:
Dieser Käse ähnelt in Konsistenz, Haltbarkeit und Eigenschaften sehr dem Parmesan, doch er ist aus Schafmilch hergestellt und daher heller, fast weiß. Das Aroma ist würziger und kräftiger, darum wird er nur in ganz bestimmten Kombinationen zu Nudelgerichten gereicht. Sollte kein Pecorino zu bekommen sein, können Sie stattdessen Parmesan verwenden. Mit Pecorino kann man übrigens auch Quark würzen, damit er der italienischen Ricotta näherkommt.

Peperoncino:
Der Peperoncino ist hierzulande besser unter dem Namen »Chilischote« bekannt und frisch oder getrocknet erhältlich. Wegen der intensiven Schärfe sollte man sehr sparsam mit ihnen umgehen. Wer mit frischen Peperoncini arbeitet, sollte unbedingt darauf achten, den Saft nicht mit den Augenschleimhäuten in Berührung zu bringen.

Perini:
Die Perini sind die länglichen italienischen Tomaten, die für die Zubereitung der Pastasaucen verwendet werden. Ab und zu sieht man sie auch auf heimischen Märkten.

Pesto:
Pestare bedeutet »zerstampfen«, daher hat die als Pesto bekannte italienische Pastasauce aus im Mörser zerstoßenem Basilikum, Pinienkernen, Öl, geriebenem Käse und unterschiedlichen Würzzutaten ihren Namen eigentlich von der Zubereitungsart. Obwohl das heutzutage oft nicht mehr zutreffend ist, denn auch in Italiens Küchen werden die meisten Pestosaucen mittlerweile mit dem Stabmixer oder ähnlichen Geräten zubereitet.

Provola:
Diese Spezialität, ein halbfester Schnittkäse, wird traditionell aus Büffelkuhmilch hergestellt und geräuchert. Das Aroma ist kräftig und eigenwillig, weshalb es schwierig ist, einen Ersatz zu nennen.
Wer keine Möglichkeit hat, echten Provola zu bekommen, sollte einfach mit einem heimischen, würzigen Rauchkäse experimentieren. Der italienische *provolone*, ein Kuhmilchkäse, ist dem Provola lediglich vom Namen her ähnlich und daher auch kein vollwertiger Ersatz.

Ricotta:
Ricotta ist ein Milchprodukt, das durch Erhitzen der bei der Käseherstellung anfallenden Molke unter Zusatz von Lab hergestellt wird. Ursprünglich war die italienische Ricotta hauptsächlich aus Schafmilchmolke, es gibt auch Spezialitäten wie geräucherte oder gereifte Ricotta.
Unser Quark ist im Grunde nur ein leidlicher Ersatz dafür, weil ihm der säuerlich-würzige Geschmack fehlt und selbst die unterste Fettstufe beim Speisequark um einiges fetter ist und mehr Wasser enthält als die Ricotta. In diesem Buch sind alle Rezepte mit Quark im Original mit Ricotta zubereitet. Wer mit dem Resultat nicht ganz zufrieden ist, kann ein wenig experimentieren, indem er den Quark zu gleichen Teilen mit sehr mildem, frischem Schafkäse oder auch mit gut abgetropftem Hüttenkäse mischt.

Seppioline:
Seppioline sind kleine Tintenfische der Gattung Sepia, die wie die Calamari eine Unterordnung der Kopffüßer darstellen. Wie die Verkleinerungsform schon ausdrückt, handelt es sich hierbei um die kleinsten, zartesten Arten dieser Gattung, die im Mittelmeer gefischt werden.